O pecado original
da psicanálise

Gérard Haddad

O pecado original da psicanálise

Lacan e a questão judaica

Tradução de
Miriam Raja Gabaglia de Pontes Medeiros

CIVILIZAÇÃO BRASILEIRA
Rio de Janeiro
2012

CIP-BRASIL. CATALOGAÇÃO NA FONTE
SINDICATO NACIONAL DOS EDITORES DE LIVROS, RJ

H144p   Haddad, Gérard
         O pecado original da psicanálise : Lacan e a questão judaica / Gérard Haddad ; [tradução Miriam Raja Gabaglia de Pontes Medeiros]. – Rio de Janeiro : Civilização Brasileira, 2012.

         Tradução de: Le péché originel de la psychanalyse
         Inclui bibliografia
         ISBN 978-85-200-0903-1

         1. Lacan, Jacques, 1901-1981. 2. Freud, Sigmund, 1856-1939. 3. Judaísmo e psicanálise. I. Título.

09-4991.   CDD: 150.1952
                                                            CDU: 159.964.2

© Editions Du Seuil, 2007

Nenhuma parte deste livro pode ser reproduzida,
em qualquer meio, sem a permissão por escrito da editora.
Publicado mediante acordo com Editions Du Seuil

Título original francês:
Le pèchè originel de la psychanalyse – Lacan et la question juive

PROJETO GRÁFICO DE MIOLO
Ilustrarte Design e Produção Editorial

REVISÃO TÉCNICA
Joel Birman

CAPA
Sérgio Campante

Todos os direitos reservados. Proibida a reprodução, armazenamento ou transmissão de partes deste livro, através de quaisquer meios, sem prévia autorização por escrito.

Este livro foi revisado segundo o novo Acordo Ortográfico da Língua Portuguesa.

Direitos desta tradução adquiridos pela
EDITORA CIVILIZAÇÃO BRASILEIRA
Um selo da
EDITORA JOSÉ OLYMPIO LTDA
Rua Argentina 171 – Rio de Janeiro, RJ – 20921-380
Tel.: 2585-2000

Seja um leitor preferencial Record.
Cadastre-se e receba informações sobre nossos lançamentos e nossas promoções.

Atendimento e venda direta ao leitor:
mdireto@record.com.br ou (21) 2585-2002

Impresso no Brasil
2012

*A Richard Figuier,
na origem desta aventura.
A Antoniette
que a tornou possível.*

> "*Eu gosto de você porque você é um dos poucos a entender o que eu digo.*"
>
> JACQUES LACAN

Sumário

PARTE I Uma questão não elucidada
1. "Retomar as coisas no ponto em que Freud as deixou."   13
2. A judeidade de Freud segundo Lacan   27
3. O judaismo na vida de Lacan   39
4. Os interlocutores: Emmanuel Raïss, Olga Katunal   57

PARTE II O espírito ao pé da letra
1. O humor, quando tudo mais foi esquecido   83
2. Do *Witz* à letra e da letra à ciência   95
3. Impregnação bíblica   115
4. O *Gênesis* em ebulição   135

PARTE III O mistério paterno
1. Moisés e a crítica do Édipo   169
2. Do Pai ao Deus dos judeus: "Eu sou o que Eu é"   197
3. A Lei e seus dez mandamentos   225
4. O objeto como libra de carne   241
5. A oferenda a deuses obscuros   269
6. O ritual e a Coisa judaica   277
7. De uma teoria da loucura à loucura da teoria   289

ANEXO Cartas do Dr. Jacques Biézin (julho de 2002)   301

PARTE I Uma questão não elucidada

1. "Retomar as coisas no ponto em que Freud as deixou."

Agosto de 1963. Anos de negociações e de conciliábulos, de viagens aos quatro cantos do planeta freudiano, para terminar nesse triste ultimato: a Associação Internacional de Psicanálise (IPA), reunida em Estocolmo, decide destituir Lacan de sua função de didata. Seu ensino exuberante não será mais reconhecido como parte da elaboração teórica necessária à disciplina. Depois de ter sido analista de muitos dos mais renomados psicanalistas, a partir de agora ele não terá mais o direito de formar novos alunos. Os que recusarem essa condição não poderão ser admitidos na IPA. Alguns dos seus alunos mais chegados submetem-se. Outros recusam. A psicanálise francesa acaba de fracassar de maneira irremediável. O golpe provocará uma onda de conflito que, pouco a pouco, cobrirá a totalidade da disciplina freudiana corroída por um mal misterioso.

Afetado por esta decisão, Lacan vai chamá-la de sua "excomunhão", comparando-a à que Spinoza foi submetido por parte da comunidade judaica de Amsterdã. Lacan tem, então, 63 anos; realizou uma parte essencial do seu ensino e formou algumas das mais brilhantes personalidades da psicanálise francesa, entre elas um futuro presidente da IPA que, anos mais tarde, reconhecerá publicamente dever tudo ao Lacan cuja excomunhão ele aprovara.

Por que esta exclusão?

As razões geralmente apresentadas têm a ver com o desrespeito de Lacan às regras que formam o contexto do tratamento, particularmente a duração das sessões, embora na ocasião Lacan ainda não praticasse suas infernais sessões de curtíssima duração. Também lhe criticavam um "certo estilo". Com o passar do tempo, todas essas razões parecem desproporcionais à gravidade da decisão. A IPA não havia conhecido, desde a sua fundação, importantes divergências tanto de doutrina como de prática tal como a que envolvera, de um lado, Anna Freud, a filha do fundador e, do outro, Melanie Klein?

Podemos sem dúvida considerar, quarenta anos mais tarde, que esta guerra aparentemente insignificante pertence ao passado. Concordaríamos, caso a disputa não envolvesse questões não elucidadas que, em si, concernem a nossa efervescente atualidade. De qualquer modo, o que estranhamente permanece desconhecido e que, no entanto, é fundamental é a *interpretação que lhe deu Lacan* de forma explícita e que, curiosamente, permanece ignorada por seus alunos e por seus herdeiros oficiais ou autoproclamados. É como se esta interpretação causasse um mal-estar inconfesso, sendo preferível acionar o impenetrável processo do recalque! O objetivo deste livro é retomar e examinar esta interpretação negligenciada, despertar, como gosto de fazer, o que foi reprimido.

Alguns meses depois da funesta decisão, Lacan retoma seu Seminário. A primeira sessão carrega sua dose de raiva e dor. Ele se compara, então, a Spinoza, excomungado pela Sinagoga. O fato de Lacan ter comparado seu destino ao de Spinoza e a IPA à Sinagoga é, em si, um indício importante.

Entretanto, esta sessão também encerra uma primeira interpretação do acontecimento. Se foi rejeitado pela IPA, diz-nos Lacan, é porque possuía um projeto cujo conteúdo iria, aos poucos, nos revelar. Fora esse projeto a causa cabal de o terem remetido ao inferno.

"Também a histeria nos coloca na pista de um certo *pecado original da psicanálise*."* Qual? "A verdade não pode ser outra que não o desejo do próprio Freud, isto é, o fato de que *algo em Freud nunca foi analisado*."[1]

O que é, então, esse não analisado, essa esquiva de Freud, que, tal como o pecado original, pesa sobre o destino da psicanálise? Na única sessão do Seminário abortado os *Nomes-do-Pai*, a intenção já está claramente enunciada: "É diante desse Deus que Freud se deteve." Trata-se, com certeza, do Deus judeu, do Deus da Bíblia. Por meio de sucessivos toques, eis que a coisa se torna precisa:

> Era exatamente lá que eu estava no momento em que, *por uma coincidência singular**, fui colocado na situação de ter que me demitir do meu seminário.
>
> O que eu tinha a dizer sobre os Nomes-do-Pai não visava outra coisa que *colocar em questão a origem**, isto é, através de qual privilégio o desejo de Freud pudera encontrar a porta de acesso ao campo da experiência que ele designa como o inconsciente.

---

* Nas citações, as palavras ou trechos em itálico, seguidas de um asterisco, são destaques do autor.
[1] Jacques Lacan, Séminaire XI, *Les quatre concepts fondamentaux de la psychanalyse*. Paris: Seuil, 1974, p.16. [Edição brasileira: *O Seminário. Os quatro conceitos fundamentais da psicanálise*, Livro 11. Rio de Janeiro: Jorge Zahar Editor, 1995.]

> *Remontar a esta origem é absolutamente essencial se quisermos colocar a análise de pé.*²

Nada menos! Isso supõe que a psicanálise, até então, andava de cabeça para baixo ou, pior ainda, que estava estirada sobre um catre qualquer, talvez o do Senhor Valdemar, de [Edgar Allan] Poe que, às vezes, Lacan evocava; o morto que ainda fala por ter sido hipnotizado no instante de sua morte.

As palavras que acabo de enfatizar merecem que nos detenhamos nelas. Inicialmente, existe esta coincidência que, por ser única, não poderia ser fortuita. Além disso, certamente uma simples coincidência já é uma suspeita de que a decisão da IPA teria sido motivada, conscientemente ou não, pela zona teórica perigosa na qual Lacan se aventurava.

Esta "suspeita" será explicitada sete anos mais tarde. A excomunhão é dali em diante denunciada como conjuração.

> É evidente que, na ocasião, eu não fiz senão me aproximar do terreno no qual podemos dizer que uma *conjuração* impediu-me de abordar verdadeiramente o problema, ou seja, no nível de *Moisés e o monoteísmo*, a saber, do ponto sobre o qual tudo o que Freud articulou torna-se verdadeiramente significativo. É curioso que foi preciso que eu esperasse esse tempo para fazer uma afirmação desse tipo, isto é, que *Totem e tabu* é um *produto neurótico*, o que, posso adiantar, é totalmente incontestável [...] é o testemunho que o obsessivo traz de sua estrutura [...].³

---
² Ibidem, p.16.
³ Idem. Séminaire XVIII, *D'un discours qui ne serait pas du semblant* (1979-71, não publicado), sessão de 9 de junho de 1971. [Edição brasileira: *O Seminário. De um discurso que não fosse semblante*, Livro 18. Rio de Janeiro: Jorge Zahar Editor, 2009.]

Totem e tabu, obra neurótica, testemunho de um obsessivo, mesmo que de um gênio. Tais afirmações são duras de serem ouvidas pelos discípulos do fundador famoso!

Lacan planejava, portanto, antes de sua exclusão, reparar esse "pecado original da psicanálise", ensinando sobre os Nomes-do-Pai. Banido da IPA, ele jura nunca mais fazer esse seminário. Por quê? Qual era o conteúdo insuportável que ele pensava dar ao seu ensino? Para saber, basta ler a primeira sessão do seminário sobre *Os quatro conceitos fundamentais da psicanálise*.

> Eu queria fazer intervir *a tradição judaica* para tentar *retomar as coisas de onde Freud as deixou**, pois não foi por nada que a pena caiu das mãos de Freud sobre a divisão do sujeito, e que ele, pouco antes, com *Moisés e o monoteísmo*, colocou em causa, o mais radicalmente, a tradição judaica.[4]

Esta retomada de uma construção inacabada, isto é, explicitamente fazer intervir a tradição judaica no seio da psicanálise, aparece a Lacan como fundamental para o futuro da psicanálise, se é que ela deveria ter um. Construção inacabada, não apenas porque a morte, embora em idade avançada, tê-la-ia interrompido, mas também porque Freud não ousara jamais empreendê-la, pois teria se esquivado diante do obstáculo.

Havia já alguns anos, no seu Seminário sobre *A ética da psicanálise*, Lacan observara que a obsessão de Freud, desde *Totem e tabu*, era o judaísmo:

---

[4] Idem, Séminaire XI, *Les Quatre Concepts...*, op. cit., p. 233.

Basta abrir este pequeno livro chamado *Moisés e o monoteísmo* que Freud levou cerca de dez anos preparando, pois desde *Totem e tabu* ele só pensava nisso, na história de Moisés e na religião de seus pais. [...] poderíamos dizer que a pena cai-lhe da mão no fim de *Moisés e o monoteísmo*. [...] Ele trata da mensagem monoteísta como tal, que ele não tem dúvida de que traz em si mesma uma relevância incontestável, de valor superior a qualquer outra.[5]

Lacan não deixará, até o fim da sua obra, de lembrar, sempre com a mesma amargura, este ensino abortado: "Não me conformarei, ele dirá um ano depois do caso, de ter sido obrigado a renunciar a relacionar a função do Nome-do-Pai ao estudo da Bíblia."[6]

A citação precedente pertence ao seminário, isto é, a palavras posteriormente transcritas por um outro. As coisas assumem uma densidade ainda maior quando se trata de um escrito, portanto, de um texto amadurecido, relido anos mais tarde antes de sua impressão. "O arrependimento inconsolável" não pode mais, a partir de então, ser considerado como um comentário circunstancial, sobretudo quando se trata de um texto tão importante como o intitulado *A ciência e a verdade*.

> Assim, pareço ter definido apenas características das religiões da tradição judaica. Sem dúvida elas servem para nos demonstrar o interesse disso, e *não me conformo* em ter sido obrigado a renunciar a referir ao estudo da Bíblia a função do Nome-do-Pai. O fato

---

[5] Idem. Séminaire VII, *L'Étique de la Psychanalyse*. Paris: Seuil, 1986, p. 202. [Edição brasileira: *O Seminário. A ética da psicanálise*, Livro 7. Rio de Janeiro: Jorge Zahar Editor, 1988.]
[6] Idem. Séminaire XIII, *L'Objet de la psycanalyse* (1965-66, não publicado), sessão de 1º de dezembro de 1965.

é que a chave é a de uma definição da relação do sujeito com a verdade.[7]

Consideremos finalmente esta afirmação de tons duvidosos:

> Isso serve para vos explicar, por uma outra via, tudo ao que tive de renunciar a abordar pela via do Nome-do-Pai. Renunciei a isso porque, num determinado momento, fui impedido, e porque foram justamente as pessoas às quais isso poderia ter sido útil que me impediram, pessoas para as quais isso seria útil em sua intimidade pessoal. São *pessoas* particularmente implicadas do lado do Nome-do-Pai. *Há, no mundo, um clã muito especial* a quem podemos associar uma tradição religiosa: era para eles que isso teria trazido um novo ar.[8]

Estas *pessoas*, este clã *muito especial* pertencente a uma certa *tradição religiosa*, podemos duvidar por um só instante que se tratassem dos judeus? Uma ocorrência nos *Escritos* tiraria as últimas dúvidas quando, falando de Ernest Jones, ele o descreve como

> o único gói naquele círculo imbuído da sua especificidade judaica [a quem] foi reservada a palma de erigir ao Mestre o monumento que se sabe, eis algo que será sem dúvida aproximado do fato de esse monumento confirmar o limite que não quis transpor, sobre sua vida privada, o homem que abriu para o universo um novo campo da confissão.[9]

---

[7] Idem. *Écrits*. Paris: Seuil, 1966, p. 873-874. [Edição brasileira: *Escritos*. Jorge Zahar Editor, Rio de Janeiro, 1998.]
[8] Idem. Séminaire XIX, ... *ou pire* (1971-72, não publicado), sessão de 14 de junho de 1972.
[9] Ibidem. "À la mémoire d'Ernest Jones. Sur sa théorie du symbolisme", p. 699.

Este limite é evidentemente sua intimidade judaica, opaca a um olhar gói.

Uma outra citação enfatizará ainda uma vez, se necessário, o indício:

> Explico, então, a história daquilo que Freud abordou como pôde, *justamente para evitar sua própria história*. El Shaddai, particularmente, é o nome pelo qual ele se designa, aquele cujo Nome não se pronuncia. Ele se reportou ao Édipo. Fez uma coisa bem limpa, em suma, um pouco asséptica. Não a levou muito adiante, mas é bem disso que se trata, é que deixamos passar as oportunidades de retomar aquilo que *o dirigia* e que deveria fazer com que agora o psicanalista se sentisse à vontade no seu discurso [...]. Ele certamente perdeu a oportunidade, eu já o disse [...].[10]

Quem avaliou o alcance de tais palavras? Desse diagnóstico da esquiva de Freud diante do Deus judeu, e cuja questão ele, que se declarou tão ateu, "o dirigia", evitou na origem das dificuldades da psicanálise? Do inconsolável arrependimento de Lacan? Do lugar central da questão do judaísmo para a psicanálise e, indo além, para toda nossa cultura ocidental, por mais espinhoso que o seja?

Embora numerosas, tais citações nunca despertaram a atenção dos alunos e menos ainda produziram aqueles trabalhos de que, no entanto, são pródigos nos colóquios e seminários.

Sem dúvida são declarações produzidas no doloroso pós-efeito da exclusão, no calor de uma polêmica com características igualmente surpreendentes. Mas esta polêmica não faz senão revelar um dado estrutural da doutrina de Lacan: a interrogação ao

---

[10] Idem. *Séminaire XIX, ... ou pire* (não publicado), sessão de 14 de junho de 1972.

judaísmo a fim de exorcizar o *ghost* que assombra a psicanálise. Podemos demonstrar isso com precisão.

Se há um invariante ao longo de toda a obra de Lacan, desde seus primeiros passos teóricos até sua última palavra, perdida no silêncio da doença, este invariante é sua constante menção às três categorias do Imaginário I — definido na referência ao estádio do espelho — do Simbólico S — ou ordem da linguagem na qual nós, enquanto falantes, estamos imersos — e, por fim, do Real R — definido como impossível de ser dito e imaginado, pitada de teologia negativa. Para não irritar ninguém, não nos detenhamos sobre o fato de que essas três letras, sobretudo quando Lacan se preocupa em lhes acrescentar as reticências, ISR..., são as três primeiras letras do nome bíblico Israel.

Antes mesmo do discurso, dito de Roma, pronunciado em 1953 e que funda o discurso lacaniano, antes mesmo do primeiro Seminário sobre os *Escritos técnicos*, Lacan, em 8 de maio de 1953, profere uma conferência[11] diante da Sociedade Francesa de Psicanálise (SFP) sobre essas três categorias, antes de retornar a elas ao longo de toda a sua obra, de um modo quase obcecado, até sua trabalhosa especulação sobre os nós. Sobretudo quando se trata, depois de uma crise, de retomar as grandes articulações do seu pensamento.

Destacaremos daí, para nossa demonstração, dois momentos importantes.

O primeiro, do texto chamado *Proposition d'octobre 1967* [Proposição de outubro de 1967], documento essencial já que nele Lacan define, a partir de dados teóricos fundamentais, as moda-

---

[11] Idem. "Le symbolique, l'imaginaire et le reel". In: *Des Noms-du-Père*, Paris: Seuil, 2005, p. 11-63. [Edição brasileira: *Os Nomes-do-Pai*. Rio de Janeiro: Jorge Zahar Editor, 2005.]

lidades e os princípios de organização da Escola que ele acaba de fundar. Esta "Proposição de outubro de 1967" existe em duas versões. A primeira, restrita à Escola, discutida por seus membros durante meses; a segunda, oficial, publicada nos anuários da EFP[12] e que se distancia sensivelmente da primeira. Vamos nos referir de preferência à primeira versão que exprime as intenções do fundador em sua clareza inicial.

Nela, Lacan relembra os acontecimentos que conduziram à explosão do movimento analítico francês e, em seguida, a importância do tratamento pessoal, sem o qual não há psicanálise, o papel e a natureza da transferência, motor deste tratamento, sentimento amoroso do analisando por seu analista colocado na posição de sujeito "suposto saber". O inconsciente "estruturado como uma linguagem" apresenta-se como um texto a ser decifrado. Quanto a isso, o "saber textual" que outras disciplinas possuem não poderia deixar indiferente o psicanalista; o saber do aedo, do sofista, mas também do talmudista (e, assinalamos, não do *cabalista*), esse saber que Lacan mais tarde, no seu texto *Radiofonia*, irá chamar de o midrash.[13]

De repente, um comentário nada anunciado, uma grande surpresa!

> A solidariedade das três funções principais que acabamos de indicar [isto é, do real, do simbólico e do imaginário, ou seja, RSI], *encontra seu ponto de convergência na existência dos judeus*. Não é para nos espantarmos já que conhecemos a importância da presença deles em todo o seu movimento.

---

[12] *École Freudienne de Paris* [Escola Freudiana de Paris].
[13] Midrash: comentário e interpretação bíblica, escrito por sábios judeus.

> É impossível desvencilhar-se da segregação constitutiva desta etnia, prossegue ele, com as considerações de Marx e ainda mais com as de Sartre. *É por isso, especialmente por isso, que a religião dos judeus deve ser examinada no nosso meio. Vou me prender a essas indicações.**[14]

Esta passagem impressionante não será retomada na segunda redação.

"A existência dos Judeus" encontra-se, portanto, no ponto de convergência das três principais funções. Ora, este ponto de convergência tem uma importância considerável na teoria de Lacan. Percebemos isso com total clareza na teoria do nó borromeano onde esse ponto receberá uma denominação, a de objeto *a*, esse famoso objeto *a* sobre o qual Lacan dirá ser o único conceito que ele acrescentou à teoria freudiana:[15] falta-a-ser, objeto pulsional — mas, então, onde está a novidade? — nada, dejeto do discurso, o objeto por excelência da psicanálise. Se as palavras têm um sentido e uma coerência, seria preciso acrescentar a esta série incompleta... os judeus. Um laço obscuro liga a questão judaica e esta esotérica teoria do objeto *a*.

Além disso, este surpreendente convite para discutir a questão da religião dos judeus! Convite este que retoma, como eco e como uma formulação diferente, o que Lacan apontava como pecado original da psicanálise.

Em outros termos, quando Lacan teoriza seu objeto *a*, ele coloca em prática a discussão desta questão, ele persegue seu projeto

---

[14] *Analytica,* série publicada por *Ornicar?,* boletim periódico do Champ freudien, nº 8, Paris, 1978.
[15] Encontraremos a pista escrita sobre o objeto *a* como interseção de R, S, I, na intervenção feita em Roma, em 1974, no congresso da EFP; *Lettres freudiennes,* nº 16, Paris, novembro 1975.

de curar a psicanálise de seu pecado original. A partir daí, a volta de Lacan a Freud aparece sob uma outra perspectiva. Não poderia ser, porém, apenas uma simples volta à letra do texto do fundador, a uma leitura-interpretação que colocaria em perspectiva um relevo despercebido e lhe devolveria sua significância? "Retomar as coisas onde Freud as deixou": este é o sentido profundo desta *volta* de cuja bandeira Lacan fez-se portador, recolocar "a psicanálise de pé", corrigir "seu pecado original", quer dizer, definitivamente, para quem sabe ler, "uma discussão da questão da religião dos judeus", o projeto teórico de uma ultrapassagem, isto é, de uma "desjudaização" radical da psicanálise. Projeto muitas vezes sugerido, sempre à meia voz, e sobre o qual o mínimo que se pode dizer é que ele nunca saiu do limbo. Sem dúvida porque o objetivo visado era virtual, ilusório. O colapso cacofônico da herança lacaniana — à qual eu reitero a minha dívida — encontra aí sua verdadeira causa.

Voltemos por um momento a algumas das expressões mencionadas acima e, inicialmente, a esta designação malcheirosa dos judeus como "um bando muito especial". Ela não é isolada. Entretanto, paralelamente, poderíamos citar muitos elogios, às vezes excessivos, aos judeus e à sua tradição religiosa. Estranha mistura de paixão e antipatia! Lacan, que afirmava a existência em Freud de uma neurose em relação à sua religião de nascença, parece por sua vez muito tocado por um afeto, semelhante e diferente, em relação ao judaísmo. Não se analisa o pai, ele dizia, mas podemos apontar seu sintoma, ponto de origem do seu discurso e, às vezes, obstáculo. É também esta hipótese que exploraremos.

Na minha obra anterior,[16] introdutória à presente, relatei o que foi minha relação com Lacan e o que a transferência veiculou

---

[16] Gérard Haddad. *Le Jour où Lacan m'a adopté*. Paris, Grasset, 2002. [Edição brasileira: Gérard Haddad. *O dia em que Lacan me adotou*. Rio de Janeiro: Editora Companhia de Freud, 2003.]

entre nós. Mas que valor demonstrativo atribuir a um testemunho isolado cheio de afetos? A partir de agora vamos avaliar minha tese tendo como referência os textos publicados. O exame quase exaustivo das publicações de Lacan propiciou-nos uma rica colheita de dezenas de páginas cujo estudo poderia intitular-se *Lacan, leitor da Bíblia*, ou, melhor ainda, *O midrash lacaniano*, na medida em que o psicanalista submete a letra do versículo a metamorfoses hermenêuticas dignas dos antigos mestres.

Essa transferência que foi, sobretudo, transferência de trabalho legado por meu falecido mestre, permite-me hoje definir o que foi meu esforço teórico durante trinta anos e que encontra aqui sua conclusão talvez definitiva: *retomar as coisas no ponto em que Lacan as deixou*. Meu trabalho sobre o Talmude, minha teoria do Livro, desenvolvida em duas obras, foram etapas desta retomada. Chegou a hora de examinar o que o próprio Lacan elaborou a respeito desta questão do judaísmo, do seu questionamento.

Inicialmente, mostrar como a elaboração dos conceitos lacanianos fundamentais, entre eles o do significante paterno, do supereu, do objeto *a*, traz em si uma reflexão sobre o judaísmo, seus ritos, seus textos, seu ato de interpretação ou midrash, seu Deus diante do qual Freud se deteve.

Depois, como contraponto, fazer uma pergunta decisiva: nas suas análises do judaísmo, *Lacan agiu corretamente*? Apesar de uma curiosidade meritória e de interpretações fulgurantes, será que, às vezes, ele não interpretou dados equivocados e até mesmo errados, unilaterais, baseando-se em uma dada corrente do judaísmo de inspiração cabalística e ignorando suas outras correntes, tão importantes quanto, em especial, a de Maimônides? Na verdade, o judaísmo é uma coisa mal conhecida, não é um sistema de pensamento. Não se pode, de forma alguma, afirmar que "o judaísmo diz isso ou pensa aquilo".[17] Nele, confrontam-se tendências totalmente opostas e incompatíveis, somente reunidas na prática em comum dos ritos. Daí resulta que a reflexão de Lacan sobre esta questão sofreu necessariamente uma distorção e até mesmo tomou falsos caminhos. Será que estes estão na origem de um certo impasse do lacanismo, situação que se reflete na grotesca fragmentação e nas infindáveis disputas que opõem as capelinhas que reivindicam seu ensino? A partir do meu próprio percurso, tendo a acreditar que sim.

A correção que Lacan ambicionava fazer à doutrina de Freud desdobra-se em outra correção, uma crítica, fundamentada em argumentos, de sua própria doutrina, e *operando no próprio interior desta doutrina*. Incluindo, no caminho, o desdobramento do conjunto de suas reflexões sobre o judaísmo.

O assunto não é banal porque se trata do próprio futuro da doutrina de Lacan, cuja validade geral me parece incontestável, e até mesmo da própria psicanálise, emaranhada nessa neurose "transgeracional".

Essa crítica, acompanhada do pesar de não ter sabido nem podido apresentá-la ao vivo ao meu analista, não poderia apagar a importância e a profundidade da reflexão de Lacan sobre o judaísmo.

Tal é o caminho proposto que não poderia ser imaginado sem o trabalho beneditino de levantamento quase exaustivo dos textos de Lacan realizado por Antonietta H., reunindo um conjunto de notas de mais de cem páginas datilografadas. Este livro traz a marca de sua leitura.

A retomada da integralidade dessas notas, enquanto documento e testemunho, seria sem dúvida fastidiosa. Elas pertencem ao mundo dos arquivos.

---

[17] Y. Leibowitz. *Les Fondements du judaïsme. Commentaires sur les Pirké Avot.* tradução de G. Haddad & Boissière. Paris: Le Cerf, 2007.

2. A judeidade de Freud segundo Lacan

> É por isso, curiosamente, que é através de um filho de Israel, de nome Freud, que nos encontramos, talvez pela primeira vez, verdadeiramente no centro do campo não apenas do saber, mas onde o saber nos agarra pelas entranhas e, até mesmo, se quiserem, pelos colhões. Aí é evocado o Nome-do-Pai e o aparato de mitos que ele traz consigo. Se eu tivesse podido realizar o meu Seminário sobre *Os Nomes-do-Pai*, os teria informado sobre minhas pesquisas estatísticas. É absurdo que pouco se fale disso, dessa história do Pai, mesmo entre os Doutores da Igreja. Não estou falando da tradição hebraica onde ela está, implicitamente, em toda parte. Se aparece de forma implícita é, certamente, porque essa história é muito velada[1].

Durante toda sua vida, Lacan não teve dúvida disso: um vínculo misterioso, nunca fundamentalmente esclarecido, liga a psicanálise à Coisa judaica.

Ele repete essa afirmação muitas vezes. Assim, um ano mais tarde, em 1970:

---

[1] J. Lacan, Séminaire XVI, *D'un autre à l'autre* (1968-69). Paris: Seuil, 2006, p. 177. [Edição brasileira: *O Seminário. De um Outro ao outro*, Livro 16. Rio de Janeiro: Jorge Zahar Editor, 2008.]

Talvez não se possa conceber a psicanálise como tendo nascido de outro lugar que não seja desta tradição. Freud aí nasceu e ele insiste [...] sobre isso, que só tem propriamente confiança, para fazer avançar as coisas no campo que descobriu, nesses Judeus que sabem ler há muito tempo, e que vivem — é o Talmude — da referência a um texto.[2]

Tais origens judaicas de Freud que interessam a Lacan levam-no, na ocasião, a pesquisar sobre a família de Freud e até sobre a família de sua esposa, os Bernays, de Hanover.[3] Lacan adotou esta afirmação de Aragon, poeta que ele apreciava e que utilizou em relação a mim em uma memorável ocasião: "[...] um homem não é senão um instrumento preparado para as mãos de uma mulher."[4]

Mas então por que esta disciplina, durante muito tempo considerada como uma ciência, não podia nascer senão do espírito de um judeu? Durante toda sua vida Lacan tentou responder a esta pergunta.

Em um dos seus escritos mais antigos, "Os complexos familiares na formação dos indivíduos", ele se volta para o sociológico: o monoteísmo judaico corresponde à emergência do patriarcado em um mundo dominado pelas sociedades matriarcais.

Segundo esta referência sociológica, a existência do profetismo pelo qual Bergson recorre à história, na medida em que ele se pro-

---

[2] Idem. Séminaire XVII, *L'Envers de la psychanalyse* (1969-70), Paris: Seuil, 1991, p. 158. [Edição brasileira: *O Seminário. O avesso da psicanálise*, Livro 17. Rio de Janeiro: Jorge Zahar Editor, 1992.]
[3] Idem. Séminaire VII, *L'Étique de la psychanalyse*, op. cit., nota sobre Jacob Bernays.
[4] Aragon, *Le Fou d'Elsa*. Paris: Gallimard. Coll. "Poésie", 2004, p. 16.

duziu eminentemente no povo judeu, compreende-se pela situação de escolha que foi criada para esse povo, de ser o detentor do patriarcado no seio de grupos devotados aos cultos maternos, através da luta convulsiva para preservar o ideal patriarcal diante da sedução irreprimível dessas culturas.[5]

Este patriarcado levara ao ápice o valor do significante paterno, durante muito tempo pedra angular de nossas civilizações. Ora, o mundo moderno, mundo do discurso científico, implicou o declínio desse pai, personagem cuja humilhação parece ser, doravante, o traço característico. Lacan conclui:

> Talvez seja a esta crise que se deva relacionar o aparecimento da própria psicanálise. O sublime acaso do gênio, por si só, talvez não explique que tenha sido em Viena — na época, centro de um Estado que era o *melting-pot* das mais diversas formas familiares [...] — que um filho do patriarcado judaico tenha imaginado o complexo de Édipo.[6]

Entretanto, Lacan se interessa, para além do sociológico, pela estrutura do judaísmo e sobretudo por esse mito fundador que não cessará de acompanhar sua reflexão, ou seja, "o sacrifício de Abraão" que ele transforma no equivalente do complexo de Édipo.

> [...] ao advento da autoridade paterna corresponde uma moderação da repressão social primitiva. Legível na ambiguidade mítica

---

[5] J. Lacan. "Les complexes familiaux dans la formation de l'individu", 1938, na *Encyclopédie française*; reeditado em *Autres écrits*. Paris: Seuil, 2001, p. 58. [Edição brasileira: *Outros escritos*. Rio de Janeiro: Jorge Zahar Editor, 2003.]
[6] Ibidem, p. 61.

do sacrifício de Abraão, que, além do mais, o liga formalmente à expressão de uma promessa, esse sentido não é menos visível no mito de Édipo [...].[7]

Toda a obscuridade que virá da teorização de Lacan sobre o Nome-do-Pai, obscuridade que ele decidiu nunca dissipar, já se encontra latente neste texto. Como compreender a equivalência diferencial do Édipo e do sacrifício de Abraão? No primeiro caso, trata-se de um parricídio consumado, no segundo, de um infanticídio evitado no último instante. Ao escolher o mito grego, quis Freud salvar o pai, poupando-o da vergonhosa marca de assassino?

Mais tarde, na maturidade da sua reflexão, Lacan interpretará essa escolha da mitologia grega, em detrimento do texto bíblico, como a principal esquiva de Freud, o sinal da sua neurose. Facilitação e obstáculo de um lado, afirmação de um virulento ateísmo, de outro, ligação à sua tradição literal e a seus valores, o judaísmo teria, portanto, aberto o caminho para a descoberta freudiana, ao mesmo tempo em que foi seu ponto de paralisação, ponto de que toda a psicanálise padece. Tal seria a contradição neurótica que ligava Freud a seu judaísmo e da qual, segundo Lacan, ele não conseguiu sair.

Interpretação confirmada pela citação de um texto produzido anos mais tarde quando, tendo abandonado a explicação sociológica, Lacan se volta para a análise estrutural, intrínseca à cultura judaica, cultura que ele sempre caracterizará como dependente da letra e do texto.

Em 1956, ano de seu Seminário sobre *As psicoses*, Lacan faz uma conferência intitulada "Freud no século".

---
[7] Ibidem, p. 58.

Mas esse nome [Freud] é, em épocas mais remotas, um nome judeu que, através da história, vamos encontrar traduzido de outro modo.[8] Isso é feito exatamente para nos lembrar que, através da assimilação cultural dos significantes ocultos, persiste esse recorrente de uma tradição puramente literal que nos leva, sem dúvida, bem longe, ao coração da estrutura com a qual Freud respondeu às suas questões. Seguramente, para bem compreendê-lo, seria preciso, desde já, evocar até onde ele reconhecia seu pertencimento à tradição judaica e à sua estrutura literal que chega, diz ele, a se imprimir na estrutura linguística. [...]
Há certamente um contraste entre esse reconhecimento e sua recusa precoce, ofensiva, [...] à fé religiosa de seus pais.[9]

Notemos que o próprio Lacan não deixa de sentir, evidentemente que sob uma outra forma, uma mesma ambivalência em relação ao judaísmo. Detectamos a partir de numerosas declarações, algumas delas já anteriormente citadas, o mesmo grau tanto de fascinação como de antipatia em relação à "religião dos judeus" — o que não tem nada a ver com qualquer antissemitismo, que fique claro para os espíritos pessimistas. A própria pessoa de Freud pode, eventualmente, encarnar esta ambivalência. Aconteceu que em uma assembleia geral de sua Escola, Lacan declarou sentir em relação a Freud "uma transferência negativa", isto é, de hostilidade.

O tema da necessária consideração das origens judaicas do inventor da psicanálise para compreender alguns de seus conceitos, como sendo um ponto central, emerge, desse modo, ao longo de todo seu ensino. Assim, no Seminário sobre *A identificação*,

---

[8] Talvez *Simcha*.
[9] J. Lacan. Séminaire III, *Les Psychoses* (1955-56). Paris: Seuil, 1981, p. 264-265. [Edição brasileira: *O Seminário. As psicoses*, Livro 3. Rio de Janeiro: Jorge Zahar Editor, 1988.]

a propósito do problemático conceito de *identificação primária*, definida por Freud como devoração canibalesca do corpo do pai, Lacan observa:

> Eu a deixei inteiramente de lado porque teria sido preciso que eu os apresentasse — mas quando o farei? — a toda uma tradição que poderíamos chamar de mística e que, seguramente, por sua presença na tradição semítica, domina toda a aventura pessoal de Freud.[10]

Uma reflexão sobre Paulo propicia a Lacan o pretexto para voltar à relação de Freud com sua origem, relação qualificada como contraditória e "maleditória":

> De fato, se o fundamento do cristianismo encontra-se na revolução paulina, isto é, em um passo essencial dado na relação com o pai, se a relação do amor ao pai é esse passo essencial, se representa verdadeiramente a ultrapassagem de tudo que a tradição semita inaugurou de "grande", dessa relação fundamental com o pai, desta *baraca*[11] original com a qual, mesmo assim, é difícil ignorar que o pensamento de Freud se liga de um modo além de contraditório — *maleditório* —, disso não podemos duvidar pois, se a referência ao Édipo pode deixar a questão em aberto, o fato dele ter terminado seu discurso em Moisés, e o modo como o fez, não deixa dúvidas de que o fundamento da revelação cristã está, portanto, bem nessa relação da graça que Paulo faz suceder à Lei.[12]

---

[10] Idem. *Séminaire IX, L'Identification* (1961-62, não publicado), sessão de 27 de junho de 1962. Lembremos que esses breves comentários inspiraram meu livro *Manger le livre*. [Edição brasileira: Gérard Haddad, *Comer o livro*. Rio de Janeiro: Editora Companhia de Freud, 2004.]
[11] Oração de bênção e agradecimento de Israel. (N. T.)
[12] Idem. *Séminaire IX L'Identification* (não publicado), sessão de 14 de março de 1962.

O PECADO ORIGINAL DA PSICANÁLISE

Esta análise da relação maleditória de Freud com o seu judaísmo deveria ter culminado no seminário abortado sobre *Os Nomes-do-Pai*, no qual mesmo assim Lacan diz: "Foi diante desse Deus que Freud se deteve", pretendendo, ele, suspender esta interrupção. Algumas semanas mais tarde, na sessão inaugural do novo Seminário sobre *Os quatro conceitos*, ele expressa a opinião, já citada, sobre "o fato de que alguma coisa em Freud nunca foi analisada".

Uma imagem bíblica — a Bíblia nunca está muito longe, em Lacan — permite-lhe insistir sobre esse misterioso desejo de Freud, dolorosamente enraizado em uma herança religiosa rejeitada. "Freud disse: 'Eis o país para onde levo meu povo.' [...] E o que eu disse a respeito da sede de verdade que o anima é, aqui, uma simples indicação sobre o vestígio das abordagens que permitirão que nos perguntemos qual foi a paixão de Freud."[13]

É logo após maio de 1968, no Seminário *De um Outro ao outro,* que Lacan empregará a forma definitiva que abre esse capítulo. Um ano mais tarde, retomando e condensando os desenvolvimentos de seu Seminário *O avesso da psicanálise*, ele dará uma longa entrevista à rádio belga publicada sob o título *Radiofonia*. Ela inclui um importante comentário sobre a semelhança entre o midrash, a arte judaica de ler a Bíblia, e a psicanálise, comentário que já citei frequentemente e que, de certo modo, desencadeou minha vocação e minha pesquisa. Ele encontra aqui, seu lugar natural:

> [...] o judeu, desde o retorno da Babilônia, é aquele que sabe ler, isto é, que pela letra distancia-se de sua fala, aí encontrando o espaço, precisamente para nele lançar uma interpretação. Uma única, a do midrash, que aqui se destaca eminentemente. Com efeito,

---
[13] Idem. Séminaire XI, *Les quatre concepts...*, *op. cit.*, p. 34-35.

para esse povo que detém o Livro — único, entre todos, a se afirmar como histórico, sem nunca proferir mito — o midrash representa um modo de abordagem de que a moderna crítica histórica bem poderia ser apenas a degeneração. Pois se ele toma o Livro ao pé da letra, não é para fazê-lo sustentar intenções mais ou menos óbvias, mas para retirar — a partir de sua colusão significante, tomada em sua materialidade, daquilo que sua combinação aproxima por obrigação (portanto não desejada), do que as variantes gramaticais impõem de escolha desinencial — um outro dizer do texto, até mesmo nele implicando o que ele negligencia (como referência), como, por exemplo, a infância de Moisés.[14]

Além da sua função de alerta, podemos hoje circunscrever melhor a força e os limites desse texto. Ele resume a concepção que Lacan, no crepúsculo de sua vida, tinha do judaísmo. Sua informação sobre o midrash, que ele admira, é perfeita. Ele apresenta elegantemente suas principais técnicas de interpretação. Entretanto, ao mesmo tempo, há muito que se pode dizer sobre a ideia que ele faz da função da Bíblia para os judeus. Livro histórico? Ausência de mito? Apenas um fundamentalista pode retomar tais afirmações. A Bíblia (o *Tanach*) é o livro santo dos judeus, dirá Yeshayahou Leibowitz e, como tal, não pertence à categoria da história. Quando Maimônides afirma o caráter alegórico da maioria das narrativas bíblicas, não estaria ele, na linguagem atual, falando de mitos? As melhores ilustrações disso são as páginas consagradas a Adão e Eva, desde sua criação até sua falta.[15] Maimônides não hesita

---

[14] Idem. "Radiophonie". In: *Scilicet*, nº 2/3. Paris: Seuil, 1970, p. 81.
[15] Ao longo do livro, sempre que for empregada a palavra "falta" associada a Adão e Eva ou à cena primitiva corresponderá ao francês *"faute"* com a conotação, nesses casos, de transgressão (diferente de *"manque"*, também traduzida por "falta" mas com o sentido de ausência). (*N. T.*)

em considerar como débil aquele que acreditasse na historicidade deste belo apólogo. O próprio sacrifício de Abraão é interpretado como um sonho profético do Patriarca. É um dos numerosos passos em falso que Lacan comete na sua abordagem do judaísmo. Logo veremos sua origem.

Pode-se concluir que, para Lacan, o pertencimento de um indivíduo ao povo judeu condiciona decisivamente seu destino. Fala assim do célebre "pequeno Hans", a primeira análise de uma criança:

> É na medida em que o pequeno Hans tem uma certa ideia de seu ideal, na medida em que ele é o ideal de sua mãe, isto é, um substituto do falo, que o pequeno Hans se instala na existência. Digamos que, se em vez de uma *mãe judia* e, seguindo o movimento do progresso, ele tivesse uma mãe católica e piedosa, vocês poderiam ver por qual mecanismo, ocasionalmente, o pequeno Hans teria sido delicadamente conduzido ao sacerdócio ou mesmo à santidade.[16]

Não poderia ser diferente com Freud, cujo desejo encontrou sua possibilidade na descoberta da psicanálise, descoberta facilitada tanto pela importância do conceito de Pai, não desprovido de mistério no judaísmo, como por um virtuosismo ancestral no manejo do texto. É neste último cercado inexpugnável, "nessas fronteiras judaizantes onde Freud ficou confinado em suas aversões espirituais"[17] que a psicanálise encontrou seu alicerce. Ela conserva daí um certo estilo que Lacan definiu ironicamente como o do prosaico brechó.

---

[16] Idem. Séminaire IV, *La relation d'objet* (1956-57). Paris: Seuil, 1994, p. 415-416. [Edição brasileira: *O Seminário. A relação de objeto*, Livro 4. Rio de Janeiro: Jorge Zahar Editor, 1995.]
[17] Idem. "La science et la vérité". In: *Écrits, op. cit.*, p. 858.

Freud, portanto, já o representei da última vez, tal como a figura de Abraão, de Isaac e de Jacó? Leon Bloy, em *Le salut par les juifs* [A salvação pelos judeus], os representa sob a forma de três homens igualmente velhos que lá estão, segundo uma das formas da vocação de Israel, entregando-se, em torno de não sei que tenda, a essa ocupação fundamental que se chama de mercado de coisas usadas. Eles fazem uma triagem. Há uma coisa que colocam de um lado, e outra do outro. Freud coloca as pulsões parciais de um lado e, do outro, o *amor*. Ele diz — *Não é a mesma coisa*.[18]

Este "cercado judaizante" onde nasceu a psicanálise, Lacan ambicionava abri-lo, sob a bandeira do "retorno a Freud", com a promessa de aliviar o sofrimento dos numerosos judeus que vinham lhe pedir ajuda através de uma análise.

Quando vocês tiverem que lidar com o Deus de Abraão, de Isaac e de Jacó, aí então, fica difícil livrar-se dessa marca. É exatamente por esse motivo que não se trata só disso. Do mesmo modo, aqueles que precisam diretamente, pessoalmente, deste tipo do Outro, têm, eles também, um destino bem marcado.
Eu estava certo, para algumas pessoas comuns nesta tribuna que me cerca, em ajudá-las elucidando um pouco a questão que diz respeito à relação com o Nome, o Nome de um Senhor cujo nome é impronunciável, aquele que se exprime no registro do Eu; é necessário dizer não "Eu sou aquele que sou", pálida descrição de um pensamento plotiniano, mas, simplesmente, *Eu sou o que Eu sou*. Eu pensava e voltarei sempre a isso, em lhes prestar essa ajuda, e nós continuaremos aí enquanto eu não tiver retomado esta questão do Nome-do-Pai.

---
[18] Idem. *Séminaire* XI, *Les quatre concepts...*, op. cit., p. 172-173.

Falei dos pequenos mas há também os grandes judeus que, seguramente, não precisam de mim para se defrontar com seu Deus.[19]

Retornaremos detidamente à fórmula "Eu sou o que eu sou" e ao problema de tradução que ela coloca devido ao mal-entendido ontológico que comporta.

O projeto de "reabrir o cercado judaizante" foi tentado por Lacan por caminhos tão pouco claros que nenhum dos seus alunos, analista ou não, nenhum exegeta, captou o seu alcance. Alguns, de Michel de Certeau a Françoise Dolto, acreditaram ver chegar nesse rastro a ocasião de uma reconquista cristã do campo freudiano. Em seu entusiasmo missionário, não perceberam que se Lacan não poupava o judaísmo, foi ainda mais feroz a respeito do cristianismo, religião da negação:

> O que é que falta? Houve alguém que um dia disse — Mas não vos canseis, nada falta. Olhai os lírios do campo, eles não tecem nem fiam, são eles que estão em seu lugar no Reino dos Céus [...]. Era preciso que ele fosse o próprio Verbo para que pudesse negar a evidência a tal ponto.[20]
> Que ele seja a verdadeira religião, como pretende, não é uma pretensão excessiva e, além do mais, examinando de perto, é o que dela se pode dizer de pior.[21]

---

[19] Idem. *Séminaire XIV, La logique du fantasme* (1966-67, não publicado), sessão de 24 de janeiro de 1967.
[20] Idem. *Séminaire XVII, L'Envers de la psychanalyse, op. cit.*, p. 87, 88.
[21] Idem. *Séminaire XX, Encore*, Paris: Seuil, 1975, p. 98. [Edição brasileira: *O Seminário. Mais, ainda,* Livro 20. Rio de Janeiro: Jorge Zahar Editor, 1985.]

O objetivo desta obra é o de mostrar que o projeto de uma crítica rigorosa do lastro religioso judaico que pesa sobre a psicanálise e que a impede de progredir foi um fracasso. Ao dissolver sua Escola, instrumento desse projeto, Lacan encarregou-se disso.

3. O judaísmo na vida de Lacan

Como o judaísmo chegou a Lacan? A reflexão teórica em psicanálise, conforme sabemos desde as célebres cartas de Freud a Fliess, carrega os ecos da biografia de seu autor. É, portanto, legítimo em relação à nossa questão, pesquisar a de Lacan, investigar a respeito daqueles que foram seus interlocutores e seus informantes sobre o judaísmo.

Até hoje só dispomos de uma única biografia do psicanalista, realizada por uma ex-aluna.[1] Infelizmente! Esta volumosa obra parece mais o *skandalon* das Escrituras sobre o qual o cego tropeça, do que um documento histórico. O retrato que daí se depreende, de uma das personalidades intelectuais mais complexas e mais cativantes que a França do século passado conheceu, é verdadeiramente aflitivo. Não passa de um palhaço frustrado, um aristocrata de opereta de quem se pode zombar a bel-prazer com gozações como "Sua Majestade" ou "filho de Alfredo", para enfatizar suas origens plebeias.[2]

---

[1] Elisabeth Roudinesco. *Jacques Lacan, esquisse d'une vie, histoire d'un système de pensée.* Paris: Fayard, 1993. [Edição brasileira: *Jacques Lacan, esboço de uma vida, história de um sistema de pensamento.* São Paulo: Companhia das Letras, 1994.]

[2] Enumerei pelo menos cinco ocorrências de "filho de Alfredo" e seis "Sua Majestade".

Além disso, conhecemos, alguma vez, um ser tão antipático como esta Majestade? Megalômano cheio de arrogância, avarento, que nunca paga sua cota na sala de plantão[3] e, sobretudo mais tarde, depois do seu divórcio, que dá à sua esposa apenas "uma pequena pensão insuficiente para pagar a educação dos filhos"[4], deixando o acerto das contas de restaurante sempre para seus companheiros de viagem, Paul Ricoeur, Maurice Gandillac,[5] chegando a ser cleptomaníaco, já que, em uma livraria, Lacan não hesita em pegar algumas obras "esquecendo-se" de pagar, além do mais, glutão...[6] E não para por aí.

O intelecto do homem seria talhado do mesmo tecido que suas qualidades morais. Spinoza, que ele descobre já na escola secundária, "lhe serve para outras bricolagens". Ele se apropria "sem escrúpulos" dos textos, das fotos de Marguerite Anzieu, a fim de "construir sua tese, o caso Aimée". Ele se apossa de Politzer sem citá-lo,[7] "plagia" Wallon.[8] Ao contrário, no que lhe concerne, é habitado por uma mania paranoica do plágio e teme os complôs.[9] Mas por que, então, esperar até o outono de sua existência para publicar suas primeiras obras? Esta mediocridade intelectual levará Lacan a se ridicularizar durante sua estada nos Estados Unidos[10], embora ele aí tenha feito proposições admiráveis. Sem falar dos grosseiros absurdos teóricos como o "ódio às mães"[11] que Lacan

---

[3] Elisabeth Roudinesco, *op. cit.*, p. 38.
[4] Ibidem, p.574.
[5] Ibidem, p.395, 396.
[6] Ibidem, p.281.
[7] Ibidem, p.71.
[8] Ibidem, p.332.
[9] Ibidem, p.443 e 452.
[10] Ibidem, p.485.
[11] Ibidem, p.477.

teria sentido, ou o conceito primordial de Nome-do-Pai confundido com o patrônimo, afirmações e testemunhos deturpados, fontes truncadas que formam a trama da obra.

Curiosamente, entretanto, a virulenta obra nos reserva, mais ao fim, uma surpresa espantosa. Por razões misteriosas, Lacan, que pouco antes era um "plagiador", um *bricoleur* de ideias", embora "cada vez mais ávido por dinheiro",[12] torna-se o "velho mestre",[13] "esplêndido e majestoso sob sua cabeleira branca",[14] sua obra é "fora do comum"[15] e seus *Escritos* são "um livro sublime", em suma, um "grande pensador".[16] Que belo exemplo de rigor!

Mas venhamos à questão deste livro: a relação de Lacan com o judaísmo e, mais amplamente, com os judeus. A tese de Roudinesco é a seguinte: *esta doutrina pertence à tradição cristã*. Como ela sabe? Através de uma carta que Lacan dirigiu, em 1953, a seu irmão, monge beneditino. Há citações retiradas da carta? Absolutamente. Antes, leiamos: "Na Páscoa de 1953, em pleno conflito interno à SPP [Sociedade de Psicanálise de Paris], ele enviou uma carta a seu irmão na qual reivindicava *nas entrelinhas e sem ambiguidade*,* o pertencimento de sua doutrina à tradição cristã"[17]. Sem dúvida o leitor teria preferido, a esses circunlóquios, ler a própria carta.

Mas eis o mais grave, a acusação injusta, desonrosa para seu autor: durante a ocupação nazista, Lacan teria sido um covarde pois

---

[12] Ibidem, p. 514.
[13] Ibidem, p. 479.
[14] Ibidem, p. 448.
[15] Ibidem, p. 527.
[16] Ibidem, p. 542.
[17] Ibidem, p. 274.

não foi um "resistente",[18] "ele cuidou primeiro de si e de seu próprio séquito".[19] "Sofista e dissimulador na vida, ele não escolhera, como Cavaillès, morrer por um desejo de liberdade".[20] Ah! Se Lacan pudesse ter morrido nos anos 1940!

O próprio texto da obra, para quem sabe reinterpretá-lo, contradiz tal afirmativa. Na verdade, desde o início, Lacan foi muito sensível — e não eram muitos nessa situação — à terrível tragédia que atingia os judeus e já mostrava seu interesse pelo judaísmo. A questão já o sensibilizava, porque a mulher que ele amava, Sylvia Makles, era judia. O episódio foi, a partir de então, conhecido. Sylvia e sua mãe viviam, na época, em Cagnes-sur-Mer, na região Sul. Como tantos judeus, elas cometeram a imprudência de obedecer às leis raciais de Vichy ao se inscreverem como judias nos registros da prefeitura. Lacan compreendeu imediatamente o perigo deste gesto. Deixando Paris, ele dirigiu-se a Cagnes e lá, nas barbas da polícia colaboracionista, recuperou e destruiu, na mesma hora, os documentos de sua companheira. Na ocasião, certamente ele, "só cuida do seu séquito".

Entretanto, no outono de 1940, no momento em que a França é ocupada pelos nazistas, em que as batidas policiais e a morte ameaçam, Lacan, em companhia de seu amigo judeu, Bernier, sai febrilmente à procura de... uma Bíblia. Ou melhor, de sua tradução inglesa, chamada de versão King James. Por que motivo? "Por paixão estética", segundo a grotesca afirmação da biógrafa.[21] Na verdade, a versão King James, que imprimiu profundamente

---

[18] Ibidem, p. 240.
[19] Ibidem, p. 213.
[20] Ibidem, p. 409.
[21] Ibidem, p. 215.

sua marca em toda a cultura anglo-saxônica, é reconhecida pelos especialistas como sendo a única, no Ocidente, a ter expressado o sopro poético do original hebraico. De acordo com o que diz J. Green: "O espírito do texto hebraico é encontrado na Bíblia do rei Jacques." É, portanto, para se reaproximar do texto hebraico que Lacan, na angústia daquele tempo, procurou obter exatamente esta Bíblia.

O psicanalista foi também muito sensível e de uma lucidez visionária, em relação às devastações humanas causadas pelo nazismo e pela deportação. Em seguida à Libertação, procurou prematuramente virar esta trágica página. Poucas pessoas, mesmo entre os judeus, estavam dispostas a escutar a fala e o testemunho dos deportados sobreviventes. Lacan foi uma delas. Entre seus amigos mais próximos e mais queridos, encontrava-se o casal Merleau-Ponty, Suzanne e Maurice. Suzanne é médica. Coloca-se ao serviço dos deportados repatriados, cuida deles e os escuta. Lacan ajuda-a a obter o diploma de psiquiatra e a aconselha a escolher como tema de sua monografia *a neurose de campo de concentração* (p. 280-281). Ninguém, na época, sequer sonhava com o aspecto clínico dos estragos da deportação.[22] Simultaneamente, ele próprio, com a energia que o caracteriza, mergulha no estudo dos processos de Nurembergue. Portanto, bem cedo, desde o imediato pós-guerra, ele havia compreendido a importância de uma questão que iria marcar seu pensamento, aquele horror que evoca na última sessão de seu seminário, em 24 de junho de 1964. "O real do nosso tempo", ele dirá. Podemos afirmar, sem correr o risco de estarmos enganados, que o genocídio dos judeus foi vivido

---

[22] Nunca me esquecerei como ele se mobilizou para que eu escolhesse, como dissertação, um estudo do Talmude que viria a marcar minha trajetória.

por Lacan como uma tragédia pessoal e logo iremos fornecer, a esse respeito, o testemunho decisivo.

Esses dados tão importantes, recolhidos na biografia, nos são infelizmente relatados sem destaque, submersos nas mesmas páginas onde, irritados, tomamos conhecimento de que durante esse trágico período, Lacan se aproveitava, como imperador, em uma subprefeitura.

Essa vontade de apagar a questão judaica dos interesses de Lacan manifesta-se de forma notável nas estranhas palavras que teria dirigido a Daniel Widlocher, mais tarde presidente da IPA, que depois de ter concluído sua análise com Lacan, reuniu-se ao campo dos que votariam por sua exclusão da IPA: "O que você quer? Me excluir? Que eu não faça mais análises didáticas?... A atitude de todos vocês não me surpreende: quase todos vocês são médicos e nada se pode fazer com os médicos."[23] Para depois concluir com essas palavras inacreditáveis: "*Além disso, vocês não são judeus e nada pode ser feito com os não judeus*. Todos vocês têm problemas com o pai de vocês e é por esta razão que agem juntos contra mim".[24]

Judaísmo e filiação são, desse modo, novamente reunidos. Lacan parece interpretar assim a traição de seus alunos. Imperturbável, sua biógrafa relata tais palavras sem colocar em questão o julgamento que ela faz sobre a obra: uma questão cristã.

Durante os anos em que conduzi este estudo, a sorte me sorriu pelo menos em duas ocasiões, fornecendo-me informações e testemunhos inesperados. A primeira diz respeito justamente ao

---

[23] Elizabeth Roudinesco, *op. cit.*, p. 337.
[24] Ibidem, p. 337, 338.

comportamento de Lacan durante o nazismo e à sua atitude nada indiferente em relação aos judeus.

Em janeiro de 1999, depois de uma conferência realizada no centro Jeoffroykin — uma associação cultural judaica —, um senhor bem distinto aproximou-se de mim e perguntou, já que eu mencionara o nome de Lacan, se eu o havia conhecido. Diante de minha resposta afirmativa, ele apresentou-se como médico aposentado, judeu de origem polonesa. A respeito de Lacan, disse-me o seguinte: "Em várias ocasiões, durante a Ocupação, ele me ofereceu sua ajuda. 'Se o senhor precisar o que quer que seja, não hesite', ele me dizia. Mas eu já tinha um esconderijo."

De imediato, não dei a esse testemunho a atenção necessária. Mas, três anos mais tarde, a lembrança me veio e, com a ajuda de um amigo, descobri as coordenadas do bom doutor Biézin, com quem jantei duas vezes e que me deu alguns detalhes sobre sua vida e seu encontro com Lacan.[25]

Nascido em 1911, em Wroclaw na Polônia, Jacques Biézin inicialmente militou no movimento sionista marxista Hachomer Hatzaïr antes de aderir ao Partido Comunista Polonês. No entanto, em 1929, instalou-se na França e, sem conhecer uma palavra de francês, segue estudos em medicina (a propósito, ele conservou uma ponta de sotaque polonês). As obras de anatomia decifradas, palavra por palavra, permitiram-lhe iniciar-se na língua francesa. Ele sentiu uma paixão pela medicina geral, por tratar os corpos sofredores. Entretanto, a psiquiatria e a psicanálise também o atraíram. Para ele, Freud foi, antes de tudo, um revolucionário. Lembrou-se ainda das discussões apaixonantes sobre Freud e Ad-

---

[25] Jacques Biézin morreu em fevereiro de 2005.

ler, que agitavam o serviço de psiquiatria do Hôtel-Dieu onde realizou seu externato.

Logo encontrou René Allendy, um dos contestados pioneiros da psicanálise na França. Como Biézin dominava o alemão, Allendy lhe confiou trabalhos de tradução e de documentação, em particular a respeito de uma obra de Paracelso que estava preparando. Ele o fez reler sua correspondência com Freud e logo o convidou para as reuniões da Sociedade de Psicanálise, no *boulevard* Saint-Germain. Esses trabalhos permitiram ao nosso estudante judeu pagar seus estudos.

Entretanto, logo estourou a guerra da Espanha e Biézin alistou-se como médico nas Brigadas internacionais. Mesmo sem participar dos combates, ele esteve, sempre como cuidador, nas linhas de frente. Lembrou-se particularmente da terrível batalha de Brunete na região de Madri. Foi aí que recebeu a patente de capitão da armada republicana. Foi na Espanha que conheceu sua esposa, uma judia romena que também havia se juntado aos combatentes republicanos.

Em seguida, voltou à França para defender sua tese, que dedicou à sua experiência de médico de guerra, e obteve o título de médico na condição de estrangeiro, o que não lhe permitia exercer a medicina na França. O jovem casal sobreviveu graças a pequenos trabalhos de entregas e de faxina.

Quando a guerra eclodiu, o proprietário da Vila Seurat, na rua Tombe-Issoire, propôs a ele trabalhar como jardineiro da casa. A mudança de endereço e o trabalho lhe permitiram escapar das batidas policiais. Mas esta vida, intelectualmente tão pobre, lhe pesou. Apresentou-se, então, no Hospital Sainte-Anne, bem próximo, e pediu autorização ao professor Jean Delay para assistir às conferências que ele organizava. Delay consentiu. Foi lá que Biézin encontrou aqueles que se tornariam os líderes da psiquiatria e da psicanálise francesas: Daniel Lagache, Sacha Nacht e, principalmente, as duas pessoas que lhe deixaram a mais profunda lembrança: Daumezon e Lacan.

> Daumezon e Lacan haviam criado para nós, judeus, uma atmosfera de compaixão e solidariedade. Sentíamo-nos bem com eles. Certo dia, Lacan veio me dizer: "Conheço sua situação difícil. Se tiver qualquer problema, qualquer que seja, não hesite em me procurar." Mas eu tinha me virado e nunca recorri a esta generosa oferta que ele repetiu em várias ocasiões.
>
> Lembro-me também da maneira com que Daumezon e Lacan tratavam os doentes judeus que eram hospitalizados. "Aqui vocês estão protegidos, eles lhes diziam, os alemães não vos prenderão." Isso aconteceu em outros hospitais. Não sei como faziam. Abrigaram esses doentes até o final da guerra.
>
> Nos últimos momentos da guerra, fiz uma espécie de psicoterapia com Lacan, depois, terminados os combates, passei a fazer análise com ele. Eu ia à rua de Lille, nº 5. Sentia-me lá como se estivesse em casa. Lacan queria que eu me tornasse analista, que entrasse para a Sociedade de Psicanálise. Ele me encaminhou a Nacht que não achei muito simpático.
>
> Mas o que eu queria era fazer medicina, tratar. Em 1948, me naturalizei e pude obter a regularização de meu diploma. Foi então que comecei minha carreira de médico rural, em Oise.

A partir desta data, Biézin perdeu todo contato com Lacan. Entretanto, nunca esqueceu aquela simpatia espontânea e concreta que ele lhe dedicou nas horas mais sombrias. Pode-se imaginar que Lacan manifestou a mesma compaixão com os outros judeus que encontrou. Era tão natural que, tanto Lacan como Daumezon, nunca se vangloriaram dessa simples solidariedade em relação aos judeus perseguidos, comportamento habitual por parte daqueles que o Instituto Yad Vashen de Jerusalém chama de "os Justos das Nações".[26]

Repetidas vezes ao longo de seu testemunho, Jacques Biézin opôs-se à imagem, que às vezes se cria, de uma França colaboracionista em seu todo. Relatou-me numerosos casos de solidariedade, de ajudas com alimentação que recebeu de vizinhos franceses, entre eles um policial que veio avisá-lo de uma próxima batida. "Sem esta solidariedade dos franceses para comigo, judeu polonês, eu não teria sobrevivido, e o que é verdade em relação a mim também o é em relação a muitos outros."

Outro fato de grande importância confirma quão profundo foi o choque vivenciado diante da perseguição aos judeus. Em 1941, Sylvia, ainda não divorciada, dá à luz uma filha a quem Lacan chama Judith, um perfeito nome judeu já que significa, simplesmente, "judia". Lacan queria uma filha, filha de Israel, e que disso trouxesse a insígnia. Uma tal escolha não deixa de ser audaciosa e imprudente, naqueles anos em que o antissemitismo matava sem intimação. Levantei esse ponto, em um artigo publicado em 1994, na revista *Yale French Studies*. O comentário foi, sem dúvida, compreendido pela interessada. Judith Lacan, em 15 de agosto de 1996, responde, no jornal argentino *Clarín* a uma pergunta sobre o seu nome:

---

[26] Encontram-se, em anexo, reproduções de duas cartas que me foram enviadas por Jacques Biézin.

Para mim, isso é muito importante! Nasci em 1941, em plena guerra mundial. Judith é uma heroína judia[27] e é impossível escolher um nome mais judeu. Se bem que não se possa dizer que Lacan foi um otimista. A escolha desse nome significa, para mim, que, de qualquer forma, ele considerava que o horror nazista não duraria eternamente, porque não acredito que fosse destinar sua filha à destruição. Era uma maneira de mostrar sua posição de resistência e de confiança diante do clima de antissemitismo virulento da época. Não quero dizer com isso que ele achava que o antissemitismo desapareceria, mas era uma aposta no futuro.

Esse necessário trabalho crítico permite estabelecer alguns marcos, modestos, porém mais garantidos, na biografia de Lacan. Como ela permite compreender o interesse que ele manifestava pelo judaísmo?

Descartemos, logo, a hipótese de possíveis origens judaicas. Não seria seu nome o resultado da transformação anagramática de Alcan, nome comum entre os judeus provençais como, por exemplo, o compositor do século XIX que morreu atingido por um pesado tratado do Talmude que caiu do andar superior da sua biblioteca? Esta fantasia povoou alguns espíritos. Escutei, assim, certo dia, da biblioteca onde aguardava minha sessão, a voz decepcionada de um paciente:

— Sempre pensei que o senhor fosse judeu, mas não é.

— Eu sei — respondeu-lhe Lacan.

De minha parte, entre todas as minhas fantasias, esta nunca me passou. Bem ao contrário, minha convicção de falar com um

---

[27] O Livro de Judith, se pertence ao Antigo Testamento, não faz parte do cânone bíblico judaico. Portanto, só se tem como original o texto grego da Septuaginta.

gói me dava um grande conforto para prosseguir livremente no caminho do meu reencontro com um certo judaísmo. A origem do nome de Lacan deve ser procurada de preferência na França central, topônimo de alguns altos planaltos desnudos de Hérault e Avignonnais. Dito isso, o próprio Lacan repetirá várias vezes, tanto em particular como no seu seminário, seu pesar por não ter nascido judeu. Charles Melman, que estava entre seus íntimos, relata "aquela conversa à mesa de Lacan, o que ele podia dizer em particular, isto é, que lamentava não ser judeu".[28] Por várias vezes, expressará publicamente esse pesar, por exemplo, no seu Seminário O *avesso da psicanálise* (1967-1970):

> Há em Oseias uma coisa, de fato, inteiramente clara. É inaudito este texto de Oseias. Não sei quantas pessoas há aqui que leem a Bíblia. Não posso dizer que fui educado na Bíblia, porque sou de origem católica. *Lamento**, mas, enfim, não o lamento no sentido de que quando a leio agora — bem, esse agora *já tem um certo tempo** — isso me causa um efeito insano. Aquele delírio familiar, aquelas súplicas de Javé a seu povo, que se contradizem de uma linha para outra, são de virar a cabeça.[29]

Há nessa afirmação um erro fundamental que Lacan não cansa de repetir e que tem a ver com sua idealização do povo judeu: ser judeu é ser "educado" na Bíblia. Em nenhum momento ele parece compreender nem levar em consideração a importância da ruptura que se operou no povo judeu a partir do fim do século XVIII. Desde então, a maioria dos judeus rejeitou a autoridade da

---
[28] Charles Melman. "Pourquoi Lacan avait-il le regret de n'être pas juif?". In: *Pardès*, nº 27, "Psychanalyse et judaïsme". Paris: In Press, 1999.
[29] J. Lacan. Séminaire XVII, *L'Envers de la psychanalyse, op. cit.*, p. 133.

Torá e a prática dos preceitos. Essa rejeição teve consequências, entre outras subjetivas, consideráveis. A psicanálise nasceu desta ruptura, exatamente no doloroso momento de sua realização. Depois disso, quantas crianças judias modernas foram educadas segundo a Bíblia e o Talmude, quantos judeus leram esses documentos com um pouco de seriedade? A maioria ignora até seus sumários. Os judeus de hoje são educados no caldo amargo da Coisa judaica. Entretanto, para Lacan tudo se passa como se esta ruptura não fosse significativa, que o judeu "eterno" transformado em marrano persiste sob o verniz deste agnosticismo generalizado. Esse erro tem um peso muito grande na sua doutrina.

Outra manifestação do prurido judaizante: Lacan, que gostava de brincar, tanto na sua prática como na sua teoria, com os anagramas e as etimologias, especialmente de nomes próprios, não poderia deixar de fazê-lo com o seu. Encontramos uma dessas manifestações casuais, no curso da sessão de 15 de maio de 1963 do seu Seminário *A angústia*: "[...] este *pourtant*[30] que investiguei um pouco como se diz em hebraico, isso vai divertí-los".[31]

Será preciso, no entanto, esperar cerca de dois anos pelo divertimento prometido, precisamente até 13 de janeiro de 1965, no Seminário *Problemas cruciais da psicanálise*, prova de que a questão não havia deixado de ocupá-lo:

> E já que alguém se divertiu trazendo meu nome a esse debate, por que não nos divertirmos um pouco já que temos, de um lado, Jacques — é Israel, de que nos falou uma de nossas testemunhas —, e

---
[30] Optamos por deixar em francês a palavra *pourtant* (tradução para o português: *entretanto*), devido à discussão que envolve sua etimologia na continuação do texto.
[31] Idem. *Séminaire X, L'Angoisse, op. cit.*, p. 279. [Edição brasileira: *O Seminário. A angústia*, Livro 10. Rio de Janeiro: Jorge Zahar Editor, 2005]

do outro lado, *Laken*, isto é, o nome que conserva as três consoantes hebraicas, *lamed, caf, noun*; bem, isso quer dizer *et pourtant*).[32]

A surpresa é grande diante desta identificação do psicanalista com Israel, de forma categórica, através do seu nome Jacques/Jacó — e será preciso voltar a esses jogos de identificação — em referência à passagem do Gênesis onde Jacó (Jacques), durante seu combate com o anjo, vê seu nome transformado no nome de Israel. E depois, há esse *et pourtant* sobre o qual Lacan insiste enquanto expressão imanente nos avatares do desejo. *Et pourtant* pode ser traduzido em italiano por *eppure* — *Eppur si muove*, esse sussurro de Galileu quando rejeita sua teoria sob a ameaçadora pressão eclesiástica. Mas em hebraico isso não poderia dar *laken* ou *Lacan*. *Lak(h)em* em hebraico significa, sem ambiguidade, "por conseguinte". Os dois dicionários consultados[33] fornecem para "et pourtant" as expressões *bekhol zot* ou *af-al-pi-khen*. Mas Lacan não cessa de vivenciar-se, dolorosamente, de um lado como *fora* do povo judeu, ao mesmo tempo em que é, de uma certa maneira, parte interessada *dentro* dessa cultura. Ora, que personagem famoso, na modernidade, melhor encarna este entremeio doloroso? Certamente Spinoza, com quem Lacan identificou-se muitas vezes, judeu excomungado, ao mesmo tempo em que profundamente impregnado de cultura judaica, infinitamente mais do que a maioria dos pensadores judeus contemporâneos.

Uma outra figura, desta vez bíblica, fascinou Lacan (como fascina todos os analistas, enquanto decifradores de sonhos) devido à sua

---

[32] Idem. Seminário XII, *Problèmes cruciaux de la psychanalyse* (1964-1965, não publicado), sessão de 13 de janeiro de 1965.
[33] Dicionário Larousse hébreu-français e Dicionário hébreu de Eben Shoushan.

posição de excluído/incluído, a de José, filho de Jacó. Certa vez, em um dos seminários a que eu assistia, escutei Lacan dizer com amargura: "Os judeus sabem para que serve um irmão. Para ser vendido como escravo no Egito." Naquele dia ficou evidente para mim que José era ele, vendido como escravo por seus irmãos analistas, na sua maioria, judeus.

Voltemos à nossa questão: como, então, esse católico de origem encontrou, de maneira tão íntima, o judaísmo e o povo judeu?

Retomemos os traços centrais de sua biografia. Lacan começa sua carreira como psiquiatra de hospital, formava-se com Gatian de Clérambault quando encontra uma doente, Marguerite Anzieu, a quem consagra sua tese de medicina, *O caso Aimée*. É este encontro que o faz pender para o lado da psicanálise: "Fui aspirado no seu turbilhão", ele dirá.

Esse turbilhão o conduz inevitavelmente a fazer sua própria análise cuja responsabilidade confiou a Rudolph Löewenstein. Iniciada em 1932, durou seis anos, o que, para a época, representa uma espécie de recorde. A duração, então, das análises ditas didáticas raramente ultrapassava alguns meses. Que uma personalidade forte e rebelde como a de Lacan tenha prolongado desse modo a duração da sua é ainda assim o indício de que nela passavam-se coisas importantes, ao menos uma autêntica transferência. A desavença entre os dois homens, que sobreveio vinte anos mais tarde, não invalida a importância desta relação.

Lacan evocou, certo dia, aquilo que ocupou o lugar de análise para Freud, ou seja, sua relação com Fliess. Posteriormente, os dois homens viriam a se desentender e Freud, depois de tê-lo amado tanto, considerou Fliess como um paranoico megalômano.

Entretanto, segundo Lacan, que apelidou Fliess de "o charlatão, embromador", toda a obra de Freud deve ser considerada como a busca de um diálogo interior com seu antigo mentor. Nada impede de pensar que esta afirmação, em si pouco evidente, fundamenta-se na sua própria experiência. Isto é, que a obra de Lacan não passe, talvez, da busca de um diálogo com seu próprio analista. Em suma, todo indivíduo que tenha feito uma análise suficientemente aprofundada realiza a mesma experiência de diálogo interior — do qual o essencial pode escapar à sua consciência — com o analista que ele deixou há muito tempo, mas que conserva como uma cicatriz indelével. Esse fenômeno subjetivo vale também para todo intelectual marcado pelo ensinamento de um mestre, o que não impede em nada a criação original, muito pelo contrário. Só se pensa *contra*[34], segundo um aforismo lacaniano, ou então chafurda-se no pântano das ideias recebidas.

Ora, esse Löewenstein era judeu de origem polonesa. A Polônia pertencia, então, ao Império Czarista, onde se recebia uma instrução russa. Esses dois parâmetros, judeu e eslavo, surgidos da transferência, irão marcar a vida de Lacan. Ele sentiu, durante toda a vida, uma acentuada simpatia pelos emigrantes russos, na sua maioria judeus. Esse traço não escapou a alguém que conheceu Lacan muito bem, foi seu amigo antes de, segundo suas próprias palavras, "enfiar-lhe a faca" da traição: Wladimir Granoff, ele próprio judeu de origem russa. Evocando esta comunidade de judeus imigrantes, ele diz:

> Mas a relação de Lacan com esse mundo certamente desempenhou um papel. Desempenhou, no sentido de que eu penso que um aspecto secreto de nossa relação era, talvez subterraneamente, man-

---
[34] Grifo nosso. (*N. T.*)

tido por isso. Não falo apenas de quem foi, afinal, o amor de sua vida, e seu segundo casamento com Sylvia Bataille. Mas a vida de Lacan foi marcada pela intervenção daqueles que vocês conhecem, Alexandre Kojève que vinha de lá [...], Roman Jakobson, Alexandre Koyré...[35]

Granoff, no bom tom da IPA, não evoca a judeidade de muitas dessas personalidades. Mas houve outros, menos conhecidos, com quem Lacan manteve uma importante relação intelectual. Logo, nós os evocaremos.

Entretanto é também preciso ressaltar esta observação de Granoff: "Eu não falo apenas de quem foi, afinal, o amor de sua vida... Sylvia Bataille." Ela me faz recordar o que Lacan me disse certo dia: "Sua mulher é a causa de tudo." Não havia, nessa causalidade, nenhum julgamento de valor ou afetivo mas um fato com sua carga de dor. O que o autorizava a fazer uma tal afirmação? Sem dúvida, o princípio que ele mesmo enunciou tantas vezes, isto é, de que toda crítica saudável consiste em aplicar a uma obra os princípios que ela própria dá à sua construção. Sua mulher, Sylvia, foi ela também "a causa de tudo", isto é, da virada que sua vida tomou a partir deste encontro. Sylvia, nascida Makles, e cuja mãe chamava-se Cohen, reúne na sua pessoa os dois significantes principais, judia e originária dos países eslavos. Lacan a encontra em 1938 quando acabara de encerrar sua análise, da qual se percebem os poderosos pós-efeitos subterrâneos.

Dali em diante, a carreira médica brilhantemente iniciada e que deveria terminar no mandarinato universitário, isso de acordo

---
[35] *Quartier Lacan*, pronunciamentos reunidos por Alain Didier-Weill *et alli*. Paris: Denoël, 2001, p. 66.

com os valores clericais e burgueses de suas origens, dá lugar à psicanálise mas também a uma existência de boêmio, de frequentador de círculos literários e artísticos da capital. Tanto no sentido literal como no figurado, ele deixa a *rive droite* e a rua *de la Pompe* pela *rive gauche* e Saint-Germain-des-Prés de onde não sairá mais. E ainda, no fim, um doloroso divórcio que marcará os três filhos do seu primeiro casamento. É irrefletido pensar que o encontro com Sylvia foi também seu encontro com o judaísmo, espécie de espinho doloroso na sua existência? O que permite afirmá-lo? Sem dúvida o texto que ele escreveu neste mesmo período, 1938, "Os complexos familiares na formação do indivíduo", anteriormente citado, com esse parágrafo, tão distante do espírito da época: "[...] esse povo, de ser o detentor do patriarcado no seio de grupos devotados a cultos maternos, através da luta convulsiva para manter o ideal patriarcal diante da sedução irresistível dessas culturas."[36]

O que Lacan não vê e não verá jamais são as profundas fissuras que já destroem de forma irreversível "este ideal patriarcal", quer dizer, o judaísmo.

---

[36] J. Lacan, *Autres écrits, op. cit.*, p. 58.

4. Os interlocutores: Emmanuel Raïss, Olga Katunal

No seu questionamento do judaísmo, Lacan precisava necessariamente de documentação, de referências, portanto, de interlocutores. Na minha pesquisa sobre suas fontes, a sorte me sorriu com frequência.

Uma primeira vez foi no hospital de Sainte-Anne, em uma das fascinantes apresentações de doentes que acontecia nas quartas-feiras de manhã, talvez em 1973 ou 1974. Repetirei brevemente o que já relatei em outras obras, mas que é necessário por uma questão de coerência da presente obra. Naquele dia, Lacan examinou um doente hospitalizado. Da longa entrevista que ele conduziu retive os dois fatos que se seguem. Aquele rapaz havia sido concebido em um campo, pouco depois da libertação pelos aliados, e antes que os deportados tivessem sido repatriados. Homens e mulheres podiam, então, movimentar-se livremente, e foi assim que seus pais se conheceram. Unindo suas vidas, fizeram o estranho pacto de nunca contar sobre sua origem judaica aos filhos que viessem a ter, acreditando que assim os estariam protegendo contra o destino que haviam conhecido. O delírio do paciente, que qualificaríamos de místico, girava em torno da ideia de que, na origem da humanidade, todo o mundo era judeu. Tivera confirmação disso ao ler um livro, *Israël et l'Humanité* (*Israel e a humanidade*), de Elie Benamozegh. Lacan o interrogou a esse respeito. Depois de mais de uma hora de diálogo, o doente foi reconduzido à unidade onde estava hospitalizado. Lacan o acompanhou e voltou visivelmente muito emocionado. "Ele o leu! Ele o leu!", repetia como que em estado de choque. O que tinha ele então lido de tão marcante? Precisamente, esse *Israel e a humanidade*, obra de um rabino italiano totalmente desconhecido do grande público. O motivo, pelo qual o homem idoso que então era Lacan estava tão emocionado, permanece para mim um mistério, como se alguma coisa de um passado longínquo tivesse voltado à luz. Ele nos disse que aquele livro era a melhor introdução ao pensamento cabalístico que se podia encontrar, e aconselhou a leitura a seu público, conselho que evidentemente foi inútil. Quanto ao juramento dos pais de nada mais quererem saber de suas origens, Lacan declarou que era isso que ele chamava de uma foraclusão do Nome-do-Pai, quer dizer, que essa rejeição havia causado a psicose do filho deles.

Eu mesmo já estava na fase de reconquista do meu judaísmo e essas afirmações me atingiram, ainda mais porque na minha adolescência, em um período conturbado, eu havia lido uma versão condensada da obra e isso me ajudara na medida em que a palavra "judeu", que me parecia cada vez mais desprovida de sentido, subitamente recuperava a cor. Acrescente-se que esse livro de Benamozegh nunca teria existido sem o trabalho editorial exaustivo de seu único discípulo, Aimé Pallière, um cristão que quis tornar-se judeu.[1]

Não encontraremos alusão a esta obra ou aos nomes de Benamozegh e de Pallière, nem nos *Escritos*, nem em nenhum Se-

---

[1] Para essa questão fascinante de Benamozegh/Pallière, remeto à bela tese de Catherine Poujol-Signorello, *Aimé Pallière, itinéraire d'um chrétien dans le judaïsme*. Paris: Desclée de Brouwer, 2003.

minário. Só restam, para apoiar o que eu digo, alguns raros testemunhos: os daqueles que assistiram, naquele dia, à apresentação, se algum dia a memória lhes voltar; o da minha esposa, desconsiderada por Lacan, porque, durante um período, dizia-se irritada com a minha obsessão a respeito de Benamozegh/Pallière — "É uma questão muito importante", ele lhe disse —; o testemunho de Contardo Calligaris, que me relatou essa afirmação de Lacan: "esse é o livro através do qual eu teria me tornado judeu, se eu tivesse tido que me tornar".

Suponho, sem que para isso tenha nenhuma prova, que Lacan encontrou essa obra por volta do final dos anos 1930, não só porque ela causou alguma agitação quando da sua publicação, mas também porque parece que, nesses anos, quando "o turbilhão da psicanálise" o aspirou, o psicanalista atravessou uma espécie de crise religiosa que o viu afastar-se do catolicismo e aproximar-se do judaísmo. São provas disso o seu divórcio, seu amor por uma judia, sua procura por uma bíblia próxima do hebraico, o nome dado à sua filha. Por outro lado, nada permite afirmar que ele tenha conhecido Pallière pessoalmente. No entanto, conhecia a aventura desse homem que apresenta um traço em comum com a sua: a de se ter interessado fervorosamente pelo judaísmo, de ter amado os judeus e de, em troca, ter sido pago com ingratidão. Em todo caso, esse livro deu a Lacan uma informação de primeira mão, autêntica, ampla sobre o que é o judaísmo. Com uma sutileza que não lhe escapou: é a obra de um cabalista para quem a Cabala representa a íntegra do judaísmo, o que nele há de mais essencial. Essa volumosa obra, que engloba um grande número de referências, não cita uma única vez o nome de Maimônides, o que é sintomático no texto de um rabino.

No entanto, o acaso mais feliz nessa pesquisa e que iria me fornecer uma pista muito rica, jamais explorada, foi o encontro com o pintor Alain Kleinmann, alguns anos depois da morte de Lacan, durante uma recepção por ocasião do lançamento de uma revista para a qual eu contribuíra. Tendo me apresentado como analista, o pintor disse que, alguns anos antes, tinha justamente conhecido um estranho psicanalista chamado... Lacan, e me contou seu curioso encontro. "Eu sou o sobrinho de Olga Katunal que era uma amiga de Lacan." Eu nunca ouvira esse nome, mas deixei Kleinmann prosseguir.

> Um dia, ela me convidou a acompanhá-la à casa do psicanalista, que a aguardava. Fomos introduzidos em uma pequena sala onde uma ou duas outras pessoas esperavam. Logo Lacan apareceu e, vendo minha tia, prestou-lhe a mais calorosa acolhida, convidando-a a segui-lo. Nesse momento, levantei-me para acompanhá-los. Com um gesto de irritação, Lacan pediu secamente que eu voltasse a me sentar. Deve ter-me tomado por um de seus pacientes. Entretanto, alguns segundos depois, reapareceu desdobrando-se em desculpas:
> — Ah! Meu caro, perdoe-me esse mal-entendido. Estou encantado em conhecê-lo. Temos, em suma, a mesma ocupação.

Com certeza, essa frase surpreendeu Kleinmann. O trabalho de psicanalista, assemelhar-se-ia, segundo ele, ao do pintor, o que explicaria as relações de amizade que mantinha com vários pintores? Ou seria isso em alusão à particularidade da arte de Kleinmamm, pintor da memória perdida e reencontrada?

O mais interessante nessa questão é mesmo a descoberta da personagem de Olga Katunal, que nos abre a porta para um tipo de vida secreta de Lacan, que mesmo os seus íntimos ignoravam, e que nos conduz diretamente a esse judaísmo russo de que ele particularmente gostava, como assinalava Granoff.

Alguns dias mais tarde, encontrei Alain Kleinmann em seu ateliê, onde fui a seu convite, e retomamos nosso diálogo a respeito das relações de Lacan com Olga Katunal.

— O senhor saberá mais sobre minha tia lendo esse livro que lhe empresto — me disse o pintor. Tratava-se de uma obra recente em inglês, de Judith Friedlander, *Vilna on the Seine — Jewish intellectuals in France*[2] [*Vilna-sur-Seine — Intelectuais judeus na França*]. Em seguida, mostrou-me um livro antigo, com a capa gasta, escrito em alemão, *Die Wirklichkeit der Hebräer* [*A realidade dos hebreus*], de Oskar Goldberg, autor de quem era a primeira vez que eu ouvia falar.

— Esse eu não lhe empresto. É um exemplar único que herdei de minha tia após sua morte. O próprio Lacan o queria emprestado. Ela sempre se recusou, tanto que ele ia várias vezes à casa dela, ela morava na *Schola Cantorum*, para consultar a obra.

— Como sua tia conheceu Lacan? Ela foi paciente dele?

— Certamente não. Ela detestava a psicanálise e lhe tinha dito isso. Ao que ele respondeu: "Fique tranquila, eu me interesso por muitas outras coisas." Foi um amigo em comum que apresentou Lacan a Olga, bem como a seus amigos, brilhantes intelectuais judeus russos, Richard Marienstrass, Gottfarstein e outros, todos falando várias línguas e possuidores de saber enciclopédico. Havia também um psicanalista alemão convertido ao judaísmo e que tinha estado em análise com Lacan, Luschnatt.

---

[2] Yale University Press, New Haven-Londres, 1990.

Sem dúvida alguma, esta brilhante *intelligentsia* judaica russa no exílio forneceu a Lacan uma informação de primeira mão sobre o judaísmo, particularmente Emmanuel Raïss, cujo nome eu escutava pela segunda vez. A primeira foi alguns dias depois da morte do psicanalista. Perguntei às pessoas próximas a Lacan se ele frequentava certos meios judaicos religiosos. A resposta, de início, foi negativa. Depois, Abdoulaye, o marido da secretária Gloria, e que servia de motorista, contou-me que levava o doutor à casa de um certo Emmanuel Raïss. Voltaremos a essa interessante personalidade.

Nesse ínterim, o livro de Judith Friedlander esclareceu-me sobre a impressionante figura de Olga Katunal, uma judia lituana, nascida em 1900 em uma família que rompera com o judaísmo depois de ter, durante gerações, produzido brilhantes rabinos no eminente lugar do judaísmo que era Vilna. Olga falava perfeitamente sete línguas: russo, ídiche, polonês, alemão, francês, hebraico e, sobretudo, o inglês. Em 1921, apaixona-se por um jovem alemão e o segue até Berlim. No entanto esse amor será decepcionante e Olga, a partir de então, decide "viver como um homem", segundo suas palavras. Frequenta intelectuais marginais, celebridades e operários, até mesmo delinquentes. Também estuda filosofia com Erich Unger, discípulo mais próximo de um certo Oskar Goldberg, personagem-chave de toda essa questão. Ela sobrevive fazendo trabalhos de tradução. Naqueles anos, Olga não tem nenhum interesse pelo judaísmo. Vive segundo os princípios libertários outrora caros a seu pai. Em 1923, volta a Paris e, a partir de então, divide sua vida entre a França e Berlim. Mistura-se à boemia de Montparnasse e, logo em seguida, tem um encontro importante com Paul Vaillant-Couturier, dirigente do Partido Comunista

Francês, de quem se torna amante. Nesse meio tempo, assim como grande número dos intelectuais que frequentava, ela havia aderido ao PCF. Entretanto, depois da expulsão de Trotski, ela deixa o Partido Comunista. Mais tarde, dirá que todo esse período de sua vida foi uma lastimável confusão e que teria utilizado melhor sua energia estudando medicina como lhe havia aconselhado seu amigo, o doutor Salmonof, que foi o médico judeu de Lênin.

Sua vida em Berlim não é menos ocupada. Conhece aí Goldberg e torna-se sua amante. Sob a influência dele, reencontra sua fé no judaísmo, retoma sua prática ortodoxa, sem nunca renegar suas ideias humanitárias e progressistas. O judaísmo de Goldberg era de fato muito estranho, cabalístico com uma certa coloração "sabattaiana",[3] a Cabala convivendo bem com a máxima liberdade sexual.

Encontrou também em Berlim rabinos mais autênticos e ela, uma mulher, conseguiu convencê-los a iniciá-la no Talmude o que, dentro de uma certa ortodoxia, é habitualmente proibido. Entre eles, o eminente rabino Zalman Schneersohn, durante algum tempo, próximo de Goldberg. Convocado a se tornar o chefe da corrente chassídica mais importante — o movimento Chabad, ou Lubavitch a partir do nome da cidade bielo-russa onde essa corrente do judaísmo havia sido fundada —, R. Zalman preferiu, por razões desconhecidas, renunciar, a favor de seu cunhado, a seu papel de dirigente. Este último tornar-se-á o célebre rabino de Nova York, líder carismático da seita, considerado por seus discípulos, mesmo depois de sua morte, como sendo o messias esperado. Nes-

---

[3] Sabbataï Tzvi, "falso" messias — como se pudesse existir um verdadeiro —, preconizava a abolição da lei e, portanto, toda liberdade sexual era permitida. Cf. minha obra *Les folies millénaristes*. Paris: Livre de poche, 2002.

ta página importante da história judaica recente, no entanto pouco conhecida e pouco estudada, progressismo, Cabala e ortodoxia formavam uma mistura estranha e explosiva. Através desses encontros e da influência que exerceram sobre ela, Olga adquiriu um sólido conhecimento dos textos hebraicos orientado, todavia, pela inspiração cabalística de Goldberg e dos chassides. A consequência disso foi uma hostilidade explícita em relação ao pensamento de Maimônides que Goldberg execrava. Ela permaneceu desde então, até sua morte, fiel ao judaísmo e a seus ritos. Com o advento do nazismo, Olga instalou-se definitivamente na França, onde a ocupação alemã a surpreendeu. Seus amigos, entre eles Goldberg, convidaram-na a deixar a França e ir para os Estados Unidos, mas ela se recusou, por ódio, dizia, ao "capitalismo americano". Embora tendo se tornado uma judia bastante devota, não renunciava às suas simpatias marxistas. Esta excepcional mulher também tinha a determinação de lutar contra a barbárie dominante. Viveu, em seguida, com um pintor de construção polonês, Stanislas Belinski, com quem compartilhará a vida, até sua morte em 1970. O casal se engajou na Resistência. Por sorte, eles conseguem evitar todas as batidas policiais.

Depois da guerra, Olga instala-se na *Schola Cantorum*, na rua Saint-Jacques, onde recebe numerosos jovens filósofos, artistas, políticos, entre eles André Schwarz-Bart, o autor do famoso *O último dos justos*, laureado com um prêmio Goncourt. A partir de então, o pensamento e a história judaicos constituem seus principais interesses. Era lá que Lacan ia para ler a obra de Goldberg.

Tal foi, em linhas gerais, a vida da impressionante figura de Olga Katunal, a amiga e interlocutora pouco conhecida de Jacques Lacan.

Nesse breve retrato, um nome reaparece sem cessar, o de Oskar Goldberg.[4] Nascido em Berlim em 1885, ele começa estudando medicina, que abandona para se interessar pela parapsicologia e pelo esoterismo cabalístico. Consagra seu primeiro livro a um comentário do *Pentateuco*, na sua opinião o único livro verdadeiramente divino. Retoma a tese do cabalista Nahmanide[5] segundo a qual o *Pentateuco*, a Torá *stricto sensu*, não passa, todo ele, de uma sequência ou uma combinatória das consoantes do Tetragrama. É necessário, portanto, lê-lo ao pé da letra, sem as interpretações alegóricas de Maimônides, mas usando sistematicamente a etimologia das palavras.[6] Em uma obra posterior, exatamente consagrada a Maimônides, ele afirma que o grande pensador representa o mais extremo declínio do verdadeiro pensamento judaico e uma desnaturalização de sua essência. Seu livro mais importante é o *Die Wirklichkeit der Hebräer* (1925) [*A realidade dos hebreus*], que Lacan fazia tanta questão de ler e cuja influência sobre algumas de suas afirmações nós veremos. Goldberg expõe aí sua concepção global do judaísmo. Segundo ele, o povo judeu é um povo metafísico que, no deserto do Sinai, sob a direção de Moisés, mantinha uma relação direta com seu Deus. Os ritos, os sacrifícios, constituíam meios mágicos e eficazes para operar milagres e não, como pensava Maimônides, um compromisso com o paganismo. Quanto a Deus, ele estava *corporalmente* presente sob a forma da nuvem, ideia que Lacan retomará. Esta experiência metafísica do povo hebreu declinará sob o reinado do rei Davi, com a redação

---

[4] *L'Encyclopedia judaïca* contém um artigo de Gershom Scholem sobre Oskar Goldberg.
[5] Moshé ben Nahman ou Nhmanide (1194-1270) viveu em Gerona na Espanha. Criticou violentamente a filosofia de Maimônides. Sua influência no judaísmo é considerável.
[6] Técnica hoje em dia largamente utilizada pelos que pretendem encarnar o pensamento judaico na França.

dos *Salmos* que marca o início do domínio da oração sobre o ritual do sacrifício.

O que valem as ideias religiosas de Goldberg? O filósofo Franz Rosenzweig o considerava "como um louco com bons núcleos exegéticos". Não se pode negar que, com seu carisma pessoal e o fascínio que esse modo de pensamento sempre exerce, Goldberg conseguiu reunir em torno de si um grupo de alunos, o *Philosophische Gruppe*. Alguns de seus membros eram personalidades de prestígio da filosofia e da literatura, como Walter Benjamin. Vários dos alunos de Goldberg, como Benjamin e Olga Katunal, haviam sido anteriormente marcados pelo marxismo. Observemos esta estranha mistura de prática dos ritos do judaísmo com grande liberdade sexual que reina nesse círculo, onde só existem judeus. Entre os não judeus, que participam por um tempo de suas atividades, encontra-se Thomas Mann, que foi muito ligado a Goldberg e que estudou o *Pentateuco* sob sua orientação, enquanto redigia sua grande obra *José e seus irmãos*. Mas logo uma desavença violenta separa os dois homens. Segundo Gershom Scholem, Thomas Mann teria caricaturado Goldberg sob os traços do antipático doutor Chaïm Breisacher em *Doutor Fausto*. Um dos capítulos do livro expõe em linhas gerais a teologia de Goldberg (através do personagem do doutor Breisacher).[7]

Walter Benjamin, para escapar ao fascínio deste pensamento, teria buscado sua salvação fugindo, isto é, aderindo ao Partido Comunista, ao mesmo tempo em que conservava a marca profunda do ensinamento cabalístico e messiânico recebido de Goldberg.

---

[7] Cf. Thomas Mann. *Le Docteur Faustus*. Trad. de Louise Servicen. Paris: Albin Michel, chap. XXVIII (p. 376-380 dans l'édition "Le livre de Poche-Biblio").

O pensamento de Goldberg, hoje esquecido, exerceu, no período entre as duas guerras, uma importante influência na Alemanha, tanto no pensamento de judeus como no de não judeus, aí compreendidos grupos com tendências fascistas, entre eles Alfred Schüller, o homem que "inventou" a cruz gamada. Thomas Mann não errara em afirmar uma convergência entre as ideias de Breisacher/Goldberg — para quem toda a civilização não passa de degenerescência — e o nacional-socialismo. No fundo, pensamentos de decadência, de ser aspirado pela figura negra do fascismo[8] não são uma das propensões dos pensamentos cabalístico-messiânicos de que a história contemporânea, em particular a de Israel, nos dá tantos exemplos?

Em 1932, Goldberg foge da Alemanha para a Itália e instala-se na França antes de partir para os Estados Unidos. Lá, seu pensamento conhece uma evolução bizarra. Ele rejeita o judaísmo e suas práticas, para adotar as religiões da Ásia.

Com o fim da guerra, volta à França, encontra Olga Katunal e tenta convertê-la às suas novas ideias. Mas Olga se recusa a renunciar ao judaísmo assim como recusa o casamento que ele lhe propõe. Goldberg morreu em Nice, em 1952, aos 67 anos, indisposto com todos seus antigos discípulos.

O interlocutor privilegiado de Lacan sobre as questões do judaísmo foi, entretanto, Emmanuel Raïss, durante muito tempo bibliotecário da Escola de línguas orientais, na rua de Lille nº 2, quer dizer, bem defronte ao consultório e à casa do psicanalista. Lacan só precisava atravessar a rua para encontrá-lo. Foi ele que introduziu Lacan no meio dos intelectuais judeus russos de Paris,

---

[8] Cf. meu ensaio sobre *Les follies millénaristes, op. cit.*

Olga Katunal, Marienstrass... Ele próprio pertencia a esse meio e tinha sido aluno de Oskar Goldberg a quem permaneceu ligado por bastante tempo.

Devo a Alex Derczanski, memória do judaísmo francês, algumas informações que se seguem sobre Emmanuel Raïss. Ele foi testemunha de alguns encontros entre os dois homens e conservou a lembrança precisa de Raïss entregando a Lacan o dicionário talmúdico inglês-aramaico de Jastrow. É preciso, entretanto, possuir algum conhecimento dos assuntos hebraicos para utilizar uma obra tão particular.

A trajetória de vida de Raïss, exatamente como a de Katunal, foi particularmente rica e complexa. Judeu e russo, ele pertencia, portanto, à diáspora de que Lacan gostava. Nascido em 1909 na Bessarábia, também vamos encontrá-lo, entre as duas guerras, na Alemanha. Como Katunal, a quem conheceu e de quem foi amigo até o fim, pertenceu, no início, a um grupo de intelectuais marginais, libertários, bem afastados do judaísmo, próximos dos meios revolucionários "luxemburguistas". Entretanto, com o contato com Oskar Goldberg, logo se reconciliou com o judaísmo muito particular de que falávamos.

Uma das características de Raïss foi sua paixão pela poesia russa. O advento do nazismo o obriga a emigrar para a França. De início, instala-se na Alsácia, onde encontra aquela que virá a ser sua mulher — a tia do futuro grande rabino Gilles Bernheim —, e depois vai para Paris. Durante a guerra, vivendo escondido, encontra o homem que transforma sua vida, seu segundo mestre intelectual, Jacob Gordin, também judeu russo e, como Raïss, apaixonado pela poesia e literatura russas. Além disso, era um notável erudito em textos hebraicos e um judeu muito devoto. Gordin, embora grande conhecedor de Cabala, rejeitava o sistema teológico de Goldberg e, sob seu ensinamento, Raïss se desliga da influência deste último. Em uma homenagem póstuma prestada a seu mestre, Raïss escreveu:

> Era um judeu russo até a medula, um magnífico representante da variedade humana rara e preciosa, em vias de desaparecimento, que foi o intelectual russo. Em minha vida, encontrei poucas pessoas tão profundamente iniciadas nas origens próprias da cultura russa como era Jacob Gordin.[9]

Raïss não foi o único a ser marcado pela personalidade de Gordin. Encontramos do seu lado alguns memoráveis intelectuais judeus que, mais tarde, assumirão os comandos do *establishment* comunitário. Citemos os nomes de seus amigos Robert Gamzon (fundador dos Escoteiros Israelitas Franceses), Leon Ashkénazi (que se tinha modestamente apelidado de Manitu[10]), André Neher, Emmanuel Levinas. Para todos, Gordin foi a referência em judaísmo, um judaísmo de orientação cabalística e sionista. A ele se atribui o que esses intelectuais e seus sucessores chamam "o renascimento do judaísmo francês", "renascimento" que terá suas instituições; inicialmente a Escola de Orsay, criada por Gamzon e Ashkénazi, frequentada, por exemplo, por Henri Atlan e a maior parte dos futuros dirigentes comunitários e, em seguida, o Centro Rachi. Esse "renascimento" lírico, romântico, ao mesmo tempo em que desempenhou um importante papel na vida judaica francesa, teve também aspec-

---

[9] E. Raïss. In: Jacob Gordin. "Le renouveau de la pensée juive en France." *Écrits.* Paris: Albin Michel, 1995, p. 315-327.
[10] "O ser supremo, a soma dessa energia, que anima toda a criação." (Dicionário Houaiss da língua portuguesa). (*N. T.*)

tos negativos. Marcou inicialmente o declínio e o confinamento, em um gueto universitário, da brilhante escola francesa de estudos judaicos, onde se destacaram Salomon Munk, Darmesteter, George Vadja. "Ossadas dessecadas", dirá um seguidor retardatário da escola de Orsay. Em 1967, depois da guerra dos Seis Dias, a maioria desses intelectuais emigrou para Israel, em um impulso messiânico que os levará a se aproximar da extrema direita israelense. Por vários aspectos, esse renascimento, que ao surgir apresentava as cores vivas de um certo chauvinismo, revelou-se, no final da sua evolução, uma manifestação do declínio do judaísmo francês, desde a Idade Média tão rico em brilhantes eruditos.

Para voltar a Raïss, este, sob a influência de Gordin — e sem dúvida também da de sua esposa —, torna-se um judeu ortodoxo, sem com isso esquecer seu amor pelas letras russas. Em 1947, em colaboração com Jacques Robert, publicou uma antologia da poesia russa da qual ele era, na França, o maior especialista. Ensinou na Sorbonne antes de se tornar bibliotecário na escola de línguas orientais. Lacan mantinha com ele uma relação constante e amistosa, discutindo sobre o Talmude e sobre a Cabala. Pediu-lhe para participar de um dos rituais mais importantes do judaísmo, o *Sêder de Pessah*,[11] um jantar precedido e seguido da leitura de uma obra específica, a *agadah*.[12] Tive confirmação disso por uma visita que fiz, há alguns anos, à viúva de Raïss.

---

[11] O *Séder de Pessach* refere-se ao jantar cerimonial judaico em que se recorda a história do Exodus e a libertação do povo de Israel. (*N. T.*)

[12] Relato da libertação dos judeus do cativeiro egípcio, sob a liderança de Moisés, acrescido de comentários, cantos e orações, que se lê na celebração familiar que inicia o *Pessach*. (Dicionário Houaiss da língua portuguesa.) (*N. T.*)

Sim, eu recebi por duas vezes, para o *Sêder*, esse senhor Lacan. Ele estava acompanhado de uma senhora. Não guardei, a respeito, uma lembrança muito precisa, tampouco a data. Do que me recordo, é que ele estava acompanhado de uma senhora e que não abriu a boca durante toda a noite.

Curiosamente, Raïss e Lacan morreram no mesmo ano, em 1981.

São, portanto, esses personagens, esses autores, judeus russos na sua maioria, que forneceram a Lacan o essencial de suas informações sobre o judaísmo. Como não ficar fascinado por esses seres românticos, líricos, de uma cultura extraordinária, com uma vida rica e movimentada, perpassada pelos grandes acontecimentos históricos do século passado, com destaque para a revolução russa e as convulsões da história alemã, personalidades rebeldes em quem, paradoxalmente, por um tempo, o marxismo e a crítica ao imperialismo conviveram bem com a ortodoxia judaica e suas práticas, o messianismo desfilando de um a outro, como foi o caso de Walter Benjamin? Ponto fundamental: eles partilham uma concepção do judaísmo dominada pela Cabala, jamais esquecida no rastro do ensinamento de Goldberg, e, como consequência declarada ou implícita, uma hostilidade radical em relação ao pensamento do maior teólogo judeu, Maimônides. É fácil imaginar a consequência disso. O judaísmo particular desses seres memoráveis apareceu para Lacan como O judaísmo, sua forma principal e acabada. Seu interesse, sua curiosidade por este pensamento essencialmente esotérico, não significou, de forma alguma, uma adesão, nem mesmo uma simpatia. Muito pelo contrário. Quem sabe ele tenha sentido mesmo uma antipatia, ele que afirmava que a psicanálise pertencia ao discurso do Iluminismo?

Formulo, portanto, a hipótese de que, ao convocar a "colocar em questão a religião dos judeus" no seio da teoria freudiana, é, sem dúvida, esse judaísmo que ele visava, judaísmo herdeiro do Moisés de Madian de que Freud falava, culto a um deus obscuro que apreciava sacrifícios de animais, esta grande carnificina que se praticava no Templo de Jerusalém e cuja pestilência, leiamos no *Guide des égarés* [Guia dos perplexos],[13] necessitava do uso abundante de perfumes e de incenso.

Um último ponto relativo a esses pensadores judeus que Lacan frequentou: eles eram, na sua maioria, sionistas, o sionismo dos pioneiros, aquele de antes do desastre moral que se seguiu à vitória militar da guerra dos Seis Dias.

Ele, Lacan, não sentia nenhuma simpatia pelo sionismo. Eu o percebi, durante o curso da minha análise, quando me aconteceu, próximo ao fim do meu tratamento, de ser, por minha vez, tomado pela febre nacionalista. Henri Atlan, que foi o amigo[14] de Judith Lacan e de Laurence Bataille (de quem eu tiro a afirmação que se segue) fez, certo dia, uma visita a Lacan com a finalidade de convidá-lo à universidade de Jerusalém. "Falemos de outra coisa", ter-lhe-ia dito, secamente, Lacan.

Muito provavelmente Lacan não percebeu a complexidade, o caráter violentamente conflituoso de correntes de pensamento que o termo "judaísmo" recobre, o clima literalmente de guerra civil cultural que aí impera e que conheceu manifestações concretas espetaculares ao longo de toda a história judaica. Existe, efetivamente, oposta a esse judaísmo cabalista que Yeshayahou

---

[13] Obra de autoria de Maimônides. (*N. T.*)
[14] Logo depois da independência da Argélia, todos os três tinham participado de uma ação de formação de quadros de enfermeiros argelinos.

Leibowitz qualificava de idolátrico, uma outra teologia, a de Maimônides, que justamente anuncia, antes de participar dele plenamente, o discurso do Iluminismo. Ainda assim, ele deve ter intuído isso, já que aos primeiros passos do seu ensino, em seus primeiros seminários, foi o mestre de Córdoba que parece tê-lo interessado. Encontramos, assim, no Seminário I, *Les Écrits techniques de Freud* [*Os escritos técnicos de Freud*], em uma de suas últimas sessões, a seguinte promessa:

> De uma próxima vez, falarei a vocês do *Guia dos perplexos* que é uma obra esotérica [sic]. Verão como ele organiza seu discurso deliberadamente de tal forma que o que ele quer dizer, que não é dizível — é ele que fala —, possa, no entanto, revelar-se. É por uma certa desordem, certas rupturas, certas discordâncias intencionais, que ele diz o que não pode ou não deve ser dito. Bem, os lapsos, as lacunas, as contenções, as repetições do sujeito, também exprimem, mas aí de forma espontânea, inocentemente, o modo como se organiza seu discurso. E é isso que temos que ler. Voltaremos ao assunto, pois vale a pena abordar esses textos.[15]

Assim, sub-repticiamente, em fim de ano e de sessão, Lacan adianta esta audaciosa aproximação entre a estrutura do discurso maimonidiano e o da psicanálise. Promete voltar ao assunto. Manteve sua promessa? Alguns meses mais tarde, na sessão de 9 de fevereiro de 1955, no Seminário II, sobre *O eu na teoria de Freud*, nova alusão a Maimônides,

---

[15] *Op. cit.*, p. 269.

personagem que também nos dá certas chaves sobre o mundo. Há, no interior de sua obra, advertências expressas sob o modo como devemos pesquisá-la. Aplicá-las à obra de Maimônides permite-nos compreender o que ele quis dizer. É, portanto, uma lei de aplicação completamente geral que nos impele a ler Freud procurando aplicar à própria obra as regras da compreensão e do entendimento que ela explicita.[16]

Novamente encontra-se Freud aproximado, pertinentemente, de Spinoza e Maimônides. Após este duplo anúncio, tão convidativo, poder-se-ia esperar uma continuação. Essa continuação nunca veio. Em nenhum outro Seminário, em nenhum escrito, encontra-se a menor referência a Maimônides. No lugar, virão um certo número de afirmações sobre o Deus dos judeus, um Deus que possui um corpo, um Deus que fala, troveja e ordena, um Deus que intervém na história dos homens, todas afirmações muito distantes do pensamento do *Guia dos perplexos*, mas diretamente inspiradas pelas de Benamozegh, de Oskar Goldberg e dos alunos de Gordin que Lacan frequentava.

Pode-se, legitimamente, fazer a pergunta: Lacan tinha, verdadeira e seriamente, lido Maimônides? Ao menos os primeiros capítulos do *Guia*? Foi a influência de seus interlocutores apaixonados pela Cabala, que ele frequenta a partir dos anos 1950, que fez cair no esquecimento o belo ensinamento maimonidiano, considerado como marginal, pouco significativo no seio do judaísmo?

---

[16] Idem. Séminaire II, *Le Moi dans la théorie de Freud* (1954-1955). Paris: Seuil, 1978. [Edição brasileira: *O Seminário. O eu na teoria de Freud e na técnica da psicanálise*, Livro 2. Rio de Janeiro: Jorge Zahar Editor, 1985.]

Nos *Escritos*, encontramos a pista de um autor que, talvez por um momento, tenha despertado o interesse de Lacan por Maimônides. Trata-se de Leo Strauss. Lacan o tinha lido e ele, que raramente cita suas fontes, desta vez o faz: "Leremos com proveito o livro onde Leo Strauss medita sobre as relações entre a arte de escrever e a perseguição."[17]

Leo Strauss, esse grande erudito, que fez na Alemanha estudos rabínicos, era um grande admirador e comentador de Maimônides. A obra citada por Lacan é de fato uma coletânea de artigos dos quais um dos mais importantes versa sobre "O caráter literário do *Guia dos perplexos*". Foi desse texto que Lacan tirou suas observações sobre o estilo de Maimônides.

Existe, talvez, uma razão mais secreta, até mesmo inconsciente, para que Lacan tenha desviado sua atenção do ensinamento do *Guia*? Ele teria aí, com efeito, descoberto estranhas semelhanças entre certas teses de Maimônides e as suas.

Penso, aqui, não em um estudo aprofundado dessas semelhanças nunca ressaltadas, mas em esboçar, a fim de justificar esta afirmação, o quadro dessas similitudes.

Maimônides, assim como Lacan, formula, como pedra angular do seu pensamento, uma teoria da linguagem enfatizando a ambiguidade do significante, ambiguidade que abre o campo para a interpretação e para a alegoria. Assim, o *Guia dos perplexos* se desenvolve segundo três eixos. O da linguagem, ou ordem simbólica, que possibilita ao intelecto, à razão, seu trabalho de conceituação crítica. Mas esse simbólico imediatamente encontra seu obstáculo (é assim que Maimônides interpreta a falta de Adão e

---

[17] Idem. "L'instance de la lettre dans l'inconscient." In: *Écrits, op. cit.*, p. 509, com esta nota de rodapé: "*Persecution and the Art of Writing*, de Leo Strauss, The Free Press, Glencoe, Illinois."

Eva), o imaginário. O pensamento humano é bloqueado, até mesmo enfraquecido, por esse imaginário que provém da projeção da imagem de nosso corpo sobre o mundo e seu conhecimento. O ser humano é incapaz de pensar de outra forma senão em termos de corpo, o mestre judeu volta a isso numerosas vezes.

Entretanto, alguma coisa escapa ao que é dizível, ao que é imaginável. Há o impossível de dizer e de imaginar. Maimônides não emprega o termo "real" que Lacan utilizará, mas ele o define indiretamente, como "realidade verdadeira" (*matsoui emet*). Deus pertence a esse real, ele é esta "realidade verdadeira"[18] que a tara original do homem, seu imaginário colado ao corpo, o impede de atingir.

Esta concepção pejorativa do imaginário pertence a todos os teólogos anteriores a Maimônides, em particular os da patrística cristã. Mas em uma das suas reviravoltas dialéticas de que possui o segredo, no coração da obra, ou seja, na exposição de sua doutrina do profetismo, Maimônides exige do profeta não apenas um intelecto poderoso que só um filósofo ou um sábio fariam dele, mas também uma grande faculdade imaginativa, o equilíbrio dos dois permitindo o acesso ao real.[19]

A combinação das três categorias permite-lhe definir, de um lado, o filósofo ou o sábio que desfrutam de dons intelectuais, de outro lado, o homem político cujo intelecto é fraco, mas que tem um grande poder de ação sobre o imaginário dos homens. Apenas o profeta possui em si as três dimensões, harmoniosamente desenvolvidas e indissoluvelmente intrincadas.

---

[18] Cf. as primeiras linhas do *Livre de la connaissance*.
[19] Jean-Marc Joubert. *Foi juive et croyance chrétienne*. Paris: Desclée de Brouwer, coll "Midrash", 2000.

Seria necessário também evocar a magnífica, embora sucinta, teoria maimonidiana do sonho como "imaginarização" do simbólico. E, ainda, a abordagem de Maimônides sobre a questão do desejo, cuja causa é a falta, desejo ao qual ele confere uma dimensão literalmente cósmica, já que os próprios movimentos das esferas celestes têm, como única origem, o desejo de reunir-se aos intelectos de que estão separadas.

Terminemos esse breve percurso com a questão do Um, que foi a obsessão de Lacan com seu conceito de traço unário ("Há o Um", ele repetia incansavelmente), e, também, a de Maimônides.

— Não deem um corpo a esse Um — dizia Lacan —, senão... Vocês cairão na ideia de Deus.

Ora, para Maimônides, é precisamente ao despojar Deus de toda corporeidade, isso com um rigor quase fanático, que se chega à ideia do Um divino e que nos aproximamos de Seu conhecimento.

Investindo Deus de um corpo, de afetos, Lacan comete, portanto, um grave erro em relação ao ensinamento de Maimônides. Comete um outro ao falar em várias ocasiões, com insistência, da intervenção de Deus no mundo e na história, o que distinguiria o deus dos judeus do de Platão e de Aristóteles. Certamente essas ideias encontram-se no judaísmo, sobretudo o influenciado pela Cabala, à moda de Goldberg. Mas, para um maimonidiano, a liberdade e a responsabilidade do homem são totais e a história "não é só a série dos crimes e da loucura dos homens, mas também da luta desses homens contra seus crimes e suas loucuras", Leibowitz tinha o costume de repetir. A Yrmiyahu Yovel, especialista no pensamento de Spinoza, que o interrogava sobre esta questão da intervenção da divindade na história dos homens, Leibowitz respondeu que não acreditava nisso. Melhor ainda, o que a Bíblia nos ensina é que essas intervenções, quando se produzem, *terminam sempre em fracasso*. Assim, o que se passa imediatamente após o Dilúvio, quando se tratava de eliminar uma humanidade que se tornara perversa e de substituí-la pela descendência de Noé, o justo? A memorável embriaguez deste suposto Justo e os atos indignos de seu filho Cam. Do mesmo modo, pouco depois da gloriosa apoteose do Sinai, que deveria convencer os corações mais empedernidos, os hebreus vão precipitar-se no culto idólatra do bezerro de ouro.[20]

Para concluir, a concepção maimonidiana repousa sobre o postulado de que Deus conferiu ao homem a liberdade de suas escolhas. Ou, segundo a expressão talmúdica, "o mundo não faz senão seguir seu curso".

Mesmo assim restam as desconcertantes semelhanças ressaltadas acima e que merecem interpretação. Sem dúvida, é preciso levar em conta a profunda impregnação dos dois autores pelo pensamento de Aristóteles. Lacan nunca deixou de se referir a Aristóteles que ele critica, subverte, mas a quem não cessa de retornar, assim como aos pensadores inspirados por ele (particularmente Tomás de Aquino).

A segunda razão desses pontos de encontro é o próprio discurso psicanalítico, o de Freud, inscrito, já lembramos, no discurso do Iluminismo e que, por conseguinte, não poderia vir de nenhum esoterismo. O Iluminismo, na sua versão judaica, foi o grande movimento cultural da Haskalá,[21] lançado por Moses Mendelssohn

---

[20] Y. Leibowitz. *Les fêtes juives et leur signification*. Tradução. de P. e G. Haddad. Paris: Le Cerf, 2007.
[21] Iluminismo judaico. (*N. T.*)

e que, em um segundo momento, levará um grande número de judeus a rejeitar sua fé ancestral. A importante *intelligentsia* judaica da Europa Central e Oriental, à qual ninguém poderia negar que Freud pertencia, vem dessa Haskalá. Ora, o pensamento de Mendelssohn consistia em romper com as brumas esotéricas e em retornar explicitamente ao de Maimônides. Consequentemente, o suporte intelectual, a herança judaica de Freud, só podem ser maimonidianas. Certamente neste período de declínio do pensamento rabínico, a fronteira, anteriormente tão marcada, entre cabalistas e maimonidianos, havia perdido sua nitidez e, por vezes, encontram-se infiltrações de pensamento cabalístico entre os adeptos do mestre de Córdoba. A ideia de uma filiação do pensamento de Freud ao esoterismo judaico encontrou um forte apoio em certas afirmações imprudentes do grande especialista em Cabala — mas nada em psicanálise —, Gershom Scholem. Assim, lê-se, de sua autoria, que o método do cabalista Aboulafia para alcançar o êxtase, consistindo em combinar letras, anunciaria a associação livre de Freud.[22] Deve-se ao mesmo autor, a propósito da Cabala, a noção de "tradição oculta", expressão retomada por sua amiga Hannah Arendt, que lhe dá um sentido diferente. Segundo ele, o pensamento cabalístico foi perseguido pela instituição rabínica oficial, talmudista e racionalista. São, entretanto, os livros de Maimônides que os rabinos fizeram queimar, é seu pensamento que fica reprimido, é o *Guia dos perplexos* que é incluído no índex na maioria dos meios ortodoxos. Inversamente, a suprema vaidade de um rabino, seu bastão de marechal que ele finge dissimular sob seu sobretudo preto, é a de ver-se agraciado, por meio de bondoso disse

---

[22] G. Scholem. *Les grands courants de la mystique juive.* Tradução de M.M. Davy. Paris: Payot, 1977.

me disse, com o título de *mekubal*, cabalista. Ah! O charme das tradições ocultas! O obscurantismo aí encontra uma cama bem quente toda preparada.

No seu "questionamento do judaísmo", este elemento essencial de sua obra, ao colocar a ênfase na Cabala, ao esquecer Maimônides, Lacan deformou sua reflexão ou, melhor dizendo, falhou no seu propósito. As consequências disso são bem mais graves do que parece. De minha parte, vejo aí o motivo do naufrágio psicótico das instituições psicanalíticas que se baseiam no seu pensamento.

parte II O espírito ao pé da letra

1. O humor, quando tudo mais foi esquecido

Quando um indivíduo se separa da cultura em que nasceu, alguns traços dessa cultura persistem indeléveis, enterrados sob as cinzas do esquecimento e de uma incompreensível nostalgia, prontos a reencontrar sua vitalidade de infância. Dentre eles, a culinária e algumas músicas ocupam lugar privilegiado. Para o judeu, sobretudo o originário da Europa central e oriental, acrescentemos a tirada espirituosa, o *Witz*, um tipo de humor tão particular.

Certo dia em que eu censurava Lacan por ter debochado de uma de minhas afirmações, ele me aconselhou a leitura da obra de Freud *O chiste e sua relação com o inconsciente*. Na ocasião eu não supunha que através desta leitura a questão do judaísmo que, então, obstinadamente eu ainda desejava ignorar, abriria sua primeira brecha no meu espírito, graças àquela maravilhosa antologia de histórias judaicas. Bem mais tarde, viria a descobrir que a estrutura desses *Witze* é derivada de certos enunciados talmúdicos cuja intenção não é necessariamente a do humor. As tiradas espirituosas constituem uma das mais importantes relíquias que o náufrago do judaísmo deixa, sobre as margens de sua memória, para o indivíduo que tenha rompido com a fé, relíquia à qual Freud se agarrava, como remanescência incontestável da filiação à sua cultura de nascença.

Lacan classificava esta obra — ao lado de *A interpretação dos sonhos* e de *Psicopatologia da vida cotidiana* — como um dos textos canônicos da psicanálise. Foi através de seu comentário que elaborou partes importantes de sua teoria do significante, com os conceitos de metonímia e de metáfora. Opunha-se assim às outras correntes pós-freudianas — para as quais esta obra pertence a um primeiro momento já encerrado, o da primeira tópica — que, ao contrário dela, preferem os textos da segunda tópica. Inversamente, era em relação à segunda tópica — com seu tríptico eu-isso-supereu — que Lacan expressava reservas. Chegou mesmo a qualificar o esquema que a resumia de *pudendum*, ou seja, vergonhoso.

Refletir sobre o *Witz* e a análise a que Freud o submete é, inevitavelmente, refletir sobre o judaísmo, mas talvez seja, principalmente, refletir sobre o que eu chamo de a Coisa judaica, isto é, o que acontece com a subjetividade dos judeus que romperam seus liames com a fé judaica, textos e ritos que conferiam significação e consistência à palavra "judeu". Dois grandes autores do pensamento europeu encarnaram essa ruptura, este novo fato étnico — o dos homens que, depois de terem rompido com o contexto religioso, fazem sua entrada estrondosa na cena cultural europeia: Spinoza (1632-1677), com quem Lacan gostava de se identificar e que já havia teorizado sobre esta ruptura, esta "colocação em questão do judaísmo" que Lacan chamará de seus votos; e Heine (1797-1856) de cuja obra, *Tableaux de voyage* [Quadros de viagem], Freud utilizará várias passagens para sua análise do *Witz*, obra que Lacan considerava como um monumento de literatura europeia: "[...] é impressionante que este não seja um livro clássico."[1]

---

[1] J. Lacan. Séminaire V, *Les formations de l'inconscient* (1957-58). Paris: Seuil, 1998, p. 22. [Edição brasileira: *O Seminário. As formações do inconsciente*, Livro 5. Rio de Janeiro: Jorge Zahar Editor, 1999.]

A ruptura da tradição judaica foi efetivamente uma tragédia porque marcou o começo do fim de uma cultura milenar. Spinoza pertencia a um grupo de homens particulares, os judeus sefaraditas de Amsterdã, descendentes dos marranos ibéricos de volta à fé de seus ancestrais, mas que ao voltarem, não se reconheceram mais nessa fé. Este drama espiritual levou, na mesma época, ao suicídio de seu compatriota Ouriel Da Costa. A crise propagou-se do mundo sefaradita — que havia séculos, de Bagdá à Espanha, representava a elite do mundo judaico — até ao judaísmo alemão e, depois, a todas as comunidades asquenazitas. Heine situa-se nesta propagação do desmoronamento, encontrando a força para metamorfoseá-lo em humor sarcástico. São suas tiradas espirituosas e suas histórias judaicas populares que constituem o essencial do material de que trata a obra *O chiste e sua relação com o inconsciente*.

A admiração que Lacan tinha por esse livro o acompanhou durante toda a vida, tornando-se, com o correr dos anos, a assinatura de seu estilo, o famoso gosto lacaniano pelos trocadilhos. Em um de seus primeiros artigos, "Função e campo da fala e da linguagem",[2] ele afirma que "*O chiste e o inconsciente* permanece a obra mais incontestável" de Freud.

Entretanto, no seu Seminário *As formações do inconsciente* (1957-1958) é que se encontram os mais amplos comentários sobre esse humor judaico, construindo através deles sua teoria do significante. Enxertando a linguística saussuriana nos enunciados de Freud, a teoria do significante permite-lhe redefinir como *metáfora* e *metonímia* a condensação e o deslocamento observados no

---

[2] Idem. "Fonction et champ de la parole et du langage". In: *Écrits, op. cit.*, p. 270.

trabalho do sonho. Para tal, insistirá particularmente sobre essa palavra de Heine: "familionário".

> "Ele me tratou de um modo totalmente *familionário*." Eis sobre o que Freud se detém. *Familionário*, o que é isso? Um neologismo, um lapso, uma tirada espirituosa? [...] Certamente é uma tirada espirituosa [...]. Reconhecemos aqui o mecanismo da condensação [...] que se trata de uma espécie de engavetamento, com a ajuda de não sei que máquina, entre duas linhas da cadeia significante.[3]

"Pretensioso-milionário",[4] fama, família, infâmia, louco, milionário etc., a palavra torna-se um algoritmo com múltiplas funções, dentre as quais a de ilustrar esta "instância da letra no inconsciente", objeto de um artigo que ele redige nessa mesma época e ao qual volta muitas vezes, não é a menos relevante.[5]

Esta análise também vale para as histórias judaicas às quais Lacan atribui uma distinção particular: "Por que dar tal importância a essas historietas? É porque Freud a elas retorna incessantemente, porque elas são um maravilhoso exemplo de técnica verbal, como se diz. Digo-lhes, mais precisamente, técnica do significante, que ele resolve verdadeiramente o problema".[6]

Em outros termos, nada permite, melhor que o *Witz*, compreender do que se trata o significante lacaniano, esse significante que corre sob o aguilhão de Eros.

---

[3] Idem. Séminaire V, *Les formations de l'inconscient, op. cit.*, p. 23.
[4] No original "fat-millionaire" demonstra claramente a semelhança gráfica com "famillionnaire" que se perde na tradução. (*N. E.*)
[5] Ibidem, p. 25, 30 e 64.
[6] Ibidem, p. 21.

O *Witz* apresenta-se com os traços de uma espécie de *Commedia dell'arte* judaica colocando em cena principalmente dois personagens, o *shadkhen*, ou casamenteiro, e o *schnorrer*, filante, parasita social que vive à custa dos outros. "Histórias de casamenteiro percorrendo os guetos da Morávia", escreve Lacan; "figura depreciada de Eros e, como ele, filho da penúria e do sofrimento".[7]

O *Witz* mais famoso, incessantemente evocado por Lacan, é o dos dois compadres que se encontram na plataforma de uma estação.

— Aonde você vai? — pergunta um.
— A Cracóvia — responde o outro.
— Ah, bolas! — continua o primeiro. — Por que você me diz que vai a Cracóvia, para que eu pense que você vai a Lembergue quando, na verdade, você vai a Cracóvia? Pare, então, de mentir!

Essa característica de humor maravilha Lacan. Ele a aborda uma primeira vez nos passos iniciais do seu ensino, no Seminário II, consagrado à teoria do eu, seminário do qual ele retoma certos elementos, no texto sobre *A carta roubada* de Edgar Poe, na abertura da sua coletânea *Escritos*:

> É dizer que se passa do campo da exatidão para o registro da verdade. Ora, esse registro [...] situa-se em outro lugar totalmente diferente, na fundação da intersubjetividade [...]. Nós nos contentaremos, para indicar seu lugar, em evocar o diálogo que nos parece merecer a atribuição de história judaica do despojamento, onde aparece a relação do significante com a fala, na súplica em que ele acaba por culminar: Por que você mente para mim? [...] Sim, por que você mente para mim, dizendo-me que vai a Cracóvia para

---
[7] Idem, *Écrits, op. cit.*, p. 270.

que eu pense que você vai a Lembergue, quando, na realidade, é a Cracóvia que você está indo?[8]

No ano seguinte, no Seminário III, sobre *As psicoses*, Lacan comenta novamente esse *Witz*: "O que o sujeito me diz está sempre numa relação fundamental com uma possível dissimulação para onde ele me remete [...]."[9]

Ele volta a este ponto no texto particularmente importante "A instância da letra no inconsciente": "[...] um terceiro lugar, que não é nem minha fala nem meu interlocutor, esse lugar não é nenhum outro senão o da convenção significante, como se revela no cômico desta queixa dolorosa do judeu a seu compadre: 'Por que você me diz que vai a Cracóvia para que eu pense que você vai a Lembergue, quando na verdade você vai a Cracóvia?'"[10]

Uma outra história judaica frequentemente citada e comentada pelo psicanalista é a de um pequeno negociante que, depois de ter feito um pecúlio, decide consagrar o resto da sua vida ao estudo do Talmude. Dirige-se, então, a um rabino que imediatamente o desencoraja do projeto. "O Talmude é muito difícil." Mas o homem insiste. O mestre propõe-lhe, então, um pequeno teste em forma de adivinhação que permitirá avaliar a aptidão do negociante para estudar o Talmude.

— Dois ladrões passam por uma chaminé — começa o rabino.
— Um deles sai dela coberto de fuligem, o outro milagrosamente limpo. Qual dos dois irá se lavar?

---

[8] Ibidem, p. 20.
[9] Idem. *Séminaire III, Les Psychoses, op. cit.*, p. 47.
[10] Idem. *Écrits, op. cit.*, p. 525.

A questão parece bem simplória para o postulante. O homem coberto de fuligem irá se lavar, o outro não.

— Vê só — replica o rabino —, você não está apto ao estudo do Talmude. Reflita: o homem coberto de fuligem, vendo seu companheiro todo limpo, deduzirá daí que ele próprio está limpo e não irá se lavar. Quanto ao que está limpo, vendo o outro todo preto, deduzirá daí que deve se lavar.

— Que maravilha é o Talmude! — retoma o negociante. — Entendi. O homem limpo irá se lavar, o homem sujo, esse não irá se lavar.

— Você vê — conclui o rabino —, que o Talmude não é feito para você. Como você pode acreditar, por um instante sequer, que dois homens, passando pela mesma chaminé, um possa sair dela limpo e o outro sujo? Vá e retome seu negócio.

Lacan evoca essa história a propósito de um episódio da vida de Freud. Algumas semanas antes de seu casamento, sua noiva Martha lhe confessa que, pouco tempo antes, havia ficado emocionalmente mobilizada em relação a um outro rapaz, "esse tipo de jovem", comenta Lacan, "que parece ter diante de si um futuro brilhante quando, na verdade, não tem nenhum". A confidência afeta profundamente Freud, e esta dor o levará a se interessar pelos problemas do psiquismo. Ele se parece com o homem limpo da história, que vai se lavar, enquanto a noiva culpada, ela mesma não vê nenhuma necessidade em fazê-lo.[11]

Reencontramos esta história novamente citada por Lacan no seu artigo "Sobre a teoria do simbolismo de Ernest Jones":

---

[11] Cito de memória uma passagem de seminário cuja referência eu perdi.

Quem, então, lê no Talmude, dos dois homens que saem, um depois do outro, de dentro de uma chaminé para o interior de um salão, terá, quando se olham, a ideia de se lavar? A sabedoria resolve aqui sobre toda a sutileza envolvida em tirar deduções do negrume dos rostos que eles reciprocamente se apresentam, e da reflexão que em cada um diverge quanto a isso; ela conclui expressamente: quando dois homens se encontram, ao sair de uma chaminé, todos os dois têm a cara suja.[12]

Só se empresta aos ricos, gostava de dizer o psicanalista que atribui indevidamente esta história ao Talmude, onde ela não se encontra. Entretanto o que é verdade, é que toda a estrutura desses chistes é influenciada pela estrutura das discussões de natureza jurídica do grande texto sagrado judaico. Por exemplo, quando R. Ychanan decreta que um contrato de venda de uma empregada é declarado nulo porque o vendedor nele mencionou que ela é surda, epiléptica e inválida e, no entanto, ela só é surda e epiléptica e de forma alguma inválida. Não é uma vantagem para o comprador? Não, responde o sábio redator do Talmude, pois, ao pintar as coisas muito piores do que eram, o vendedor tentou enganar o comprador sugerindo que a empregada não tinha nenhum dos três defeitos quando, pelo menos um, ela tinha. Não estamos muito distantes de uma certa plataforma de estação entre Lembergue e Cracóvia.

Uma outra noção lacaniana — a que estabelece a diferença, até então despercebida, entre necessidade e demanda — encontra apoio para sua compreensão em outros *Witz*:

---

[12] J. Lacan. *Écrits, op. cit.*, p. 717.

É a um Outro, para além daquele que está à sua frente, que a resposta à demanda, o atendimento da demanda é, afinal, concedido. Uma das histórias em torno das quais Freud faz girar sua análise do chiste, a da maionese de salmão, é a melhor para ilustrar isso. Trata-se de um personagem que, depois de ter dado a um pedinte algum dinheiro de que este precisava para fazer face a não sei que dívidas que iriam vencer, fica indignado em vê-lo dar ao objeto de sua generosidade um outro destino. É uma história verdadeiramente engraçada. Depois da boa ação ele o encontra, então, no restaurante regalando-se com o que é considerado sinal de um gasto extravagante, a maionese de salmão. É preciso acrescentar aqui um pequeno toque vienense que o tom da história requer. Ele lhe diz: — *Como? É para isso que eu lhe dei o dinheiro? Para lhe proporcionar maionese de salmão?* Aí o outro entra no chiste respondendo: — *Mas então eu não entendo. Quando não tenho dinheiro, não posso comer maionese de salmão, quando tenho dinheiro, tampouco posso comê-la. Quando, então, comerei maionese de salmão?*[13]

Lacan cita aqui, de memória, uma passagem da obra de Freud sobre o chiste. O primeiro protagonista é o exemplo típico do *Schnorrer*[14] das histórias judaicas. O pretexto para o seu pedido de dinheiro é que está doente e precisa receber cuidados urgentemente. E ei-lo, sentado à mesa de um dos melhores restaurantes da cidade onde o segundo personagem, segunda figura desta *commedia dell'arte*, tem seus próprios hábitos, ou seja, é Rothschild em pessoa.

Concluamos com esse provérbio ídiche que Lacan cita:

---
[13] Idem. Séminaire V, *Les formations de l'inconscient, op. cit.*, p. 88.
[14] Filante, aproveitador. (*N. T.*)

"Freud emprega um provérbio que eu creio que não é tanto do contexto alemão: 'Com que sonha a galinha? Ela sonha com farelo de milho!'"[15]

Os detratores de Lacan frequentemente zombaram deste aspecto de sua doutrina, o trocadilho, "*o efeito 'yau-de-poêle'*,"[16] dizia um sartriano mal-intencionado. Basta ler atentamente para perceber o vazio dessa crítica. As formações do inconsciente, tais como o *Witz* nos revela, não são um simples jogo formal de letras. Elas só têm sentido quando consideradas em uma história pessoal concreta, nas desventuras de uma vida e na dinâmica do desejo. Assim quanto ao *familionário*:

> [Freud] nos ensina que esta criação de Heine tem correspondente no seu passado e em suas próprias relações familiares. Por trás de Salomon de Rothschild, [...] há, com efeito, um outro *familionário* de sua família que é o chamado Salomon Heine, seu tio. Este desempenhou em sua vida, o papel mais opressivo [...]. Não apenas o tratou extremamente mal, recusando a ajuda concreta que Heine dele poderia esperar, mas criou obstáculos à realização de seu grande amor, o que ele tinha por sua prima — ele não pode desposá-la pela razão, essencialmente *familionária*, de que o tio era um milionário e ele não o era. Heine sempre considerou como uma traição o que não foi senão a consequência de um impasse familiar profundamente marcado pela *milionaridade*.[17]

---

[15] Idem. Séminaire VI, *Le désir et son interprétation* (1958-59, não publicado), sessão de 3 de dezembro de 1958.
[16] Grifo nosso. Em 1979, François George, escritor francês, publicou, pela Editora Hachette, o livro *"L'effet 'yau de poêle' de Lacan et des lacaniens"* em que critica o "jargão lacaniano". (N. T.)
[17] J. Lacan. Séminaire V, *Les formations de l'inconscient, op. cit.*, p. 54.

O entusiasmo de Lacan pelo humor judaico cuja fecundidade, sob o efeito de suas análises, resulta considerável para a teoria analítica, interessou seus ouvintes e alunos? De modo algum. É o próprio Lacan que nos diz isso, ao final da sua obra, tornando ainda mais profundo esse abismo de ignorância a respeito do "pecado original da psicanálise". No seu texto "O engano do sujeito suposto saber", ele começa recordando uma outra história judaica que Freud cita em *A Interpretação dos sonhos*. Uma pessoa devolve à sua vizinha um caldeirão que ela lhe havia emprestado. Esta descobre que o caldeirão agora está furado. "Não". Retruca a outra. "Este caldeirão já estava furado quando a senhora me emprestou. Além disso, eu o devolvi intacto à senhora, sem furo. No final das contas, a senhora não me emprestou absolutamente nada."

"Que o apólogo de Freud faça rir, prova que ele toca no ponto certo. Mas ele não elimina o obscurantismo que o relega às brincadeiras. É assim que *durante três meses fiz meu auditório bocejar** a lhe demonstrar, no *Witz* de Freud (traduzindo, o chiste), a própria articulação do inconsciente."[18]

A volta a essas questões recalcadas do "pecado original da psicanálise" não tem grande chance de produzir um efeito diferente do tédio polido que acompanhou os esforços bem mais talentosos do mestre. Mas, para realizar algo, não é preciso esperar, nem é preciso sucesso para perseverar.

---

[18] Idem. "La méprise du sujet supposé savoir". In: *Scilicet*, n° 1. Paris: Seuil, 1968.

2. Do *Witz* à letra e da letra à ciência

Se o *Witz* interessou Lacan a tal ponto é, sem dúvida, porque enfatiza a *instância da letra*, pivô de sua doutrina, com essa máquina de refinamento do inconsciente que incansavelmente fabrica metáforas e metonímias, instância da letra sem a qual a ciência moderna nunca teria nascido. Ora, segundo ele, os judeus seriam os melhores especialistas no manejo da letra. É precisamente essa maestria milenar que lhes permite inventar a psicanálise. Sua fascinação pela letra foi levada a tal ponto que chegaram a identificar letra e número, a *guematria*.[1]

O entusiasmo de Lacan pelo humor judaico às vezes ultrapassa os limites e o leva a judaizar o que obviamente não o é, como, por exemplo, o humor de Alfred Jarry e de seu *Ubu Roi* [Ubu rei].

> Mas se nos permitirem recorrer, ao contrário, à animação calorosa do *Witz*, nós o ilustraremos em sua maior opacidade com a genialidade que guiou Jarry na descoberta da condensação de um simples fonema suplementar na ilustre interjeição: *merdre* [...].[2]

---

[1] Corresponde a uma numerologia judaica. (*N. T.*)
[2] Grifos nossos. Mantido como no original, *merdre*, assim como os vocábulos que se seguem nessa citação: *Meirdre* e *Mairdre*. (*N. T.*)

Do lugar que ela ocupa na epopeia de Ubu: o da Palavra anterior ao começo.

Onde não chegaríamos com duas letras, uma vez que a ortografia *Meirdre* nos forneceria, por meio da *gematria**, tudo quanto de promessa o homem jamais ouvirá em sua história, e que *Mairdre* é o anagrama do verbo em que se baseia o admirável?[3]

A *guematria*, acima chamada *gematria*, é, portanto, esta técnica de interpretação de origem talmúdica empregada, sobretudo, na Cabala e que consiste em estabelecer uma equivalência entre letras e números (*aleph* vale 1 e *tav*, a última letra, vale 400). Aplicando as quatro operações da aritmética ao total de uma palavra obtido por esta técnica, procuraremos sua equivalência com outras palavras. Observemos que Maimônides não utiliza nunca esse delirante modo numerológico de interpretação dos textos. Observemos, também, que a *guematria*, ou numerologia, está longe de ser uma exclusividade judaica. J. S. Bach, por exemplo, utilizou-a em numerosas composições.

Mas o que a *guematria* judaica vem fazer no Ubu? Esse texto, na sua elipse obscura, deixa a resposta na sombra. Em todo caso, a técnica da *guematria* muitas vezes interessou a Lacan que a evoca, por exemplo, no seu Seminário XI, *Os quatro conceitos fundamentais da psicanálise*:

> O que Descartes introduz, agora, [...] é isso: ele substitui as letras minúsculas *a*, *b*, *c* etc., de sua álgebra, pelas maiúsculas. As maiúsculas são, se quiserem, as letras do alfabeto hebraico com as quais Deus criou o mundo e que, vocês sabem, têm um avesso e que, a

---

[3] J. Lacan. *Écrits, op.cit.*, artigo "Remarque sur le rapport de Daniel Lagache", p. 660.

cada uma, corresponde um número. A diferença entre as letras minúsculas e maiúsculas de Descartes é que as letras minúsculas de Descartes não têm um número, elas são intercambiáveis e só a ordem das comutações definirá seu processo.[4]

A evocação das "letras maiúsculas com as quais Deus criou o mundo" é uma alusão ao *Sefer Yetsira* ou *Livro da Criação*, uma das mais antigas obras esotéricas. É uma constatação: quando Lacan fala do judaísmo, ele volta-se geralmente para a Cabala.

Sem dúvida, Lacan interroga a origem, o nome, a forma dessas letras. A respeito do nome grego dos signos da escrita, ele nos lembra que:

> Para compreendê-los é preciso perceber que eles reproduzem os nomes correspondentes às letras do alfabeto fenício, um alfabeto protossemítico [...]. Esses nomes têm um sentido na língua, seja na fenícia textual, seja na língua que podemos reconstruir, a língua protossemítica de onde teria derivado um certo número das linguagens e a cuja evolução está estreitamente ligada a primeira aparição da escrita.
> [...] É importante, pelo menos, trazer ao primeiro plano o fato de que o *próprio nome do Aleph tenha uma relação com boi* do qual, por assim dizer, a primeira forma do *Aleph* reproduziria, de modo esquematizado, a cabeça em diversas posições. Resta ainda alguma coisa: podemos ver, em nosso A maiúsculo, a forma de um crânio de boi invertido, com os chifres que o prolongam. Do mesmo modo, todos sabem que o *bet* é o nome da casa.

---

[4] Idem. Séminaire XI, *Les quatre concepts...*, op. cit., p. 205.

A discussão se complica quando chegamos ao *guimel*. Ficamos muito tentados a encontrar aí o nome árabe do camelo,[5] mas, infelizmente há um obstáculo temporal. É, aproximadamente no segundo milênio antes da nossa era, que esses alfabetos protossemíticos podiam estar em condições de conotar esse nome. Infelizmente, o camelo ainda não era usado como meio de transporte nessas regiões do Oriente Médio. Vai-se então entrar em uma série de discussões sobre o que precisamente pode representar esse nome *guimel*. É um dos traços por onde podemos ver que o que está em questão, em relação a uma das raízes da estrutura onde a linguagem se constitui, é essa alguma coisa que se chama inicialmente leitura dos signos, uma vez que eles já aparecem antes de qualquer uso da escrita.[6]

Depois desse enigmático *guimel*, cujo sentido parecia-nos bem conhecido, Lacan aborda uma quarta letra fenício-hebraica, o *mem*. A forma inicial desta letra evoca as ondas marinhas pois *maïm* significa "águas". Não é nessa significação que Lacan se detém, tampouco no lado materno da letra, também muito interessante, com o *em* significando "mãe".

> O *mem* significará mais de uma coisa, [...] na língua hebraica, quando não temos a adjunção de pontos vogais, não saberemos como completar esse *mem*. Trata-se de uma forma particular em dois verbos negativos: de um lado o verbo *immi* que parece querer dizer "não ser" e, do outro lado, o verbo *gehimmi* que indicaria mais particularmente a efetiva não existência.[7]

---

[5] *Gamal* é também o nome hebraico — bíblico — do camelo.
[6] J. Lacan, Séminaire IX, *L'identification* (não publicado), sessão de 10 de janeiro de 1962.
[7] Ibidem.

Quer esses comentários sejam exatos ou, quem sabe, exijam cautela, o cuidado que Lacan aplica ao exame da letra hebraica diz muito sobre o interesse que ele tinha pelo judaísmo, com a perspectiva de nele capturar o fantasma que, desde o seu fundador, assombra a psicanálise.

Mas o humor nunca abandona o psicanalista. Este estudo das letras hebraicas termina em *Witz*. O texto bíblico começa pela segunda letra do alfabeto, o *bet*, inicial de *Béréchit*, "no começo", o que deu lugar a longas exegeses "midrashicas". No entanto, para Lacan: "Seria uma boa maneira de levar as pessoas à primeira das letras, a letra A. A Bíblia só começa na letra B, ela deixou a letra A para que eu me ocupasse dela." É, com efeito, por A que Lacan simbolizava o grande Outro,[8] lugar da fala e, por *a*, o objeto causa do desejo.

Os textos anteriores começam a nos esclarecer a respeito dos motivos do interesse de Lacan pelo judaísmo. A análise do humor judaico coloca em evidência a importância do literal na produção do *Witz*. Segundo Lacan, os judeus teriam adquirido uma espécie de virtuosidade no manejo da letra. Ora, a ciência cartesiana nasce desse manejo da letra. Portanto, os judeus puderam com facilidade, depois que a ciência tinha sido inventada por outros, pegar o "bonde andando" e desempenhar aí o papel que se sabe.

A questão da ciência é fundamental na obra de Lacan, ela é seu fio condutor. Depois de, durante bastante tempo, ter hesitado sobre o estatuto epistemológico da psicanálise (tratar-se-ia de uma nova ciência como acreditava Freud?), no fim da vida, ele dará razão a Popper, para quem ela não é uma ciência. O que é ela, então?

---

[8] Em francês, "Autre", o que justifica o comentário de Lacan sobre o uso da letra A como representação de "Outro". (*N. T.*)

Acontece que o destino da psicanálise permanece ligado ao do discurso científico. A disciplina freudiana só se interessa pelo sujeito da ciência, só trata do seu mal-estar e do seu sofrimento. Situa-se aí a separação radical entre Freud e Jung. Esse sujeito, resultado da ciência, é "plano", no sentido de que ele rompeu, mesmo que nunca o admita, com uma interpretação mitológica do mundo. Para Jung, essa ruptura não aconteceu. A mitologia permanece presente e ativa na subjetividade. Daí, a importância dos arquétipos no tratamento.

Lacan fica fascinado pelo mistério do aparecimento da ciência e de seu desenvolvimento. De onde ela emerge? Da física grega? Absolutamente. Para nossa surpresa, é no discurso bíblico que Lacan vê sua origem. Ele o diz nessa passagem onde se notará sua identificação com Heinrich Heine na relação deste com os Rothschild:

> Lembro-me que uma noite, quando eu estava jantando na casa de um descendente desses régios banqueiros que acolhiam Henri Heine, há pouco mais de um século, em Paris, eu o espantei muito ao lhe dizer — e eu o deixei espantado até hoje [...] — que a ciência moderna, a que nasceu de Galileu, só pôde desenvolver-se a partir da ideologia bíblica, judaica e não da filosofia antiga e da perspectiva aristotélica.[9]

Esta tese de que a ciência só pôde desenvolver-se em filiação à "ideologia bíblica" não foi inventada por Lacan. Ele a tira dos trabalhos de um erudito a quem devotava uma grande admiração, Alexandre Koyré.

---
[9] Idem. Séminaire VII, *L'Éthique de la psychanalyse*, op. cit., p. 146.

"O que é essencial, é o vazio. E porque é essencial que seja o vazio, o enunciado judaico de que Deus fez o mundo a partir do nada é, propriamente falando — Koyré assim o pensava, o ensinava e o escreveu —, o que abriu o caminho para o objeto da ciência."[10]

Lacan refere-se às diferentes obras de Koyré: *Études newtoniennes* [*Estudos newtonianos*], *Du monde clos à l'univers infini* [*Do mundo fechado ao universo infinito*].[11] Persuadido, com razão, da surdez de seu público, ele insiste, um mês mais tarde, em 19 de janeiro de 1966, a partir de um comentário sobre Dante, assunto entretanto bastante afastado do judaísmo:

> Digo, já o indiquei suficientemente, eu o repito aqui com mais força e vou justificá-lo em seguida, a introdução desse Deus dos judeus é o ponto central que embora tendo permanecido, durante séculos, de alguma forma envolto em uma certa atitude filosófica da relação da verdade e do saber, acabou por emergir, por vir à luz, com a surpreendente consequência de que a posição da ciência se instaura pelo próprio trabalho que essa função do Deus dos judeus instaurou no interior dessas relações do saber e da verdade.[12]

Lacan se interessava tanto pela questão, que, no mês seguinte, em 9 de fevereiro de 1966, mais uma vez, retomou a mesma ideia:

— Eu lhes repito, faz já algum tempo, que o advento da ciência, a Ciência com C maiúsculo — e não estou sozinho nessa posição que Koyré articulou tão fortemente —, este advento da Ciência seria inconcebível sem a mensagem dos Deus dos judeus.[13]

---

[10] Idem. Séminaire XIII, *L'Objet de la psychanalyse op. cit.*
[11] A. Koyré. Paris: Gallimard, 1991, e Paris: Gallimard. Coll. "Idées", 1973.
[12] J. Lacan, Séminaire XIII, *L'objet de la psychanalyse, op. cit.*
[13] Ibidem.

Esses textos, se queremos mesmo nos deter neles e sobre eles refletir, são verdadeiramente arrebatadores: a Ciência resulta do trabalho subterrâneo desta "função do Deus dos judeus", e é com esse Deus que, durante toda sua vida, apesar da hostilidade do meio analítico, apesar da surdez de seus alunos e de seus comentaristas, Lacan quis se confrontar como em um novo combate com o anjo. Essa "mensagem do Deus dos judeus" consiste em uma anulação radical de toda magia, anulação necessária à ciência, em um desencantamento do mundo, como já o havia enunciado Max Weber.

> — Se vocês tivessem os olhos abertos — prossegue ele naquele dia —, vocês veriam que a menor dessas cerâmicas, que são para nós o legado das idades antigas, cheira a magia. É precisamente por isso que as nossas não se parecem com elas.[14]

Notemos que, pronunciando essas palavras, Lacan se afasta de sua referência cabalística habitual quando fala do judaísmo. Talvez ele o ignorasse, mas a própria Cabala, no que chamamos de *Cabala prática*, constitui *também* uma manutenção da magia. Ao afirmar a filiação da ciência ao Deus dos judeus, consequência desta relação com a verdade que exclui todo pensamento mágico, Lacan coloca-se em uma perspectiva maimonidiana. Foi ela que permitiu aos judeus, filhos da Haskalá, desempenhar um eminente papel no desenvolvimento da ciência.

No fim da sua obra, no Seminário XXI, *Os não tolos erram*, comentando o episódio do fruto proibido, encontramos essa febril divagação:

---

[14] Ibidem.

A mim a Bíblia não mete medo [...] tenho uma razão para isso. É que existem pessoas assim, que nela se formaram, os que geralmente chamamos judeus. Não podemos dizer que eles não tenham refletido sobre a coisa, a Bíblia. Direi ainda mais, na história deles tudo prova que eles não se ocuparam da natureza, que eles *talmudizaram*, como se diz, essa Bíblia. Bem, devo reconhecer que foram bem-sucedidos. E em que é que eu toco? Eu toco nisso: que eles contribuíram verdadeiramente, quando chegou ao seu alcance, para esse domínio que me interessa — apesar de não ser o meu, o meu no sentido do domínio da análise —, que eles verdadeiramente contribuíram com uma astúcia especial, para o domínio da ciência. O que isso quer dizer? Não foram eles, os judeus, que a inventaram. A história da ciência partiu de uma questão sobre a "natureza", sobre a *physis*, em cujas voltas Heidegger se contorce [...]. Se a Ciência conseguiu surgir, não parece que os judeus tenham, no início, contribuído muito para isso. Foi depois, com o prêmio já ganho, que eles vieram colocar seu grão de sal e que se percebeu que Einstein, remetendo-nos ao grande feito de Newton, é quem fica com o melhor pedaço.[15]

Lacan nota, corretamente, que a cultura judaica não repousa sobre o questionamento da natureza, mas sobre o do texto bíblico. Como me dizia, certo dia, um amigo rabino: "Quando me falam do céu, não abro a janela para olhá-lo, mas vou ver o que a Torá diz dele."

Uma vez inventada a Ciência — não tendo nenhum judeu participado de seu surgimento, salvo se considerarmos a impor-

---

[15] Idem. Séminaire XXI, *Les non-dupes errent* (1973-74, não publicado), sessão de 23 de abril de 1974.

tância da teologia maimonidiana sobre a qual Newton[16] refletiu longamente — aí sim, os judeus teriam desempenhado um papel proeminente.

Há, entretanto, nesta abordagem de Lacan, alguma coisa incômoda, delicada, no plano epistemológico. Pode-se falar assim, coletivamente, "dos judeus", quando justamente nos dias atuais, como pertinentemente o apontou Yeshayahou Leibowitz, ninguém mais sabe concretamente o que significa "judeus", qual o denominador comum que definiria esta família humana? Para parafrasear o próprio Lacan, é legítimo dizer que "os judeus", assim como "a mulher", não existem, ou não existem mais, desde que seu laço com a Torá e com seus preceitos se viu rompido. Há, em contrapartida, "judeus", indivíduos, um a um, aos quais não se pode associar nenhuma enunciação coletiva. Novamente, aqui Leibowitz revela-se mais pertinente. A quem lhe perguntava: "Einstein não é um bom presente dado à ciência pelo povo judeu?", ele respondeu: "Não, Einstein é um bom presente que a ciência deu ao povo judeu."[17]

Outra concepção surpreendente de Lacan. "Os judeus" desempenham na ciência um papel eminente — e porventura não desempenharam um papel análogo nas artes e letras da modernidade? — porque eles "talmudizaram" durante toda sua história. O que provoca a seguinte objeção: os judeus, particularmente os europeus, só desempenham esse destacado papel na ciência ocidental a partir da modernidade, a partir do momento em que, precisamente, em sua maioria, fechando Bíblia e Talmude, rompem com o judaísmo para se iluminarem à luz da cultura europeia. Hoje em dia, e isso há cerca de dois séculos, a maior parte dos intelectuais

---

[16] J. M. Keynes. "Newton tel qu'il fut". In: *Ornicar?*, nº 24, 1981.
[17] Y. Leibowitz. *Israël et judaïsme, ma part de vérité, op. cit.*

judeus só sabe da Bíblia o que lhes ensina o mundo cristão, incapazes que são de lê-la no original. Quanto ao Talmude, quantos são os que apenas sabem em que consiste, quantos leram dele *uma* única página, quantos poderiam, ao menos, dizer os títulos de alguns tratados? Seguir as afirmações de Lacan supõe a adesão à noção lamarckiana de transmissão hereditária dos caracteres adquiridos, concepção para a qual Freud, no seu *Moisés*, já havia aberto o caminho. O estudo secular do Talmude estaria como que impresso nos genes. Eis-nos sobre uma ladeira escorregadia e perigosa onde se poderiam encontrar um certo chauvinismo judaico e um certo racismo. Mencionemos, ainda mais uma vez, a explicação que Leibowitz dá a respeito do espantoso fenômeno do grande número de sábios judeus. No início do século XIX, momento da impulsão da ciência e das técnicas, a massa dos europeus, rurais em sua grande maioria, era simplesmente analfabeta, pois ainda não havia surgido o ensino obrigatório. Por outro lado, todo judeu do sexo masculino sabia ler e escrever, pois se trata de uma obrigação religiosa. Esta tradição de privilegiar o estudo dos textos é, sem dúvida, o único traço que vai se perpetuar entre todos os que partilham de uma origem judaica. Minoritários em termos populacionais, os judeus eram majoritários em número de letrados. Além disso, o desenvolvimento da ciência produziu-se nas cidades e a população judia era bastante urbanizada. Tais seriam os dois fatores que explicariam o grande número de sábios judeus.

Lacan, entretanto, não desiste de sua explicação: "Einstein", prossegue ele

> não é o único, há outros deles que lhes nomearei na ocasião oportuna, mas não posso falar de todos ao mesmo tempo *porque eles*

pululam* e porque eles não se encontram, todos, no mesmo canto. É ainda assim impressionante que tenha bastado essa *coisa lá* — a escrita! A Escrita por excelência, como se diz —, que bastou isso para que eles entrassem na coisa, daquilo que os gregos prepararam [...].

Em seguida, falando da Bíblia: "Enfim, que seja possível ler, que quando se leia isso, isso constitua um dizer, um dizer muito enfadonho como lhes contei há pouco tempo a propósito desta cena exasperante — um dizer enfadonho, mas um dizer."[18] Esse "dizer enfadonho" é o do relato, no Gênesis, da sedução de Eva pela serpente, seguida da divisão do fruto proibido com Adão. Desde o século XII, no entanto, Maimônides considerava como imbecil qualquer pessoa que atribuísse a esse "dizer" um valor que não fosse alegórico.

Mas que estranhas expressões Lacan utiliza para evocar o número de sábios judeus, dos quais a maioria — nunca será demais insistirmos — não sabe absolutamente nada da "coisa sagrada"!

Cada vez que Lacan aborda essas questões, a da Bíblia e dos judeus e a sua relação com a ciência, ele entra em uma espécie de transe veemente, espécie de cólera suscitada pela pregnância do religioso entre os melhores espíritos:

> A verdade conduz à religião. Fico enraivecido! É evidente que aqueles que inventaram as mais belas coisas do saber, Pascal, Leibniz e Newton, descambaram para o religioso. Newton! Será que vocês se dão conta do que Newton escreveu sobre o Livro de Da-

---

[18] J. Lacan. Séminaire XXI, *Les non-dupes errent*, op. cit.

niel e sobre o Apocalipse de São João? Seria preciso fazer um livro de bolso com isso![19]

Mas Newton conduz inevitavelmente a Einstein:

> Não se deve imaginar que, por Einstein ter vindo depois e colocado um fecho nisso, tenha havido alguma melhora. A relativização deste espaço absoluto em relação à luz, isso tem um toque esquisito de *fiat lux* e isso tem todo o ar de recomeçar a se enfiar na espuma religiosa [...]. Vocês perceberam bem que tudo isso provém do fato de que tudo que temos de real mesmo que seja pouco certo, aí incluídos nossos relógios, caiu exclusivamente do céu [...]. Felizmente há o analista que não faz *fiat lux*.[20]

Se Lacan, como já compreendemos, se interessa tanto pela religião, é na tentativa, bastante falha, de dela exorcizar seus alunos. Como? Tentando dissipar a "espuma religiosa" que seu discurso provoca. E ei-lo novamente reconduzido aos judeus e à sua cultura.

> É totalmente claro que se o Talmude tem um sentido, esse consiste precisamente em esvaziar de sentido esse dizer [bíblico], isto é, só estudar a letra. E desta letra inferir combinações completamente absurdas, do tipo da equivalência entre a letra e o número, por exemplo. Mas é ainda assim curioso que seja isso que os tenha formado, e que eles estejam na ordem do dia em relação à ciência. Então, é isso que me autoriza a fazer como os judeus, a não considerar como proibido o que eu chamaria de espuma religiosa.[21]

---

[19] Ibidem, sessão de 9 de abril de 1974.
[20] Ibidem, sessão de 23 de abril de 1974.
[21] Ibidem.

Ainda mais uma vez encontramos em Lacan, na sua abordagem do judaísmo, essa mistura de pertinência e de falta de exatidão. É verdade que o Talmude e, em seguida, Maimônides tiveram como ambição esvaziar "a espuma religiosa" — enquanto a Cabala a incorporou. Em contrapartida, Lacan equivoca-se a respeito das "combinações absurdas" numerológicas, a *guematria*, de que não se encontra quase nenhum traço no Talmude.

A propósito dos sábios judeus que "pululam", Lacan detém-se longamente nos trabalhos do biólogo François Jacob: "Posso até lhes assinalar que não é à toa que há judeus biólogos. Acabo de ler um livro de Jacob e Wohlman sobre a sexualidade e as bactérias. Como seu nome diz, é certo que Jacob seja judeu."[22]

Em que as origens judaicas de François Jacob interessam no que diz respeito aos seus trabalhos de biólogo? Mas, para Lacan, mais uma vez, pelo pouco que daí possamos compreender, o questionamento do judaísmo é essencial para entender a raiz do questionamento científico, o motivo do seu aparecimento e, de outro lado, da psicanálise na medida em que esta é, definitiva e fundamentalmente, a questão de um homem particular, Freud.

Um ano mais tarde, no Seminário XXII, *R.S.I.*, cujo título assinalamos que retomava, de forma espelhada, o significante *ISR(AEL)*, Lacan interpela novamente François Jacob pelas mesmas razões: "Um François Jacob é suficientemente judeu para permitir retificar a não relação sexual[...]."

Na ocasião, Lacan põe-se a zombar diante do ateísmo exibido por seus alunos e que não passa, de fato, de ignorância ou negação. O verdadeiro ateísmo exige algum conhecimento sério em

---

[22] Ibidem.

teologia para ser validamente sustentado. Ele não teria encontrado verdadeiros ateus senão no... Vaticano.

> Apesar de tudo, a natureza provou a existência de Deus. Todo o mundo acredita nisso. *Desafio cada um de vocês como sou capaz de lhe provar que acredita na existência de Deus [...]. Formalmente, isso deve-se apenas à tradição judaica de Freud que é uma tradição literal que a liga à ciência e ao mesmo tempo ao real.* *[23]

Não se poderia ser mais afirmativo sobre a relação congênita que liga psicanálise e judaísmo. Em seguida, Lacan acrescenta essas palavras de importância considerável, na medida em que resumem seu projeto e sua ambição: "É o cabo que se precisa dobrar." Desfazer o laço congênito entre psicanálise e judaísmo, é esse o cabo a ser dobrado? Em que, precisamente, consiste esse cabo? Em uma certa concepção da divindade? Mas a ideia que Lacan forjou para si dessa divindade, não seria ela mesma falsa? Em outros termos, não é virtual esse cabo que Lacan queria dobrar, não é ele o fruto, para finalmente dizê-lo, de sua própria neurose, cada um tendo a sua? Pois, qual a ideia que Lacan faz do Deus dos judeus? Simplesmente a de um perverso!

> Deus é *père-vers*.[24] É um fato tornado patente pelo próprio judeu. Mas, ao remontar a essa corrente terminaremos exatamente — não posso dizer que o espero — por inventar alguma coisa menos estereotipada que a perversão. É mesmo a única razão pela qual me interesso pela psicanálise e porque me aventuro a galvanizá-la.

---

[23] Sessão de 11 de março de 1975. In: *Ornicar?*, nº 5, inverno 1975-76, p. 43.
[24] Grifo nosso. Foi mantida a expressão em francês para conservar o jogo de palavras "père(pai)-vers" com "pervers" (perverso). (*N.T.*)

> Mas não sou tão bobo de ter a menor esperança de um resultado que nada prevê e que, sem dúvida, é tomado pelo lado errado, graças a essa história enfadonha de Sodoma e Gomorra. Há mesmo dias em que me ocorrerá que a caridade cristã estaria no caminho de uma perversão um pouco esclarecedora da não relação. Vocês veem até onde eu vou. Não é, entretanto, minha inclinação.[25]

Esse texto é bastante obscuro. A que se refere, por exemplo, a alusão a Sodoma e Gomorra? Em contrapartida, o que não é nada ambígua e que será retomada por alguns de seus alunos é a concepção de Deus como perverso, concepção perfeitamente antropomórfica que a teologia negativa, como a de Maimônides, por exemplo, considera inexistente.

A partir desta concepção de Deus como Pai supremo — outro antropomorfismo —, encarnando a perversidade e de herança hebraica, que pesará fortemente sobre a psicanálise, Lacan esboça seu projeto teórico de uma ultrapassagem e de uma desjudaização radical da psicanálise que evocávamos no início deste percurso.

Paralelamente, lembremos uma última vez, a pertinência desta observação contida no texto *Radiofonia*, no qual Lacan define a especificidade do judaísmo como arte de ler:

> O judeu, desde o retorno da Babilônia, é aquele que sabe ler, isto é, que pela letra distancia-se de sua fala, aí encontrando o espaço, precisamente para nele lançar uma interpretação. Uma única, a do Midrash, que aqui se destaca eminentemente. Com efeito, para esse povo que detém o Livro — o único entre todos a se afirmar como histórico, sem nunca proferir mito — o Midrash representa

---
[25] Ibidem.

um modo de abordagem de que a moderna crítica histórica bem poderia ser apenas a degeneração.[26]

Lacan comentou esse texto como se segue, no Seminário daquele ano:

> No texto que li para vocês da última vez, inseri uma definição do Midrash. Trata-se de uma relação com a escrita submetida a certas leis que nos interessam eminentemente. Com efeito, como já lhes disse, trata-se de colocar-se no intervalo de uma certa relação entre o escrito e uma intervenção falada que nele se apoia e a ele se refere. A análise inteira, e aqui eu entendo a técnica analítica, pode de um certo modo elucidar esta referência, sendo considerada como um jogo de interpretação.[27]

Escrito em 1970, esse texto destaca-se por seu estilo apurado das vituperações frenéticas do Seminário. Há, entre a fala viva e o escrito de Lacan, uma grande distância. Não existem mais sábios judeus que pululam, nem delírio cabalístico-numerológico, nem deus perverso. Mas o essencial encontra-se resumido em algumas linhas: o judeu é aquele que, há séculos, está habituado à leitura. Tira daí uma arte particular da interpretação que a psicanálise, nos seus melhores dias, recupera.

Uma única objeção a esse precioso texto cuja leitura, na época, foi decisiva para mim: a afirmação de que a Bíblia, no seu todo, seria considerada histórica pelo povo judeu em oposição a todo saber mitológico. Tal não era a opinião de Maimônides que

---

[26] J. Lacan. "Radiophonie", *Scilicet*, nº 2/3, *op. cit.*
[27] Idem. Séminaire XVII, *L'Envers de la psychanalyse*, *op. cit.*, p. 155.

é decisiva no assunto e que considerava o texto bíblico como uma vasta alegoria a ser decifrada e, de forma alguma, como um livro de história.

Encontramos os germes deste interesse de Lacan pelo Midrash desde os primeiros passos de seu ensino, desde o discurso de Roma de 1953: "É um fato bem constatado na prática dos textos das escrituras simbólicas, quer se trate da Bíblia ou dos textos canônicos chineses: a ausência de pontuação é aí uma fonte de ambiguidade, a pontuação colocada fixa o sentido, sua mudança o renova ou subverte e, incorreta, equivale a alterá-lo."[28]

Em contraponto a certas vituperações, citemos, ilustrando a reflexão, às vezes vertiginosa, de Lacan sobre o judaísmo, um texto que, na ocasião, me havia escapado e que coincide com algumas de minhas reflexões sobre a questão da arquitetura e da arte no judaísmo.[29] Como conciliar a "irrepresentabilidade" do Deus judeu com Seu templo?

> E aí chegamos a uma classificação do imaginário, que se opõe ao que distingue a origem da tradição monoteísta, e que está integrado aos mandamentos primordiais, na medida em que eles são as leis da fala — não farás de mim imagem esculpida mas, para não correr o risco de fazê-la, não farás nenhuma imagem.
> E já que aconteceu de lhes falar da sublimação primitiva da arquitetura, direi que se coloca o problema do *Templo destruído* de que não restam vestígios [...] Com efeito, esse templo não devia ser senão o invólucro do que estava no centro, a Arca da Aliança, ou

---
[28] Idem. "Fonction et champ de la parole et du langage." In: *Écrits, op. cit.*, p. 313.
[29] Cf. minha obra *Freud en Italie*. Paris: Albin Michel, 1994.

seja, o símbolo puro do pacto, o laço entre aquele que diz *Eu sou o que eu sou,* e dá os mandamentos, e o povo judeu que os recebeu, para que entre todos os povos fique marcado aquele que tem leis sábias e inteligentes. Como esse Templo deveria ser construído de modo a evitar todas as armadilhas da arte? [...] Sobre isso, deixo aqui a questão em aberto.[30]

Quem poderia negar, ainda, ao ler essas citações, a intensidade da reflexão de Lacan sobre o judaísmo, onde se alternam a pertinência fulgurante e uma compreensão tendenciosa, resultado de referências parciais e de certos impasses de sua própria subjetividade? Seria igualmente falso acreditar que esta reflexão tinha para ele um estatuto marginal. Ao contrário, ela desempenhou um papel importante nesta elaboração e marcou seus conceitos mais importantes, entre outros os do grande Outro barrado, de Lei, de Supereu, do objeto pulsional *a*, reflexão alimentada por uma constante leitura da Bíblia, leitura com características por vezes bem singulares.

---

[30] J. Lacan. Séminaire VII, *L'Éthique de la psychanalyse, op. cit.,* p. 206.

3. Impregnação bíblica

Lacan lia a Bíblia a seu modo, provocante, insolente, mas apaixonado. A Bíblia habitava nele, já apresentamos algumas citações que são testemunho disso. Além do mais, quando ele a evoca, trata-se do texto judaico, hebraico, ao qual ele nunca se refere por meio do termo desagradável, sinal de sabe-se lá que anacronismo: *Antigo Testamento*. Não que ele desdenhe a parte cristã da Bíblia mas, nesse caso, refere-se a ela como *Evangelhos*. Sua admiração pelo *Apocalipse* de João é muitas vezes evocada. Mas para ele a palavra Bíblia sempre designa a parte hebraica, a que os judeus chamam de *Tanach*. Um analisando que lhe pediu conselho a respeito de qual tradução seria preferida recebeu a surpreendente resposta: "A Bíblia lê-se em hebraico!"

E ele próprio, a lia na língua original? Ele certamente tinha algum conhecimento rudimentar de hebraico e lhe acontecia escrever letras hebraicas no quadro-negro durante seu Seminário (mas também, às vezes, ideogramas chineses), letras que, infelizmente com frequência, desaparecem nas edições impressas dos Seminários. A declaração que fez, em 1970, no seu Seminário *O avesso da psicanálise,*[1] exprime essa mistura de sentimentos que, alguns anos mais tarde, ele prolongará no comentário, já lembrado, sobre

---
[1] Cf. na Parte 1, capítulo 3, "O Judaísmo na vida de Lacan", p. 52.

o episódio do fruto proibido: "Eu lhes peço desculpas, por ter imaginado apresentar-lhes isso com a ajuda da Bíblia. A mim, a Bíblia não assusta"[2] etc.

Na falta de ler o hebraico, Lacan procurou aproximar-se do seu espírito. Vimos como, em plena guerra, ele partiu em busca da versão inglesa conhecida como Versão King James, a única, junto com a de Lutero, que teria conservado o espírito do texto hebraico. Lacan precisou consultar assiduamente esta Bíblia King James.

Assim, em 29 de abril de 1959,[3] seu auditório deve ter sentido alguma surpresa ao escutá-lo citar os *Salmos* em inglês: "Todo mundo encontra conforto em alguma citação do salmista onde se diz, de fato, que o homem é uma *thing of not*, uma coisa de nada!"

Ou então, a propósito do episódio fundador da sarça ardente e da expressão tantas vezes comentada *eyéh acher eyéh* — à qual dedicaremos outros desenvolvimentos —, como traduzi-la? A Bíblia King James serve novamente de referência.

> *Eu sou o que eu sou.* Convém, de fato, não interpretar o texto no sentido de uma metafísica grega, traduzindo por "Aquele que é", ou até mesmo "Aquele que sou". *I am that I am*, a tradução inglesa é a mais próxima, no dizer dos hebraístas, daquilo que a articulação do versículo significa. Talvez eu esteja enganado, mas não conhecendo o hebraico, eu me reporto às maiores autoridades e creio que elas não se enganam.[4]

Em outras ocasiões, Lacan utiliza a Vulgata latina. Assim, a propósito do desejo feminino:

---

[2] J. Lacan, Séminaire XXI, *Les non-dupes errent op. cit.* Cf. na Parte II, capítulo 2, "[Do Witz à letra e da letra à ciência", p. 105.
[3] Idem. Séminaire VI, *Le Désir et son interpretation* (não publicado).
[4] Idem. Séminaire VII, *L'Étique da la psychanalyse, op. cit.*, p. 98.

A mulher não tem nenhuma dificuldade e [...] nenhum risco em procurar o que se passa com o desejo do homem.

Nesta ocasião, não posso fazer menos do que lembrar-lhes a célebre passagem, que citei há bastante tempo, do texto atribuído a Salomão. Eu a apresento a vocês em latim onde ela adquire todo seu sabor: *Tria sunt difficilia mihi*, diz ele, o rei da sabedoria, *et quartum penitus ignoro*, há quatro coisas sobre as quais nada posso dizer, porque não resta nenhum vestígio delas, *viam aquilae in caelo*, o rastro da águia no céu, o da serpente na terra, o do navio no mar, *et viam viril in adulescentula*, e o vestígio do homem na menina. Nenhum vestígio.[5]

Por que o latim teria aqui mais sabor que o francês, ou que o hebraico, a língua original? Em todo caso, Lacan interrompe sua citação antes da provocante conclusão do texto que enuncia: "Tal é o segredo da mulher adúltera."[6]

Alguns anos mais tarde, Lacan retoma a mesma ideia, desta vez sob a forma de um provérbio árabe:

Enquanto estou nisso, lembrarei o provérbio árabe que já se encontra nas últimas linhas de minhas *Proposições sobre a causalidade psíquica* e que afirma que há três coisas das quais não fica nenhum vestígio — o homem na mulher, o passo da gazela sobre o rochedo e, mais inacessível a nossos olhos feitos para os sinais do camaleão, o vestígio sobre o objeto tocado —, vestígio que não existe — há apenas o desgaste.[7]

---

[5] Idem. Séminaire X, *L'Angoisse*, Paris: Seuil, 2004, p. 232. [Edição brasileira: *O Seminário. A angústia*, Livro 10. Rio de Janeiro: Jorge Zahar Editor, 2005.
[6] *Proverbes* 30, 18-20.
[7] J. Lacan. Séminaire XXII, *R.S.I., Ornicar?*, nº 5, inverno 1975-76, p. 43.

Às vezes, Lacan cita a Bíblia de memória com os erros que isso pode acarretar. Assim, falando do sintoma e de sua relação com o desejo, ele empreende este belo voo: "A verdade de que o desejo esteve na sua história é que o sujeito grita através do seu sintoma, como Cristo disse: 'que teriam feito as pedras se os filhos de Israel não lhes tivessem dado sua voz'."[8] Ora, esta fala não é de Cristo, mas de João Batista: "Destas pedras (*abanim*) Deus pode produzir filhos (*banim*) para Abraão" (Mt 3). No devido tempo, chamei atenção sobre a importância do jogo de significantes hebraicos entre pedras/filhos (*abanim/banim*), na origem do nome do apóstolo Pedro.[9]

O texto bíblico impregna, portanto, o espírito de Lacan e com frequência lhe dita suas metáforas como a da *Terra prometida*, situada além de um mítico Jordão, a terra onde Moisés não pôde entrar. Freud já utilizara esta expressão, quando assegurava a Jung, antes de seu rompimento, que ele, seu discípulo, conseguiria tratar a psicose, coisa que a psicanálise, no ponto em que estava, não podia conseguir. Ele seria o Josué que conquistaria essas novas áreas. Lacan voltará muitas vezes a empregar a mesma metáfora: "Essas vias que Freud abriu [...], ele as perseguiu durante toda sua vida, alcançando, ao final, alguma coisa [...] uma terra prometida. Não se pode dizer, no entanto, que tenha entrado nela."[10]

Dez anos mais tarde, em 1964, no seu Seminário XI, *Os quatro conceitos fundamentais da psicanálise*, o mesmo episódio bíblico aflora: "Freud disse: 'Eis o país para onde levo meu povo.' [...] E o que eu disse a respeito da sede de verdade que o anima é

---

[8] Idem. "L'instance de la lettre dans l'inconscient". In: *Écrits, op. cit.*, p. 519.
[9] Gérard Haddad, *Les Folies millénaristes, op. cit.*
[10] Séminaire I, *Les Écrits techniques de Freud, op. cit.*, p. 22.

uma simples indicação sobre o vestígio das abordagens que permitirão que nos perguntemos qual foi a paixão de Freud."[11]

Em um texto tardio, *Razão de um fracasso*, Lacan põe-se a brincar com os nomes do Jordão bíblico e o do... *Bourgeois gentilhomme* [O burguês fidalgo],[12,13] "Então por que o menciono? — Justamente para assinalar para o psicanalista o Jordão que ele ultrapassa com facilidade, para chegar a esta prosa: sem o saber. Quando o Jordão não passa da referência que ele leva consigo e que ele incorpora, sem sequer imaginar, à não coexistência das consciências, tudo como um simples Jean-Paul Sartre." Lacan não tinha grande estima pela filosofia de Sartre de quem ele debochava em relação à aspiração à liberdade cujo ideal seria...a prisão.[14]

Pressente-se, certamente, por detrás de todas essas fórmulas, uma figura bem mais importante que a de todos os Édipos, a de Moisés, que persegue a psicanálise. Frequentemente Freud identificou-se com ela e Lacan não podia ficar para trás. É imitando o profeta que ele repreende seu aluno Liepschutz, mais conhecido pelo nome de Serge Leclaire:

— Na verdade, o que sempre vemos reproduzir-se na parte mais densa do texto de Freud é alguma coisa que, sem estar inteiramente na adoração ao Bezerro de Ouro, não deixa de ser uma idolatria [...]. Leclaire fez do sujeito uma espécie de ídolo.

Leclaire protesta, então:

---

[11] *Les Quatre Concepts...*, op. cit., p. 34, 35.
[12] In: *Scilicet*, nº 1, *op. cit*, p. 46.
[13] "O burguês fidalgo" é uma peça de Molière na qual um dos personagens, o senhor Jourdain, fica maravilhado quando descobre que sua fala ou é poesia ou é prosa e que, portanto, ele, sem saber, está sempre fazendo prosa. (N. T.)
[14] Y. Leibowitz, ele também, nutria uma triste estima pelo filósofo.

— Se tive tendência a idolatrar o sujeito, foi porque acredito que seja necessário, que não se pode fazer de outro modo.

Resposta de Lacan:

— Pois bem! O senhor é um pequeno idólatra. Eu desço do Sinai e quebro as Tábuas da Lei.

Este surpreendente diálogo encontra-se no Seminário II, *O Eu na teoria de Freud*.[15]

Na posição aqui assumida por Lacan, verifica-se uma bela ressonância em relação à posição de Maimônides para quem certos seres, Deus em primeiro lugar, devem ser concebidos como a-corporais. Sua corporificação os transforma em ídolos. A regra vale para o sujeito da fala.

Algumas das expressões bíblicas empregadas por Lacan pertencem, evidentemente, ao tesouro de imagens de nossa civilização "judaico-cristã" onde todo homem culto se abastece. A mais trivial dessas metáforas é a da torre de Babel. Bem no começo de sua obra, ao falar do diálogo de surdos em que se transformaram as discussões entre psicanalistas, é a expressão que lhe ocorre.[16] Mais tarde, a metáfora retorna, no texto fundador do discurso de Roma. Falando do psicanalista, ele tem essa tirada: "Que ele conheça bem o meio para onde o conduz sua época na obra de Babel que perdura e que ele saiba sua função de intérprete na discórdia das línguas. Quanto às trevas do *mundus*, em cuja volta se enrosca a imensa torre, que ele deixe à visão mística o cuidado de aí ver elevar-se, sobre um bosque eterno, a serpente apodrecedora da vida."[17]

---

[15] J. Lacan, Séminaire II, *Le Moi dans la théorie de Freud, op. cit.*, p. 71.
[16] Idem. "Propos sur la causalité psychique." In: *Écrits, op. cit.*, p. 239.
[17] Idem. "Fonction et champ de la parole et du langage." In: *Écrits, op. cit.*, p. 321.

Entretanto, já em 1956 (que diria, hoje?), é principalmente a própria psicanálise que, a partir de então, lhe parece comparável à célebre torre: "No uso que aí se faz dos conceitos freudianos, como não ver que sua significação não serve para nada? E, no entanto, é unicamente à sua presença que podemos atribuir o fato de que a associação ainda não se tenha rompido, para se dispersar na confusão de Babel."[18]

Ao lado dessas expressões usuais, encontram-se, sob a pena de Lacan, alusões muito mais pesquisadas, marcas da impregnação do texto bíblico em seu pensamento. Desde 1953, o vemos integrar à sua proposição um versículo dos Provérbios (26,11): "Se a análise não curou o vício oral do cão de que fala a Escritura, seu estado é pior do que antes: é o vômito dos outros que ele engole."[19]

Às vezes, em uma das frases enigmáticas cujo segredo ele conhecia, surge um traço bíblico, esse aqui tirado do Cântico: "Mas não é diferente o fenômeno que, pelo simples recuo de um *mas*, que fazendo-a aparecer *bela como a Sulamita**, tão honrada como a *rosière*,[20] enfeita e prepara a negra para as núpcias e a indigente para o leilão."[21]

Vamos vê-lo também realizar pesquisas inéditas e esclarecedoras: por exemplo, o fato de que o olhar não seja jamais uma bênção (*berakha* ou *baraca*), um objeto benéfico: "Eu me dizia, por exemplo, que na Bíblia bem que devia haver passagens em que o olho conferisse a baraca. [...] não. O olho pode ser profilático mas,

---

[18] Idem. "Situation de la psychanalyse en 1956." In: *Écrits, op. cit.*, p. 486.
[19] Idem. "Fonction et champ de la parole et du langage." In: *Écrits, op. cit.*, p. 309.
[20] *Rosière*: uma jovem que, segundo a tradição, em algumas aldeias francesas, durante o tempo de Pentecostes, é coroada com uma grinalda de rosas como reconhecimento por sua reputação virtuosa. (N. T.)
[21] Idem. "L'instance de la lettre dans l'inconscient." In: *Écrits, op. cit.*, p. 502.

em todo caso, não é benéfico, ele é maléfico. Na Bíblia, e mesmo no Novo Testamento, não há bom olho, já os maus existem por todos os cantos."[22]

Em outra ocasião, ele afirma, de forma imprudente, a ausência surpreendente do nome de Moisés no discurso dos Profetas. Ora, fazendo uma verificação, a referência à Lei de Moisés está presente em pelo menos um texto profético, o de Malaquias: "Lembrai-vos da Lei de Moisés, meu servo, a quem eu declarei, em Horebe, estatutos e preceitos, para Israel inteiro."[23] Reconheçamos, contudo, que a referência a Moisés é rara no conjunto dos textos proféticos.

Finalmente, notemos esta interrogação, mais incomum do que se pensa, a respeito da origem de uma palavra hebraica, *emet*, que designa a verdade e, às vezes, um dos nomes de Deus: "*Emet*, o termo hebraico, tem, como todo uso do termo verdade, origem jurídica."[24]

Entre os diversos livros bíblicos de que gostava — haveria algum que não tivesse lido? — o de Daniel lhe serve, em repetidas oportunidades, para suas tentativas de despertar os psicanalistas adormecidos pelo excesso de escuta flutuante. Ele dizia compartilhar esta paixão por Daniel — assim como por toda a literatura apocalíptica e, em particular, o Apocalipse de João — com... Newton.

"Também Newton [...] escreveu um espesso livro [...] que é um comentário do Apocalipse e da profecia de Daniel. Ele dedicou tanto cuidado ao cálculo, à manipulação dos números, apesar de altamente problemáticos quando se trata de situar o reino de Na-

---

[22] Idem. Séminaire XI, *Les Quatre Concepts...*, op. cit., p. 108.
[23] *Malaquias* 3,22.
[24] Idem. Séminaire XX, *Encore*, op. cit., p. 85.

bucodonosor, por exemplo, quanto dedicou a seu estudo das leis da gravitação."[25]

A referência ao "Livro de Daniel" aparece desde o começo do seu ensino, no seu segundo Seminário, consagrado ao Eu na teoria de Freud. Comentando o texto da "injeção de Irma", que podemos considerar, segundo as próprias palavras de Freud, como fundador da psicanálise, já que lhe permitiu estabelecer a lei do sonho como realização de um desejo, Lacan ilustra seu dizer com a visão de Baltazar, texto dos mais atraentes do *Livro de Daniel*.

Sabemos que Freud, no decorrer desse sonho, em um momento essencial e conclusivo, vê, escrita em letras cheias, a fórmula química da trimetilamina. A interpretação que ele lhe dá, ao contrário de tudo que afirma a respeito do resto do sonho, é de uma pobreza deplorável. Entretanto, para Lacan esta escrita da fórmula química é essencial. Ela lembra, estranhamente, a visão de Baltazar[26] quando, no decorrer do banquete sacrílego que ele oferece, uma mão escreveu na parede três palavras enigmáticas:

> Disso resultam escritas as palavras: *Mané, Thecel, Phares*,[27] sobre a parede, para além do que não podemos deixar de identificar como a fala, o rumor universal. Tal como um oráculo, a fórmula não dá nenhuma resposta ao que quer que seja. Mas o modo como ela é enunciada é justamente a resposta à questão sobre o sentido do sonho. Podemos calcá-la na fórmula islâmica — *não há outro Deus senão Deus*. Não há outra solução para seu problema senão a palavra.[28]

---

[25] Idem. Séminaire XVI, *D'un Autre à l'autre, op. cit.*, p.171.
[26] *Daniel 5*.
[27] Tradução da adaptação hebraica, significando: contado, pesado, dividido. (*N. T.*)
[28] Idem. Séminaire II, *O Eu na teoria de Freud, op. cit.*, p. 189-190. Esta análise inspirou-me

Alguns anos mais tarde, Lacan complementará esta análise com as seguintes palavras essenciais: "É sempre no nível do Nome, *Shem*, que se dá a referência freudiana."[29]

Lacan retorna em numerosas ocasiões, do início ao fim do seu ensino, a esta visão de Baltazar, filho de Nabucodonosor. Para ele, ela simboliza o surgimento da verdade no real:

> Alguém, diante de quem se repete sempre no mesmo lugar na parede, o fenômeno da inscrição das palavras *"Mané, Thecel, Phares"*, mesmo que escritas em caracteres cuneiformes, não pode indefinidamente ver nela apenas festões e astrágalos. Mesmo que a leia como se lê na borra de café, o que ele lerá nunca será tão tolo, contanto que ele leia, mesmo que como o senhor Jourdain, sem saber o que é ler.[30]

Esta insistência, entretanto, não deve ser, de forma alguma, interpretada como uma ação de Deus. Uma tal leitura não teria outro efeito senão o de assinalar o aparecimento dessa verdade:

> *Mané, Thekel, Oupharsim.*[31] Se isso aparece na parede para que todos o leiam, faz desabar um império. A coisa é revelada no lugar certo. Mas, de um mesmo fôlego, a farsa é atribuída ao Todo-Poderoso, de modo que o buraco é fechado no mesmo momento em que é revelado e não prestamos atenção que, por esse artifício,

---

na minha própria análise do sonho de Freud; cf. *L'Enfant illégitime*. Paris: Desclée de Brouwer, 1996, e *Freud en Italie, op. cit.*

[29] J. Lacan, Séminaire XII, *Problèmes cruciaux de la psychanalyse* (não publicado), sessão de 13 de janeiro de 1965.

[30] Idem. "La psychanalyse et son enseignement". In: *Écrits, op. cit.*, p. 455.

[31] A citação está, desta vez, conforme o texto bíblico.

o próprio estrondo serve de proteção para o desejo maior, o desejo de dormir. Aquele do qual Freud faz a última instância do sonho.[32]

Um outro versículo bíblico, diversas vezes citado, impregna as formulações teóricas de Lacan. Trata-se, desta vez, de ilustrar o efeito patogênico dos pais sobre sua descendência:

> Se o inconsciente parece, efetivamente, restituir um suporte ao provérbio bíblico que diz que "os pais comeram uvas verdes e os dentes dos filhos ficaram desgastados", é a partir de um rearranjo que satisfaz, quem sabe, à caduquice com que Jeremias o assiná-la ao citá-lo. Pois nós diremos que é porque foi dito que "as uvas verdes que os pais comeram desgastam os dentes dos filhos", que a criança — para quem essas uvas estão realmente verdes demais, pois são as da decepção que, como todos sabem, frequentemente a cegonha lhe traz — revestirá seu rosto com a máscara da raposa.[33]

Efetivamente, Jeremias, assim como mais tarde Ezequiel, rejeita o aforismo citado: "Nesses dias não se dirá mais: *os pais comeram uvas verdes etc.*, mas cada um pagará por seus erros. Todo o homem que comer uvas verdes ficará, ele, com os dentes desgastados."[34]

Associando Bíblia e fábula de La Fontaine, Lacan continua a zombar dos psicanalistas excessivamente influenciados pelas doutrinas psicanalíticas *made in USA*, em voga nos anos 1950.

> [...] Guardem apenas a moral que este apólogo encontra no meu desejo de que, mesmo que não seja totalmente inconcebível encontrar

---
[32] J. Lacan. "La méprise du sujet supposé savoir." In: *Scilicet,* nº 1, *op. cit.,* p. 38.
[33] Idem. "La psychanalyse et son enseignement." In: *Écrits, op. cit.,* p. 448.
[34] *Jeremias,* 31, 29.

no inconsciente a referência ao texto sagrado (*Jeremias* 31,29), isso não faça automaticamente, é o caso de dizer, o psicanalista se interrogar sobre a pessoa do "ambiente" do paciente, como há algum tempo é dito, de quem isso seria o número de telefone.[35]

Lembremos que nos anos 1950, a numeração telefônica era composta de três letras seguidas de quatro algarismos e que JER 31 29 podia, muito bem, a olhos ignorantes, passar por um número de telefone. Donde, a piada. A referência bíblica em Lacan é tecida naturalmente em sua enunciação.

Se há um texto que fascinou Lacan é precisamente o do *Eclesiastes*. A descoberta pessoal desse texto, admito que bastante tardia, foi para mim um acontecimento. Falei dela ao meu analista. Ele fez este comentário: "É um ponto culminante." Eu ainda ignorava até onde esse texto o havia marcado, a ele próprio, a ponto de suscitar tantos de seus comentários. Encontrava ali, ao mesmo tempo, a reconciliação com a minha cultura de nascença, o eco do que eu vivia naquele momento de confusão, a denúncia da frivolidade de uma certa agitação mundana, mas também um retorno às coisas fundamentais, o amor de uma mulher, a felicidade de um gozo pensado, enfim, o temor a Deus, que nos libera — a afirmação é de Lacan, no fim do Seminário III, no seu comentário sobre *Athalie*[36] — de todos os receios vãos, em uma palavra, uma certa paz mesclada de entusiasmo. Mas muito evidentemente, Lacan e eu não fazíamos a mesma leitura do texto sagrado.

Falando do seu fantasma — a Psicanalítica Internacional que o havia "excomungado" — ele faz essa afirmação:

---
[35] J. Lacan. "La psychanalyse et son enseignement." In: *Écrits, op. cit.*
[36] Personagem da obra de Racine. (*N. T.*)

Freud a quis [a IPA]. Por quê? Para constituir a proteção de um núcleo de verdade: uma Escola de Sabedoria. Eis como sempre a teríamos chamado. A sabedoria, como surge do próprio livro da Sabedoria que é o *Eclesiastes*, é o quê? É como é dito lá, claramente, o saber do gozo. Tudo o que se coloca como tal caracteriza-se como esoterismo. E pode-se dizer que não há religião, exceto a cristã, que não se adorne com isso, nos dois sentidos[37] da palavra.[38]

O *Eclesiastes* seria, portanto, uma espécie de tratado do gozo, donde seu interesse para o psicanalista. E, mais ainda, um gozo como mandamento divino. No Seminário sobre *A angústia*, seminário crucial no conjunto do seu ensino, momento de crise, Lacan refere-se mais uma vez ao *Eclesiastes*:

> O homem é, evidentemente, um grande produtor de alguma coisa que, ao lhe dizer respeito, chama-se preocupação. Mas, nesse caso, eu prefiro aprendê-la em um livro sagrado que é também o livro mais profanador que há e que se chama o *Eclesiastes*.
> Este título é a tradução grega, da Septuaginta, para o termo *Qohelet*, hápax, termo único, empregado apenas nessa ocasião, e que vem de *Qahal*, assembleia. *Qohelet* é, ao mesmo tempo, uma forma abstrata e feminina de assembleia, sendo, propriamente falando, a virtude agregadora, a congregante, a *Ecclesia*, se preferirmos, mais do que o *Eclesiastes*.[39]

---

[37] Em francês, no texto, "s'en pare" do verbo "parer" (adornar) que, entretanto, forma uma homofonia com "s'empare" do verbo "s'emparer" (apoderar-se). Provavelmente são esses os "dois sentidos da palavra" a que Lacan se refere. (N. T.)
[38] Idem. Séminaire XIX, ... *ou pire* (não publicado), sessão de 10 de maio de 1972.
[39] Idem. Séminaire X, *L'Angoisse*, op. cit., p. 95.

Já se constata a inquietação, a paixão que toma Lacan quando ele se confronta com o texto bíblico no qual, para ele, nada é evidente. Observemos, também, sua concepção do *Eclesiastes* como "o livro mais profanador" — enquanto um leitor judeu bem-informado como Yeshayahou Leibowitz o considera como uma das cinco obras fundamentais da fé judaica[40] —, sinal repetido de um mal-entendido radical de que logo encontramos uma outra manifestação:

> O que nos ensina esse livro que chamei de livro sagrado e de o mais profano? O filósofo não deixa de aí tropeçar, ao ver nele não sei que eco epicurista. Eu li isso. Epicurista, diz-se, a propósito do *Eclesiastes*. Sei bem que Epicuro há muito tempo deixou de nos acalmar, como, vocês sabem, era sua intenção, mas dizer que o *Eclesiastes*, por um só momento, teve a chance de causar em nós o mesmo efeito, é verdadeiramente o caso de nunca tê-lo, nem mesmo, entreaberto.
> *Deus manda-me gozar* — textualmente. A Bíblia é, afinal, a palavra de Deus.[41]

Esta estranha tirada refere-se ao *Eclesiastes* 9,9: "Goza a vida com a mulher que amas, todos os dias da vã existência que te foi dada sob o sol, todos os dias de tua vaidade que te foram dados sob o sol, porque é a tua parte na vida e no sofrimento que padeces sob o sol."

A fala de Lacan aqui é, de qualquer modo, surpreendente. Seu esforço para penetrar o significado da palavra *Qohelet* já te-

---

[40] Cf. Y. Leibowitz. *Devant Dieu. Cinq livres de foi.* Tradução de David Banon. Paris: Le Cerf, 2004.
[41] J. Lacan. Séminaire X, *L'Angoisse, op. cit,* p. 95.

ria sido recompensado ao levar em conta o primeiro versículo do livro, perfeitamente explícito: "Palavras de Qohelet, filho de Davi, rei de Jerusalém". O *Eclesiastes*, como o *Cântico dos Cânticos* ou os *Salmos*, não é a palavra de Deus mas, no contexto, do sábio inspirado Qohelet, o rei Salomão que, ao fim de sua vida, tira os ensinamentos das suas numerosas experiências e as compartilha com seus irmãos humanos. Esse mal-entendido voluntário pesa fortemente na doutrina de Lacan, através da sua concepção do Deus dos judeus:

> [...] é finalmente hora de lembrar a diferença que existe entre o Deus, motor universal, de Aristóteles, o Deus soberano-bem, concepção delirante de Platão, e o Deus dos Judeus que é um Deus com quem se fala, um Deus que lhes pede alguma coisa e que, no *Eclesiastes* lhes ordena: *Goza* — isso é verdadeiramente o cúmulo. Gozar sob ordens é, entretanto, algo que todos sentem que, se existe uma fonte, uma origem para a angústia, ela deve encontrar-se mesmo em algum lugar bem por aí. A *Goza* só posso responder uma coisa: *Eu ouço*,[42] mas naturalmente nem por isso gozo tão facilmente. Tal é a ordem de presença na qual se ativa para nós o Deus que fala, aquele que nos diz expressamente que ele é o que ele é.[43]

A concepção do "Deus dos judeus", tal como aqui nos apresenta Lacan, é simplesmente inaceitável para qualquer pessoa um pouco a par dessas coisas. Ela se apresenta, certamente, em conformidade com a letra do texto bíblico, tal como um cristão

---

[42] Em francês, há uma homofonia entre "Goza" (*Jouis*) e "Eu ouço" (*J'ouïs*). (N. T.)
[43] Idem. Séminaire X, *L'Angoisse, op. cit.*, p. 96.

pode lê-la. Esse "Deus dos judeus" é também, sem dúvida, o dos cabalistas, de Goldberg, de alguns outros, mas ele não é, de modo algum, o de Maimônides. Esta noção de um Deus que fala, que vitupera, que ordena, não passa de um bruto antropomorfismo. Para o *Guia*, a *Bíblia* não é nem um livro de história, nem um livro de ciência, mas o livro da fé monoteísta, uma vasta alegoria redigida de tal forma que a torna inteligível para o comum dos mortais.

No entanto, a grandeza de Lacan, bastante rara hoje em dia, é esse tormento da verdade que o habita e que o leva a voltar sobre seus passos, a corrigir seus erros. Em um comentário posterior de *Qohelet*, ele para de considerar esse texto como divino e sim exatamente como ele se apresenta, ou seja, a palavra de Salomão. Ele voltará a isso em duas ocasiões no Seminário *A Angústia*, aí chegando a encontrar reforço para sua experiência clínica: "A presença fantasística do falo no fundo do vaso, quero dizer com isso, do falo de um outro homem, é um objeto cotidiano de nossa experiência analítica. *Não preciso voltar mais uma vez a Salomão** para lhes dizer que esta presença é completamente fantasística."[44]

Depois, como conclusão do ensino daquele ano, através de uma reflexão de uma profundidade prodigiosa:

> [...] que a causa de seu desejo, o ser humano está, desde o início, submetido a tê-la produzido em um perigo que ele ignora.
> A isso está ligado esse tom supremo e magistral que ressoa e não cessa de ressoar, no cerne da Sagrada Escritura, apesar de seu aspecto blasfematório [...], o *Tudo é vaidade*, do *Eclesiastes*. [...] Esta temática da vaidade, é precisamente a que dá a ressonância e o alcance sempre presentes na definição hegeliana da luta original e

---

[44] Ibidem, p. 236.

fecunda de onde parte *La Phénomenologie de l'esprit* [A fenomenologia do espírito], a luta mortal, por puro prestígio, ele nos diz, o que tem bem o jeito de querer dizer: a luta por nada.[45]

"Tom supremo e magistral" que apresenta Hegel, outra importante fonte de inspiração de seu pensamento, esses elogios não deixam nenhuma dúvida sobre a admiração que Lacan nutre por esse capítulo bíblico. "Um ápice!", lembremos, um livro de cabeceira que, sem dúvida, não se para de reler, quaisquer que sejam as tempestades que nos cerquem. Assim, logo após maio de 1968, no seu Seminário *De um Outro ao outro*, na conclusão de uma sessão, como um viático oferecido a seus discípulos, Lacan mais uma vez comenta o *Eclesiastes*, proposição nova, não evocação de coisas já ditas, sinal de que esse texto não deixa de lhe suscitar questões:

> Não há nada mais a dizer — a menos que eu queira deixá-los hoje com alguma coisa que provoque um pequeno sorriso — e que, para fazê-lo, eu retome do *Eclesiastes* as palavras de um velho rei que não via contradição entre ser o rei da sabedoria e possuir um harém.
> Tudo é vaidade, sem dúvida, ele lhes diz, desfruta da mulher que tu amas. Quer dizer, fecha esse buraco, esse vazio que está no centro de teu ser. Não existe próximo além desse próprio vazio que há em ti, o teu próprio vazio.

---

[45] Ibidem, p. 381, 382. A versão publicada do seminário contém aqui um grave erro. A palavra traduzida por vaidade (*vanité*) é dada como *ruah*, que significa ao mesmo tempo "vento" mas também "espírito". Trata-se, de fato, de *hévél* que, essa, significa bem "vento, fôlego... coisa que se apaga".

> Certamente, essa relação só é garantida pela figura que, sem dúvida, permitiu a Freud sustentar-se ao longo de todo esse caminho perigoso e nos colocar em condição de esclarecer relações que não teriam, de outra forma, sido suportáveis sem esse mito, a Lei divina, que deixa em todo o seu primitivismo esse gozo entre o homem e a mulher. É preciso dizer isso — *Dá-lhe o que não tens, pois o que te pode unir a ela é somente o seu gozo.*
> É nesse ponto que, sob a forma de um simples, total e religioso enigma, aquele que só é abordado na Cabala, vou liberá-los hoje.[46]

Esta longa e bela reflexão, enigmática como ela própria se apresenta, inclina-se, desta vez, diante da fala de *Qohelet* para tornar visível a tragédia que aproxima e separa homem e mulher, tragédia que apenas a Cabala teria vislumbrado. Para um homem, uma mulher não é mais vista como o pedaço perdido do seu corpo mas como um "vazio no centro do seu ser". A alusão à Cabala, confirmando o interesse que Lacan manifesta pelo esoterismo judaico, remete a esse tema maior, popularizado pelo chassidismo ou pietismo judaico, o do Exílio da *Shekhina*, a parte feminina e separada de Deus em uma tragédia cósmica. É preciso repetir que esta noção é rejeitada pelo judaísmo maimonidiano que a considera como uma ideia pagã revestida de falsos brilhos mosaicos.

No arabesco desse texto, notemos, também, esta afirmação: "a figura que, sem dúvida, permitiu a Freud sustentar-se ao longo de todo esse caminho perigoso". Qual é ela? O mito de Édipo, certamente, mas também, em segundo plano, a lei divina mosaica. Para Lacan, o judaísmo, na ocasião introduzido pelo *Eclesiastes*, está sempre lá, na sombra inconfessada do pensamento de Freud.

---

[46] Idem. Séminaire XVI, *D'un Autre à l'autre, op. cit.,* p. 25.

Teremos provavelmente notado que a referência ao *Qohelet* e, de um modo mais geral, ao judaísmo, acontece frequentemente ao final de uma sessão de seminário, e mesmo na última sessão de um ano de ensino, o que não pode deixar lembrar, para o analisando que eu fui, o costume que Lacan tinha de fazer suas intervenções essenciais, na soleira da porta do seu consultório.

Assim, encontramos, no final do Seminário *De um discurso que não seria do semblante* (1971-72), esta nova reflexão de grande importância para o conjunto da sua doutrina: "A grande inovação da segunda tópica é o *supereu*. Qual é a essência do supereu? Ela se origina desse pai original, mais que simpático, deste apelo enquanto tal ao puro gozo, quer dizer, também à não castração que é o que o pai diz no declínio do Édipo. Ele diz o que diz o supereu."[47]

E que diz o supereu?

Não é por acaso se eu nunca falei disso. É: *Goza!* Esta é a ordem, a ordem impossível de satisfazer que, como tal, está na origem de tudo o que se elabora, por mais paradoxal que isso possa parecer, em termos da consciência moral. Para sentir o jogo e a ironia disso é preciso ler o Eclesiastes. Goza enquanto estás nesse mundo baixo, goza com a mulher que tu amas. É o cúmulo do paradoxo pois é justamente por amá-la que ele não pode desfrutá-la. Daí vem o obstáculo.[48]

Esse texto, como os precedentes, mereceria substanciais interpretações. Basta aqui aproximar esse comentário do *Eclesiastes* daquele que Lacan havia elaborado em torno de Kant e seu impe-

---

[47] Idem. Séminaire XVIII, *D'un discours qui ne serait pas du semblant, op. cit.*, sessão de 16 de junho de 1971.
[48] Ibidem.

rativo categórico que ele, audaciosamente, tinha aproximado de Sade.

A fala do *Eclesiastes*, plana, assim, sobre todo o final do ensino de Lacan, o qual se confunde com o fim de sua existência. No seu último Seminário audível, antes que ele se afunde no silêncio de seus esquemas borromeanos, seminário consagrado a James Joyce sob o título de *Sinthome* [Sinthoma], nesta conclusão da sua fala, Lacan reencontra seu fiel companheiro de viagem, *Qohelet*:

> Se assumo os mesmos riscos, é antes para prepará-los para tudo de diferente que eu poderia lhes dizer, tentando fazer uma *loucosofia* [...] menos sinistra que o *Livro*, na Bíblia dito *da Sabedoria*,[49] embora [...] para fundar a sabedoria sobre a falta, que é a única fundação que ela pode ter, não é, na verdade, totalmente ruim, é bem elaborado.[50]

Lacan afirmava que se pensa sempre "contra". Ele terá, então, pensado muito contra o *Eclesiastes*, mas também "contra" o livro do *Gênesis*.

Curiosamente, um único texto bíblico não o inspirou, embora fosse livro do amor e do erotismo: o *Cântico dos Cânticos*. Ele contentou-se com a minúscula alusão à Sulamita em "A instância da letra no inconsciente".

---

[49] Lacan faz aqui uma confusão. O cânone cristão do Antigo Testamento (mas não o cânone bíblico judaico) contém um *Livro da Sabedoria* atribuído a Ben Sira. Mas, incontestavelmente, trata-se, aqui, do *Eclesiastes* já que Lacan re-aconselha sua leitura, ao passo que ele nunca evocou o texto de Ben Sira.

[50] J. Lacan. Séminaire XXIII, *Le Sinthome* (1975-76). Paris: Seuil, 2005, p. 128.

4. O *Gênesis* em ebulição

Dentre os textos bíblicos, os primeiros capítulos do livro do *Gênesis* são os que provocam em Lacan a maior verve interpretativa. Um verdadeiro midrash pessoal! A ênfase que ele dava, no rastro de Ferdinand de Saussure, à linguagem e ao significante, o conduzia inevitavelmente a encontrar essas páginas. Bem cedo ele registra tal convergência: "Se o sujeito não denomina — como o *Gênesis* diz que foi feito no paraíso terrestre —, se os sujeitos não se entendem a respeito desse reconhecimento, não há mundo nenhum, mesmo perceptivo, que se sustente por mais de um instante."[1]

CRIAÇÃO *EX NIHILO* E EMERGÊNCIA DO SIGNIFICANTE

O dogma da criação *ex nihilo*, condição preliminar indispensável ao posterior advento da ciência, segundo Koyré, atraiu particularmente a atenção de Lacan: o que é esse *nada* a partir do qual a criação torna-se possível? Resposta: o significante.

---

[1] J. Lacan. Séminaire II, *Le Moi dans la théorie de Freud, op. cit.*, p. 202.

[...] o que se impõe do texto do *Gênesis* é que, de *ex nihilo*, nada foi aí criado senão o significante. O que é evidente já que, com efeito, isso não vale mais. O inconveniente é que disso dependa a existência, ou seja, aquilo de que apenas o dizer é testemunho. Que Deus se prove através dele deveria tê-lo reposto em seu lugar há muito tempo. Ou seja, aquele que a Bíblia afirma que não é mito, mas história mesmo, como se assinalou, e é nisso que o Evangelho segundo Marx não se distingue dos nossos outros.[2]

Quando Lacan lê a Bíblia — com a concepção do judaísmo que dela decorre —, é sempre com a mesma tendência: Deus agente de uma história da qual a Bíblia seria a crônica. Esta concepção é rejeitada pelo Talmude, por Maimônides e seus descendentes, seguindo o aforismo: "O mundo não faz senão seguir o seu curso", quer dizer, as leis que Deus ali imprimiu, desde a Criação, sem intervenção posterior. Todo o resto é alegoria.

Provisoriamente, a criação *ex nihilo* evoca para Lacan o trabalho do oleiro, que fabrica seu objeto em torno e a partir de um buraco.

> A introdução deste significante modelado, que é o vaso, já é a noção completa da criação *ex nihilo*. E a noção de criação *ex nihilo* revela-se coextensiva da exata situação da Coisa como tal.
> [...] Uma passagem da Bíblia marcada por um toque de alegria otimista, diz-nos que, quando o Senhor fez a criação dos famosos seis dias, no fim, ele contemplou tudo e viu que estava bom. Pode-se dizer o mesmo do oleiro, depois que ele fez o vaso — está

---

[2] Idem. *Séminaire* XI, *Les Quatre Concepts...*, *op. cit.*, p. 253.

bom, está bem, se sustenta. Dito de outro modo, do lado da obra é sempre belo.[3]

Lacan retomará esta mesma ideia alguns anos mais tarde, no seu Seminário XIII, *O objeto da psicanálise*, comparando novamente a Criação ao trabalho do oleiro e opondo a concepção de Aristóteles à da Bíblia. Aristóteles, considerando o mundo e a matéria como eternos, não podia libertar seu pensamento do limite que, a seus olhos, representava a superfície celeste,[4] razão pela qual a ciência moderna é filha da Bíblia e não da filosofia grega.

Na oposição entre Jerusalém e Atenas, Lacan toma o partido da primeira. Esta noção de criação *ex nihilo* é, segundo ele, essencial para a teoria analítica, em particular para compreender os conceitos de pulsão e de sublimação:

> [...] há uma contradição fundamental entre as hipóteses [evolucionistas e o pensamento de Freud]. Eu lhes mostro a necessidade de um ponto de criação *ex nihilo* de onde nasce o que é histórico na pulsão. No começo era o Verbo, o que quer dizer, o significante. Sem o significante no começo, é impossível articular a pulsão como histórica. E isto basta para introduzir a dimensão de *ex nihilo* na estrutura do campo analítico.

E de concluir:

> Não é difícil fazer sair, de uma evolução da matéria, aquilo que chamamos de pensamento, quando o identificamos à consciência

---
[3] Idem. Séminaire VII, *L'Éthique de la psychanalyse*, op. cit., p. 147.
[4] Idem. Séminaire XIII, *L'Objet de la psychanalyse* (não publicado), sessão de 8 de dezembro de 1965.

O que é difícil fazer sair de uma evolução da matéria é tão simplesmente o *homo faber*, a produção e o produtor.

A produção é um domínio original, um domínio de criação *ex nihilo*, na medida em que ele introduz, no mundo natural, a organização do significante.[5]

Buraco, vaso, enunciados judaicos, significante encontraram um dia seu ponto de convergência nos... manuscritos do mar Morto.

O fato de que tenha sido em vasos que nós tenhamos encontrado os manuscritos do Mar Morto, exclama Lacan, eis que é para fazer-nos perceber que não é o significado que está no interior, é, precisamente, o significante. É dele que nos ocuparemos quando se trata do que nos interessa, ou seja, a relação do discurso com a fala, na eficiência analítica.[6]

Para concluir, é ainda assim surpreendente que Lacan não considere com mais seriedade a tese aristotélica da eternidade do mundo e da matéria. Maimônides consagra numerosas páginas a essa tese que visivelmente o seduz, antes de concluir que um "indecidível" separa essas duas teses, a da criação *ex nihilo* e a da eternidade do mundo. Se ele optava pela criação, era por fidelidade ao dogma e à tradição.[7] Leibowitz, ao mesmo tempo sábio e crente, dirá que a tese criacionista colocava um sério problema para o homem de fé.

---

[5] Idem. Séminaire VII, *L'Éthique de la psychanalyse, op. cit.,* p. 252, 253.
[6] Idem. Séminaire XVI, *D'un Autre à l'autre, op. cit.,* p. 16.
[7] Maimônides, *Guide des égarés,* I.

RAKIA E O REAL

A leitura atenta que Lacan faz da Bíblia não para de nos surpreender. Acontece-lhe de se deter em palavras hebraicas, às quais o leitor comum não prestaria nenhuma atenção, não por vaidade de homem letrado, mas para fundamentar alguns de seus principais conceitos, por exemplo, o de Real. Assim, a respeito da palavra *Rakia*, no Gênesis 1,6:

> [...] No *Gênesis*, por volta do quinto versículo [...] do *Béréchit bara elohim*,[8] encontra-se um termo que está lá, gritante desde o início dos tempos, e que, certamente, não escapou aos comentários rabínicos [...] é o termo que São Jerônimo traduziu por *firmamentum*,[9] o que não é tão ruim, o afirmamento do mundo. Aquilo além do qual, Deus disse: *tu não passarás*. Pois, não esqueçam que, até recentemente, a abóbada celeste era o que havia de mais firme. Isso não mudou [...]. Trata-se de um outro limite no pensamento daquele que articula isso em caracteres hebraicos: *Rakia*. *Rakia* separa as águas superiores das inferiores. Entendia-se que, em relação às águas superiores, o acesso a elas era proibido.[10]

Que interesse um tal comentário pode apresentar, na verdade, para a teoria psicanalítica? O de nos ilustrar em que consiste a subversão da ciência em relação ao discurso bíblico do qual é filha.

---

[8] Em hebraico no texto.
[9] A Bíblia do rabinato contenta-se com um trivial "espaço" e Henri Meschonnic com "desdobramento".
[10] J. Lacan. Séminaire XIII, *L'Objet de la psychanalyse* (não publicado), sessão de 5 de janeiro de 1966.

É no dia em que somos capazes de conceber como possíveis, não digo como reais, mundos com seis, sete, oito dimensões, que nós rompemos *Rakia*, o firmamento.
[...] O real é o impossível. Isso quer precisamente dizer o que falta ser afirmado no *firmamentum*, o que faz com que, especulando da maneira mais válida, ele lhes resiste, ele não faz o que vocês querem, vocês, os matemáticos.[11]

A *Rakia* rompida, mas persistindo, mudou, então, de topologia. De esférica, ei-la transformada em garrafa de Klein, figura topológica de uma só face colocada em um espaço de quatro dimensões:

Nossa única vantagem é a de estarmos no momento em que — talvez por termos rompido Rakia, *firmamentum*, principalmente nas especulações dos matemáticos — podemos dar ao espaço, à extensão do real, uma outra estrutura diferente da esfera de três dimensões [...]. É aí que, para dar nosso salto, recuamos um passo. Não esperamos romper *Rakia* nas três dimensões. Talvez nos contentarmos com duas, essas duas que, apesar de tudo, sempre nos servem, já que desde o tempo que nos debatemos com o problema do que isso quer dizer, havia no mundo seres que se consideravam pensantes.[12]

A faixa de Moebius, a garrafa de Klein, superfícies e volumes com uma só face, objetos topológicos emblemáticos da doutrina de Lacan, quantos de seus alunos notaram que esses conceitos nascem da subversão do termo bíblico *Rakia*?

---

[11] Ibidem.
[12] Ibidem.

BE-TSELEM ELOHIM, À IMAGEM DE DEUS

A expressão hebraica do *Gênesis*, *Be-tselem elohim*, a propósito da criação do homem à imagem de Deus, como comumente se traduz, não podia deixar de atrair a atenção de Lacan.

> Deus é criador [...] de certas imagens — o *Gênesis* nos indica isso com o *Zelem Elohim*. E o próprio pensamento iconoclasta ainda mantém que há um deus que não gosta disso. É mesmo o único. Mas não quero, hoje, aventurar-me mais longe nesse registro que nos conduzirá ao cerne de um dos elementos mais essenciais do domínio dos Nomes-do-Pai [...]. Aqui, onde estamos, a imagem permanece a intermediação com a divindade — se Javé proíbe os judeus de criarem ídolos para si, é porque os ídolos agradam aos outros deuses. Em um certo registro, não é Deus que não é antropomórfico, é ao homem que se pede que não o seja.[13]

Esta citação complementa o que Lacan dizia, alguns anos antes, no seu Seminário *A ética da psicanálise*:

> *Deus fez o homem à sua imagem.* [...] Não nos livramos disso respondendo que o homem, sem dúvida, devolveu exatamente isso a Deus. Este enunciado é do mesmo jorro, do mesmo corpo que o livro sagrado onde se articula a proibição de forjar o Deus das imagens. Se esta proibição tem um sentido, é o de que as imagens são enganadoras.[14]

---

[13] Idem. Séminaire XI, *Les Quatre Concepts...*, op. cit., p. 103.
[14] Idem. Séminaire VII, *L'Éthique de la psychanalyse*, op. cit., p. 231.

Já que a leitura comparada de Lacan e de Maimônides constitui o fio condutor de nossa investigação, consultemos o *Guia dos perplexos* sobre esse clichê de "o homem à imagem de Deus". Para Maimônides, apoiando-se sobre uma amarração léxica precisa, não se trata, absolutamente, "de imagem de Deus" na criação do homem, mas do enxerto neste último de uma "centelha" de intelecto divino, isto é, de um aparelho simbólico. Se o ídolo é condenado, é porque ele perverte o bom funcionamento desse intelecto humano que apresenta alguma analogia com o divino.

VERBUM E NOMEAÇÃO ORIGINAL

Em um dos primeiros Seminários de Lacan[15] encontraremos a melhor prova de que o significante hebraico o atormentava. A propósito do enunciado de João, "No começo era o Verbo", ei-lo entabulando um longo diálogo com os participantes de seu Seminário:

> — Lacan: "*In principio erat verbum*, trata-se, incontestavelmente, da linguagem, não da fala". [...]
> X: "*Verbum* é a tradução do hebraico *davar*[16] que quer dizer, precisamente, fala e não linguagem".
> Lacan: "É preciso rever esta história do hebraico."

Uma semana mais tarde, Lacan pede reforços a seu aluno jesuíta, Bernaërt, em um diálogo a três vozes:

---

[15] Idem. *Séminaire II, Le Moi dans la théorie de Freud, op. cit.*, p. 336-337 e 355-358.
[16] *Dabar* ou *Davar* significa também "coisa".

Lacan: "Eu sugeri que o *verbum* fosse, talvez, anterior a qualquer fala, e mesmo ao *fiat* do Gênesis, como uma espécie de axiomática prévia. Sobre isso, os senhores me objetaram que isto é o *dabar* hebraico. Há duas questões. Primeiro, por que é o *dabar* que está sob o *logos* de São João? Então, por que é o *dabar*?"

Segue-se um diálogo de *quatro* páginas — às quais remetemos o leitor interessado — no qual o suposto especialista X diz algumas boas besteiras: que o judaísmo ignoraria o conceito de universo (*olam*, entretanto), que ele ignora o conceito de Lei fixa... Logo o debate complica-se pela irrupção do aramaico e do conceito talmúdico de *memra*, a saber, os dizeres dos mestres da Guemará, a parte mais desenvolvida do Talmude.

Os argumentos de X, com justa razão, não convenceram Lacan e ele não renuncia à leitura comparada dos primeiros versículos do *Gênesis* com São João. Vinte anos mais tarde, em 1974, ele volta a esse ponto em uma coletiva de imprensa dada em Roma por ocasião de um congresso da EFP:

> São João começa seu Evangelho dizendo: *No começo era o Verbo*. Com isso, estou bem de acordo, mas, antes do começo, onde é que ele estava? É isso que é verdadeiramente impenetrável. Entretanto, há uma outra coisa chamada Gênesis que, de modo algum deixa de ter relação com esse negócio, o Verbo. Naturalmente contou-se isso dizendo-se que o Verbo dizia respeito a Deus, o Pai, e que se reconhecia realmente que o *Gênesis* era tão verdadeiro quanto o Evangelho de São João, salvo que Deus, é com o Verbo que ele criava o mundo. Isto é uma coisa esquisita.

Esta leitura do *Gênesis* é, naturalmente, influenciada pelas concepções cabalísticas, em particular a do *Sefer Yetsira*, ou *Livre da la Création* [*Livro da criação*], que está longe de ser todo o judaísmo.

Em seguida, Lacan prossegue:

> Na Escritura judaica, A Escritura Santa, vê-se muito bem para que serve o fato de que o Verbo tenha estado, de algum modo, não no começo, mas antes do começo. Deus se acredita no direito de fazer todos os tipos de repreensões às pessoas a quem ele deu um presentinho do tipo "piu-piu-piu", como se faz com os frangos. Ele ensinou Adão a nomear as coisas, não lhe deu o Verbo porque isso seria um negócio grande demais, ele o ensinou a nomear, quer dizer, algo totalmente na proporção humana. Os seres humanos só pedem isso, que as luzes sejam reduzidas.[17]

Este episódio do *Gênesis*, no qual Deus convoca Adão para que nomeie os animais, deu lugar a múltiplos comentários do psicanalista, em particular no seu Seminário sobre *A ética da psicanálise*, tão rico em referências bíblicas. A respeito desta primeira nomeação, tal como nos propõe o mito bíblico, Lacan permaneceu inesgotável durante toda sua vida:

> Os Nomes-do-Pai, é isso [e ele mostrou, desenhado no quadro, seu esquema de três círculos enlaçados de um modo particular, borromeano, onde cada par de círculos não se sustenta senão pelo terceiro], o simbólico, o imaginário e o real. São os primeiros nomes na medida em que eles nomeiam alguma coisa. Como mostra a Bíblia, a propósito dessa coisa extraordinária que nela é chamada Pai, o primeiro tempo dessa imaginação humana, que é Deus,

---

[17] J. Lacan, *Lettres de l'EFP*, nº 16, novembro 1975, p. 19, 20.

é consagrado a dar um nome a quê? A cada um dos animais. A Bíblia não veio do nada e sim de uma tradição. Uma tradição é sempre idiota. E é por isso mesmo que lhe temos devoção [...]. A única coisa que se pode esperar de uma tradição é que ela seja menos idiota que uma outra.[18]

Esta referência à Bíblia, ao livro do *Gênesis*, é tão essencial para o psicanalista, que é sob sua referência que dá sua opinião sobre o movimento surrealista do qual foi próximo na juventude: "A ideia, para os surrealistas, era a de substituir a mulher que não existe, como "ela", por A mulher, sobre a qual eu disse que era exatamente onde estava o tipo de erro. [Esta ideia] os recolocava no sulco[19] do Nome-do-Pai, do Pai enquanto nomeador, que eu disse que era uma coisa saída da Bíblia, mas à qual acrescento que é para o homem um modo de salvar seu espinho fálico."[20]

Destaquemos nesta citação a expressão pouco lisonjeira "sulco do Nome-do-Pai". Escutando-se a partir do discurso dos epígonos, este Nome-do-Pai seria o começo e o fim, o ideal a atingir, quando, para Lacan, tratava-se do sulco de onde era preciso sair, sulco que não é nenhum outro senão esta religião dos judeus a ser posta em questão.

Em 1975-76, o psicanalista volta, em testamento, a essa mesma passagem bíblica:

Notemos, de passagem, que na Criação dita divina, divina apenas no que se refere à nomeação, a bactéria não é nomeada. Ela

---

[18] Idem. Séminaire XXII, *R.S.I., op. cit.*, p. 17-19 e 20-27.
[19] Em francês: *ornière*. (*N. T.*)
[20] Ibidem.

também não é nomeada quando Deus, fazendo de bobo o homem suposto original, propõe-lhe começar por dizer o nome de cada bichinho. Dessa primeira idiotice temos apenas indícios para daí concluir que Adão era, como seu nome indica — segundo a piada que Joyce fez sobre isso — uma *Madam*[21] e que ele só nomeou os animais na língua daquela a quem chamarei *Èvie*, a mãe dos seres vivos, é isso que isso quer dizer em hebraico, se é que o hebraico é uma língua[!],[22] tinha essa língua pronta e solta, já que depois do suposto do chamado pai Adão, a primeira pessoa que dela se utiliza é justamente ela, para falar com a serpente. A criação dita divina se redobra, portanto, pelo falatório, do *fala-ser* com a serpente que vocês me permitam chamar de *serre-fesses*, posteriormente designada como falha, ou melhor, falo, pois precisa-se bem dele para dar o passo em falso.

Em seguida, algumas linhas adiante: "Eva, a única, a mulher que incontestavelmente jamais foi possuída, porque provou do fruto da árvore proibida, a da Ciência, a Eva que não é mais mortal do que Sócrates. A mulher da qual se trata é um outro nome de Deus e é por isso que ela não existe."[23]

Lacan confrontou, frequentemente, a partir de seus escritos da juventude, os textos do *Gênesis* e os do *Evangelho de João* com o célebre enunciado de Goethe, *No começo era a ação*, que parece contradizê-los, contradição que ele resolve afirmando que não poderia haver ato sem o horizonte da linguagem.

---

[21] Madame. Trocadilho entre a palavra em inglês ("*madam*") e o nome Adão: "*Adam*". (N. T.)
[22] Notemos esta estranha afirmação de que o hebraico não seria uma língua.
[23] J. Lacan, *Le sinthome, Ornicar?*, nº 6, março-abril 1976, p. 4 e 5.

"A alteração goethiana, por sua vez", escreve ele no início de sua obra, "inverte-se: era realmente o Verbo que estava no começo, e nós vivemos na sua criação."[24]

Alguns anos mais tarde, Lacan explicitará esta relação entre o ato e o verbo, relação que está na origem da ciência moderna:

> Ora, basta lembrar este horizonte de todo o funcionamento *do ato*, para se perceber que é exatamente aí que reside sua verdadeira estrutura, o que é totalmente aparente, evidente e o que mostra a fecundidade do mito da criação [...].
> É um pouco surpreendente que não tenha ocorrido, de um modo que seja hoje corrente, admitido na consciência comum, que há uma relação garantida entre a quebra que se produziu na evolução da ciência no início do século XVII, e a realização, o advento do verdadeiro alcance desse mito da criação que levou, portanto, mais de 16 séculos para chegar à sua verdadeira incidência [...].[25]

Esta citação é fiel ao ensinamento de Koyré para quem, após uma latência de dezenas de séculos, o princípio bíblico do *ex nihilo* vem triunfar, com o nascimento da ciência moderna. Ela aparece, além de muitas caçoadas, como a mais bela homenagem que Lacan poderia prestar à Bíblia e ao *Gênesis*.

> *No começo era a ação*, diz Goethe um pouco mais tarde [depois do aparecimento da ciência], ele prossegue naquele dia. Acredita-se que aí está a contradição com a fórmula de João "*No começo era o Verbo*". É isso que necessita que olhemos um pouco mais de perto

---

[24] Idem. "Fonction et champ de la parole et du langage". In: *Écrits, op. cit.*, p. 271.
[25] Idem. Séminaire XV, *L'Acte psychanalytique* (1967-68, não publicado), sessão de 10 de janeiro de 1968.

> [...] é totalmente claro que não existe a menor oposição entre essas duas fórmulas... sem ação, simplesmente não poderia haver começo [...]. Não existe ação que não se apresente, primeiro e antes de tudo, com uma ponta significante, que é o que caracteriza o ato.[26]

Lacan possuía a arte dos homens convictos, de voltar, ao longo do tempo, com variações elegantes, sobre um tema já apresentado. Em um de seus últimos Seminários, ei-lo brincando com as palavras para tentar quebrar a pesada surdez de seus alunos:

> Não é qualquer coisa que lhes aparece — se é que *a preguiça*[27] de vocês possa ser sacudida por alguma *aparição* — no *Gênesis*? Ela não lhes conta nada mais do que a criação — de nada, efetivamente — de quê? — de nada mais que de significantes.
> Assim que esta criação surge, ela se articula pela nomeação do que é. Não está aí a criação de sua essência? E quando Aristóteles não pode deixar de enunciar que, se jamais houve alguma coisa, foi desde sempre que ela esteve lá, não se trata, na ideia criacionista, da criação a partir do nada, e portanto do significante?
> Não está aí o que encontramos naquilo que, ao se refletir em uma concepção do mundo, se enunciou como revolução copernicana?"[28]

ZAKHAR VE-NEKEVA, MACHO E FÊMEA

As considerações precedentes situam-se nas fronteiras da metafísica e da psicanálise, e sua importância não poderia ser subestimada

---

[26] Ibidem.
[27] Em francês, "a preguiça" é "*la paresse*" o que permite a Lacan o trocadilho entre "*vous apparaisse*" e "*la-paresse*". (N. T.)
[28] Idem. Séminaire XX, *Encore, op. cit.*, p. 41.

no momento em que condicionam a relação do sujeito com seu mundo. Entretanto, o cotidiano do psicanalista, o problema no qual ele tropeça a cada dia, através dos sintomas de seus pacientes, é a impossível harmonia entre os sexos. É sem dúvida sobre esse ponto que o comentário de Lacan sobre o *Gênesis* é o mais pertinente, o mais clínico. Por que, então, esse mal-entendido radical entre um homem e uma mulher? A resposta talvez possa ser encontrada no *Gênesis* e no seu relato da criação do primeiro homem e, em seguida, de sua companheira.

> Não há, para fazer perceber o que estou em vias de articular, ilustração mais bela do que a que nos é dada pelo livro sagrado, esse livro único, a própria Bíblia. Se vocês forem indiferentes à sua leitura vão até o nártex da igreja de São Marcos [...]. Em nenhum outro lugar, em imagens, pode ser expresso com maior destaque o que está no texto do *Gênesis* e vocês aí verão... engrandecida, de maneira sublime, a ideia infernal de Deus, do Adão *zakhar venekeva*[29], o único que, já que era um, era preciso exatamente que fosse os *dois*; ele era o homem com suas duas faces, macho e fêmea. É bom, Deus pensa, que ele tenha uma companheira [...]. Deus aproveita que ele dorme para retirar-lhe uma costela. Ele modela, assim nos dizem, a primeira Eva.[30]

Tal é o resumo fiel do texto bíblico que Lacan apresenta, destacando essa particularidade: se as espécies animais possuem, desde o início, os dois sexos, macho e fêmea, separados, o homem, este, no início, está só, em uma desconfortável bissexualidade. O

---

[29] Em hebraico, no texto, *Gênesis* 1, 27.
[30] J. Lacan. *Séminaire* XIV, *La logique du fantasme* (não publicado), sessão de 24 de maio de 1967.

resto daí decorre: "Será que pode haver ilustração mais atraente do que a que introduz, na dialética do ato sexual, o fato de que o homem, no preciso momento em que sobre ele incide a intervenção divina, encontra-se a partir daí, tendo que lidar, como objeto, com um pedaço de seu próprio corpo?"[31]

Destaquemos a importância deste comentário que Lacan não cessa de retomar e desenvolver: a ilusão que acomete o homem no ato sexual, seria a do reencontro de uma parte perdida de seu corpo, o famoso objeto *a*.

Falando da circuncisão,[32] o psicanalista prolonga sua afirmação precedente:

> Tudo que acabo de dizer, a própria Lei mosaica, talvez insista precisamente nisso, ao enfatizar que esse pedaço não é o pênis, pois, na circuncisão, ele recebe, de algum modo, um corte para ficar marcado com esse sinal negativo. Será que isso não é para fazer surgir diante de nós aquilo que existe, eu diria, de perverso na instauração, no liminar do que é o ato sexual, [do mandamento de formar] uma única carne? O que quer dizer que naquilo que ele seria [...] de alguma coisa que teria nome: o ato sexual, na medida em que o homem e a mulher se exibem [...] haverá a relação do corpo com alguma coisa de que está separado depois de dela ter feito parte. Tal é o ponto enigmático onde vemos o ato sexual no seu elemento crucial: que o homem possa ser concebido como não devendo jamais pegar senão esse complemento, em relação ao qual ele pode se enganar ao considerá-lo, e Deus sabe que ele não deixa de fazê-lo, de considerá-lo como complemento fálico.[33]

---

[31] Ibidem.
[32] Um capítulo será consagrado a esta importante questão.
[33] J. Lacan. Séminaire XIV, *La logique du fantasme* (não publicado), sessão de 24 de maio de 1967.

O coração da doutrina de Lacan encontra-se resumido nesse comentário com que ele prossegue, através de uma exploração do midrash, em relação ao mito de Lilith:

> Hoje, ao terminar minha exposição, coloco a questão sobre não sabermos como designar esse complemento. Vamos chamá-lo lógica. A realização deste objeto sendo outra, seguramente, necessita o complexo de castração.
> Não surpreende que nos seja dito nos [acréscimos] míticos da Bíblia[34] — que curiosamente encontramos nas pequenas adições marginais dos rabinos — que alguma coisa que é, talvez, precisamente, a mulher primordial, aquela que estava lá, antes de Eva, Lilith, como é chamada pelos rabinos, que talvez seja ela que, sob a forma da serpente, pela mão de Eva, faça apresentar a Adão o quê? A maçã, objeto oral que talvez só esteja lá para despertá-lo sobre o verdadeiro sentido do que lhe aconteceu enquanto dormia. Com efeito, é bem assim que as coisas na Bíblia são tomadas, já que nos dizem, a partir daí: ele entra, pela primeira vez, na dimensão do saber.[35]

Esta citação também mereceria amplos comentários, particularmente a respeito da irrupção da mulher primordial, Lilith.

Como todas as outras espécies animais, a espécie humana original, mítica, também comportava dois sexos, representados por Adão e Lilith. A deserção de Lilith deixa Adão sozinho, em seguida confrontado com uma parte de seu próprio corpo. Mais

---

[34] O midrash.
[35] J. Lacan.Séminaire XIV, *La logique du fantasme* (não publicado), sessão de 24 de maio de 1967

tarde, Lacan evocará Lilith como símbolo de um terceiro sexo impossível.

Essa fantasia do homem — se isso é realmente fundamental — de conceber sua parceira como sua própria carne, está na raiz do mal-entendido radical entre os sexos. É a desprender-se disso que, segundo Lacan, a psicanálise visaria.

Entretanto, o psicanalista, em geral tão atento à letra do texto, comete aqui um erro de leitura, tão difundido e de inspiração cristã. Ao consumir o fruto proibido, "ele entra pela primeira vez na dimensão do saber".

Em outros termos, o Adão, originalmente ignorante, subitamente alcança o conhecimento. Ao preço de sua morte como castigo, ele alcança um imenso progresso. Não é de modo algum isso o que o texto diz, por exemplo, no *Gênesis* 2,17. A árvore proibida é qualificada como a da "ciência *do bem e do mal*". Frequentemente esquece-se de precisar esse atributo da árvore, esquecimento que Maimônides não comete. No seu *Guia* (I-2), ele sustenta que o Adão, antes da falta, tinha a mais perfeita inteligência possível, centelha divina, e vivia "para além do bem e do mal". Sua transgressão, ao contrário, vai acarretar uma certa imbecilidade, dotando-o de um imaginário enganador, de considerações sobre o belo e o feio, particularmente em relação ao sexo.

Este erro de leitura, não foi sempre que Lacan o cometeu. Em uma outra circunstância, ele ressalta esta expressão do "saber do bem e do mal" para lhe atribuir o surpreendente estatuto de pedra angular da ciência. O conhecimento do verdadeiro e do falso não é suficiente para constituir a razão, é necessário o acréscimo de um postulado ético referente a Deus, e que Einstein formula como o Deus não enganador, que "não joga dados". A "radicalidade" do pensamento judaico-cristão, afirma Lacan, consiste nesse ato de fé de formular a existência de alguma coisa totalmente não enganadora.[36]

ADÃO, EVA E A FALTA

Lendo o *Gênesis*, Lacan o comenta a partir de um midrash singular: comentários inauditos, irritantes, vacilantes, apaixonantes, resultados de um verdadeiro corpo a corpo, como se, efetivamente, a Bíblia vestisse Lacan semelhante a uma túnica de Nesso, adorada e odiada. O que está em jogo? Nós já o mencionamos. É porque na Bíblia encontra-se depositada a fantasia fundamental do homem, causa de sua alienação e de sua infelicidade, a fantasia de considerar sua companheira, sua parte de felicidade nesse mundo, *como carne de sua carne*. A psicanálise teria como missão livrá-lo dessa fantasia, pela introdução do conceito de castração:

> A descoberta da análise é, precisamente, aperceber-se que é apenas na medida em que o homem não for mais ludibriado — a ponto de não encontrar senão sua própria carne, que é justamente o que acontece quando essa operação de logro não se produz, ou seja, que houve a castração — que há uma chance de que aí haja ato sexual.[37]

---

[36] Cf. Samuel 15,29. No momento da trágica ruptura entre Samuel e o Rei Saul, o profeta pronuncia estas palavras: "o Deus de Israel não poderia mentir", *Netsah Israel lo ishaker*. O acróstico destas palavras hebraicas, *Nili*, servirá de sigla para um movimento de resistência judaico.
[37] J. Lacan. Séminaire XIV, *La logique du fantasme* (não publicado), sessão de 31 de maio de 1967.

Em uma outra ocasião, ele retornará a essa contribuição essencial da psicanálise, sempre em relação aos versículos do *Gênesis* 1,27:

> A saber que não há união do homem e da mulher sem que a castração: *a)* determine, a título de fantasia, a realidade do parceiro em quem ela é impossível, *b)* sem que ela, a castração, atue nessa espécie de receptação que a coloca como verdade no parceiro para quem é realmente evitada, salvo por excesso acidental. Em um, a impossibilidade da efetuação da castração vem se colocar como determinante de sua realidade, enquanto que, no outro, o pior com que a castração o ameaça como possível não precisa acontecer para ser verdadeiro, no sentido de que esse termo não comporta recurso. Essa única chamada implica que, ao menos no campo que aparentemente é o nosso, não é aceitável nenhuma harmonia, independente do modo que tenhamos como designá-la.[38]

Não é aceitável nenhuma harmonia entre os sexos. Esta constatação é, sem dúvida, a chave mestra do ensino de Lacan que, mais tarde, ele reformulará de forma provocadora: *não há relação sexual.* O que todos os psicanalistas, entre eles incluídos os mais renomados, parecem não ter captado, precisamente por não se desprenderem da fantasia bíblica: "A relação com o sexo, de todo modo, não poderia dar conta de uma imagem que podemos fazer, mítica, da relação macho e fêmea que emerge do texto divino. *Ele os fez homem e mulher,* como Ernest Jones, armado com a tradição protestante, não hesita em retomá-lo."[39]

---

[38] Idem. Séminaire XVI, *D'un Autre à l'autre, op. cit.,* p. 12.
[39] Idem. Séminaire XII, *Problèmes cruciaux de la psychanalyse* (não publicado), sessão de 12 de maio de 1965.

A crítica mais do que severa que Lacan faz a Ernest Jones reaparece em vários momentos de sua obra.

Recordemos que Jones foi o único companheiro não judeu de Freud depois que Jung partiu. Um debate sobre a questão da feminilidade o contrapôs a Freud, nos anos 1920. A feminilidade é um dado da natureza (em inglês, *born* [inata]) ou é adquirida no curso do desenvolvimento da menina (*made* [construída])? Para Freud a feminilidade é *made*, para Jones ela é *born*. Lacan, certamente, defenderá a posição de Freud.

> Jones [...] só tinha talvez uma falha, a de pensar que Deus os criou homem e mulher. É com esta frase que ele conclui seu artigo sobre a *fase fálica*, mostrando exatamente com isso as origens bíblicas de sua convicção. Já que Deus os criou homem e mulher é então para irem juntos e é preciso que seja nisso que se chegue, ou que isso se justifique.[40]

A crítica, em 1963, evolui curiosamente e assume o tom de uma reprimenda feita a Jones por não ler a Bíblia... em hebraico:

> Jones revolveu longamente em torno desse problema, encarnado pelo que é suposto estar implicado na perspectiva falocêntrica, isto é, a ignorância primitiva, não apenas do homem, mas da própria mulher, em relação ao lugar da conjunção, ou seja, a vagina... [o] famoso *ele os criou homem e mulher*, aliás, tão ambíguo.
> Afinal, Jones não refletiu sobre esse versículo 27 do livro 1 [!] do *Gênesis a partir do texto hebraico*.*

---

[40] Idem. Séminaire V, *Les formations de l'inconscient, op. cit.*, p. 314. Cf. também, a esse respeito, o texto "La signification du phallus" (maio de 1958). In: *Écrits, op. cit.*, p. 688.

> [...] O campo coberto pelo homem e pela mulher — naquilo que poderíamos chamar, no sentido bíblico, de seu conhecimento um do outro — só coincide nisso, em que a zona à qual seus desejos os levam para se realizarem e onde eles poderiam efetivamente coincidir, caracteriza-se pela falta daquilo que seria seu meio. O falo é o que justamente, para cada um, quando é alcançado, o aliena do outro.[41]

Lacan não é indulgente com Jones que, para ele, encarna o desvio anglo-saxão da psicanálise, ao acreditar na possibilidade de uma harmonia entre os sexos e em uma adaptação feliz do homem a seu meio, o calamitoso *American dream*, dito do jeito freudiano.

Mas eis um paradoxo inesperado! Tendo partido para "colocar em questão a religião dos judeus", eis que Lacan encontra como adversário aquele que lhe acontece de chamar o *gói* Jones, o que não entende nada de hebraico. Ele coloca-se, então, ele próprio, na condição de judeu. Aí está toda a estranheza da posição de Lacan. Ela nos obriga a tirar a seguinte conclusão lógica: tratar-se-ia de empreender *uma crítica judaica do judaísmo*. Esta distorção explica, sem dúvida, *a identificação de Lacan com Spinoza*. Ao contrário de Jones, ele conhece o hebraico e sua gramática. Ele se permite até, com um pouco de humor, tirar proveito de um célebre midrash:

> O termo empregado para esposo, *ich*, é o mesmo que, no segundo capítulo do *Gênesis*, serve para denominar a cônjuge de Adão. A primeira vez em que se fala dela, é *zakhar ve-nékeva*.[42] Na segunda

---
[41] Idem. *Séminaire X, L'Angoisse, op. cit.*, p. 309-310.
[42] Em hebraico no texto: macho e fêmea, *Gênesis* 1,27.

vez, é *ich* que denomina a costela sob a forma *icha* [...]. Como que por acaso, só lhe falta acrescentar um pequeno *a*.[43]

Será preciso lembrar a importância do conceito de objeto *a*, falta-a-ser, causa do desejo, o único acréscimo que Lacan afirma ter feito à doutrina de Freud? O *Gênesis* aparece como a melhor ilustração deste conceito, suporte a uma crítica do mito da mulher como complemento, perdido e reencontrado, do homem, ou seja, seu objeto *a*.

> Quando eu digo que é no objeto *a* que será reencontrado, em seguida, sempre necessariamente, o parceiro sexual, vemos surgir, inscrito no *Gênesis*, o fato de que o parceiro, e Deus sabe que isso não o obriga a nada, é representado no mito como sendo a costela de Adão, portanto o pequeno *a*. É precisamente por isso que as coisas vão tão mal a partir daquela época no que concerne a esta perfeição que se imaginaria como sendo a conjunção de dois gozos [...]. Há alguma coisa que não vai bem do lado do sexual.[44]

Alguns meses mais tarde, em 1969, esta problemática envolvendo o *Gênesis*, o sexual e o objeto *a*, é novamente retomada.

> A própria ideia do sexual pode ser uma transição do que está no coração da pulsão, isto é, o objeto *a*.
> Como vocês sabem, isso teve lugar há muito tempo atrás. Ela — a cara Eva — lhe dá a maçã fatal. [...] É a partir daí que ele a vê como mulher. [...] Antes, ele não se tinha dado conta de que ela

---
[43] J. Lacan. Séminaire XVII, *L'envers de la psychanalyse, op. cit.,* p. 162.
[44] Idem. Séminaire XV, *L'acte psychanalytique* (não publicado), sessão de 21 de fevereiro de 1968.

era alguma coisa extraída do lado da sua caixa torácica. Ele tinha achado aquilo gracioso, muito agradável, estava-se no paraíso. Foi provavelmente naquele momento — ao se ler o texto, não resta nenhuma dúvida — que ele não apenas descobre que ela é a mulher, mas que ele começa a pensar, o pobre coitado.[45]

A crítica à ideia bíblica de uma harmonia programada entre os sexos parece fundamental. Mas é exatamente isso o que diz o *Gênesis*? Lacan parece, progressivamente, descobrir a aspereza da relação entre os sexos no próprio seio do texto bíblico, sobretudo lido em hebraico: "Não é verdade que Deus os fez macho e fêmea, quando se fala do casal Adão e Eva, como, aliás, o contradiz expressamente o mito ultracondensado que encontramos, no mesmo texto, sobre a criação da companheira. Sem dúvida, antes, existia Lilith, mas ela não resolve nada."[46]

A coisa ficará inteiramente clara para ele, no fim de sua vida, quando aparecerá a tradução de André Chouraqui: "Parto da minha condição, que é a de trazer ao homem o que a Escritura anuncia [a propósito do papel de Eva], não uma *ajuda para ele*, mas *uma ajuda contra ele*." Esta ideia de *uma ajuda contra ele (ezer kénegdo)* desfaz todas as ingenuidades de uma harmonia sem imperfeições. Daí, uma audaciosa analogia entre o papel da companheira, enquanto sintoma estruturante de seu companheiro, e o papel do psicanalista: "Penso que, efetivamente, o psicanalista não pode se conceber de outra forma senão como um sintoma [...]. O psicanalista é, no fim das contas, uma ajuda que, nos termos do *Gênesis*, pode-se dizer que é uma reviravolta."[47]

---

[45] Idem. Séminaire XVI, *D'un Autre à l'autre, op. cit.*, p. 211.
[46] Idem. "Position de l'inconscient", Congrès de Bonneval. In: *Écrits, op. cit.*, p. 849-850.
[47] Idem. Séminaire XXIII, *Le Sinthome* (1975-1976). In: *Ornicar*, n°s 9 e 10, 13 de março e 13

A FALTA, UMA URSZENE

O grande mito fundador judaico-cristão do *pecado original* já foi evocado. Mas, sobre este tema, Lacan é inesgotável, não cessa de voltar a ele, do princípio ao fim de sua obra. Assim, em 12 de fevereiro de 1974, no seu Seminário *Os não tolos erram*, ele o utiliza para caracterizar a conduta de um homem no seu encontro com uma mulher:

> O que o *Gênesis* nos indica, através do oferecimento de Eva, não é nada mais do que isso: [...] Nesse momento, é A mulher. Mas, como lhes disse, A mulher não existe, não é? Entretanto, mesmo que Aristóteles se atrapalhe um pouco, não vemos porque o *Gênesis*, embora inspirado, teria feito pior, que este oferecimento da maçã seja exatamente o que eu digo, ou seja, que não há relação entre o homem e a mulher, isso que se encarna muito claramente no fato de que, como já o ressaltei, a mulher não existe, a mulher simplesmente não é. É disso que resulta que o homem, com uma mulher, atrapalha-se tanto quanto um peixe com uma maçã.[48]

Algumas semanas mais tarde, de um modo mais original, Lacan volta ao mito para interpelar uma "personagem" geralmente deixada na sombra: a *árvore* do fruto proibido.

> Há a árvore, há o vegetal, ele se ramifica, é sua forma de presença [...]. A velha *Urszene*, a cena primitiva tal como ela se inscreve na Bíblia, no começo do dito *Gênesis*. O tentador e depois a boba, a chamada Eva, e depois o imbecil dos imbecis, o primeiro Adão. E

---
de abril de 1976.
[48] Idem. Séminaire XXI, *Le non-dupes errent* (não publicado), sessão de 12 fevereiro de 1974.

depois, o que lá circula, a coisa que lhe fica atravessada na garganta, a maçã de que se fala. Depois há o vovô que reaparece e que o adverte. Eu não sou contra se ler isso, pois é cheio de sentido. É exatamente disso que seria necessário limpá-lo. Talvez se raspássemos todo o sentido, teríamos uma chance de chegar ao real. É exatamente isso que estou ensinando a vocês. Só que, para limpar o sentido, não se deveria esquecer disso. Senão, é isso que brota.[49]

Lamentamos mais uma vez que Lacan não tenha sabido nem querido saber que, oito séculos antes dele, um rabino, Maimônides, tivera o mesmo projeto, limpar o texto bíblico de sua espuma imaginária para chegar ao real.

Entretanto, logo a fala de Lacan faz-se quase alucinada, com a crueza de suas expressões:

Em tudo isso, há alguma coisa que esquecemos. É justamente a árvore. O que é extraordinário é que não nos damos conta de que era isso que era proibido. Não é a serpente, não é a maçã, não é a idiota, não é o imbecil: era da árvore que era preciso não se aproximar. E nela ninguém pensa, é impressionante? Mas ela, a ÁRVORE, o que acha disso? Aqui, eu dou um salto, porque, o que é que isso quer dizer: o que ela acha disso? Isso não quer dizer senão isso, que está em suspenso e que, muito precisamente, me faz suspender tudo que se possa dizer a título da vida, *lavie* que se lava. Porque, embora a árvore não se lave — isso, isso se vê — será que, apesar disso, a árvore goza? É uma pergunta que eu chamarei essencial [...]. Como não há pergunta sem resposta, como lhes repito há muito tempo, [...] só que, nesse caso, não há.

---

[49] Ibidem, sessão de 23 de abril de 1974.

É impossível saber se a árvore goza, embora não seja menos certo que a árvore é a vida.[50]

Permitam-me, aqui, dar um testemunho pessoal. Há alguns meses, eu relia essa passagem, fascinado pela pergunta que nunca me havia feito: será que o vegetal goza? Será que uma amendoeira, por exemplo, que explode em flores brancas nos últimos dias do inverno, manifesta dessa forma seu gozo? Mas também irritado pelo que me parecia ser fruto do delírio de um ancião no seu crepúsculo. Que história é essa de árvore, de vegetal?

Neste mesmo período, eu tinha um paciente, B., que possuía o hábito de começar suas sessões com um silêncio que significava para mim que ele não tinha nada a me dizer, não tinha desejo de me dizer nada, que achava grotesca aquela análise que ninguém lhe impunha. "Eu posso mesmo falar tudo que me passa pela cabeça?", ele acabou dizendo. Eu concordei com um resmungo. "Eu penso em uma árvore, em um vegetal, em um cipó; isso não tem nenhum interesse."

Pode-se adivinhar que meu interesse viu-se subitamente despertado. Entretanto, nesse ínterim, meu paciente calou-se. Logo seu silêncio apresenta-se de forma diferente. Vejo-o sacudido por tremores que subitamente explodem em soluços irreprimíveis e ruidosos. Pergunto-lhe o motivo daquilo. Quando consegue dominar sua emoção, B. me diz: "Eu pensava na minha mãe, na morte dela. É uma ideia que é insuportável para mim."

Naquele dia, tive a confirmação de que, com Lacan, para além dos seus tropeços ocasionais, tratava-se sempre de uma con-

---

[50] Ibidem.

frontação intransigente com a verdade. Era, portanto, a interdição de tocar na árvore — a fonte de cada vida, a mãe, a interdição da mãe — que funda nossa espécie, por mais animal que seja.

DE BABEL A JACÓ

Para Lacan, alguns dos primeiros versículos do *Gênesis* serviram, portanto, de suporte para elaborar, refinar, de um modo mais ou menos convincente, passos importantes de sua teoria, fiel ao programa de "retomar as coisas no ponto em que Freud as deixou", utilizando elementos do pensamento bíblico. Em todo caso, trata-se de uma leitura da Bíblia cuja originalidade nunca foi verdadeiramente avaliada.

Outras partes do livro do *Gênesis* deram lugar a importantes comentários. Tais comentários dizem respeito principalmente a Abraão, o pai simbólico de todos os monoteísmos, e ao sacrifício suspenso de seu filho Isaac, sacrifício, segundo Lacan, fundador do símbolo paterno, o Nome-do-Pai. Também a Abraão liga-se a importante questão da circuncisão à qual Lacan dedica um amplo desenvolvimento.[51]

Nos textos de Lacan podemos ressaltar duas outras alusões mais anedóticas ao *Gênesis*. A primeira, feita à torre de Babel, este lugar comum de nossa cultura. Ela serviu-lhe para caracterizar o estado de confusão teórica onde se debatem, há muito tempo, a psicanálise e suas instituições oficiais.

---

[51] Cf. mais adiante, Capítulo 4 da terceira parte, "O objeto como libra de carne".

Noé proporciona a oportunidade de um apoio teórico mais importante. Retomando o sonho que Freud teve após a morte de seu pai: é preciso fechar um/dois olhos em relação às carências de seu genitor. Lacan evoca o comportamento dos dois filhos de Noé, Sem e Jafé, que cobrem com um recatado manto a embriaguez de seu pai.

Essa embriaguez dá lugar a uma afirmação polêmica dirigida contra os psicanalistas que negligenciam os trabalhos de lógica, ao contrário de Freud, assíduo no curso de Brentano.

> É certamente de uma retomada — a ser relacionada com a experiência linguística — do que Freud iniciou no seu artigo sobre a negação, que se deve esperar o progresso de uma nova crítica do julgamento que consideramos instaurada nesse texto. Até o presente [...] esta iniciativa não se beneficiou de nenhum outro tipo de comentário que não fosse o de uma *embriaguez* de Noé [...]. Não somos nós, na psicanálise, que iremos nos oferecer à zombaria dos lógicos, até mesmo nos arriscar no ensino de Brentano que, entretanto, sabemos que brilhava em Viena e que o próprio Freud frequentou.[52]

O patriarca Jacó, fundador da linhagem de Israel, inspirou mais profusamente o psicanalista. De início, de uma forma polêmica, a respeito da Associação Internacional de Psicanálise. É, com efeito, na escada do sonho de Jacó, que, certo dia, Lacan teve a ideia de colocar seus colegas. A IPA, segundo ele, revela

> uma estrutura articulada desses estágios de entronização, dos quais o inferior insere, na escada de Jacó, o que eu chamei de Suficiência, encimada que é pelo Céu das Beatitudes [...]. Esta figura

---

[52] Idem. "Remarque sur le rapport de Daniel Lagache", *in Écrits, op. cit.*, p. 662.

apresentada não para ser ridicularizada, mas [...] para que nela se leia a ironia de uma captura que modela as vontades pessoais, todo esse tipo de cerimônia, eu abordei em vão.[53]

Mais próximo, novamente, do texto bíblico, Lacan ressaltará dois episódios marcantes da vida de Jacó. Para despertar seu auditório para a ideia de que o importante no ferimento é principalmente a cicatriz que ele deixa, nada vale mais do que uma referência à Bíblia, ao episódio em que Jacó, querendo obter cordeiros listrados ou malhados que — segundo o acordo anterior com seu tio Labão — eram os únicos que lhe cabiam, coloca diante das ovelhas, no momento em que elas copulam, galhos entalhados.

> Sempre levamos em consideração a ferida narcísica. Não se tem ideia de que o interesse da ferida é a cicatriz. A leitura da Bíblia poderia, nesse ponto, ser significativa, com os caniços colocados no fundo do riacho onde vão pastar os rebanhos de Jacó. Os diferentes estratagemas para impor a marca ao corpo não datam de ontem.[54]

Lacan cita aqui, de memória, o episódio cujo texto é muito mais instigante.

Em uma outra circunstância — da ordem do *Witz* lacaniano, "se os judeus não têm boa reputação, é porque não são '*gentis*'",[55] no duplo sentido do termo — Lacan evoca o episódio em que Simão e Levi, para reparar a afronta feita a sua irmã Diná, exterminam

---

[53] Idem. "Raison d'un échec", *Scilicet*, nº 1, Paris: Seuil, 1968, p. 48.
[54] Idem. Séminaire XIV, *La logique du fantasme* (não publicado), sessão de 10 de maio de 1967.
[55] Em francês, o termo "gentil" refere-se tanto ao indivíduo cortês, como ao "gentio" (nome que os judeus e os primeiros cristãos davam aos pagãos). (*N. T.*)

a população de Siquém, esquecendo-se de lembrar que Jacó, o pai deles, condenou veementemente, até o leito de morte, a barbárie de seus filhos. Na tradição judaica, este episódio não constitui, de modo algum, um ato de bravura, mas uma mancha na história de Israel, paradigma de todas as outras por vir, inclusive as da nossa atualidade.

Temos, entretanto, no Capítulo 34, o famoso episódio a que não falta o humor, referente ao rapto de Diná, irmã de Simão e Levi, filha de Jacó. O homem de Siquém que a raptou precisa obtê-la de seus irmãos. Simão e Levi exigem que ele se circuncide. — Não podemos dar nossa irmã a um não circuncidado, ficaríamos desonrados. [...] não se sabe se é apenas um que se faz circuncidar ou se todos os siquemitas o fazem, ao mesmo tempo. Esta proposta de aliança, certamente, não podia se fazer apenas no âmbito de duas famílias, mas de duas raças. Todos os siquemitas se fazem circuncidar. Resultado, ficam enfraquecidos durante três dias, fato de que se aproveitam os outros para virem degolá-los.

Trata-se de um desses encantadores episódios que não podiam entrar na compreensão do senhor Voltaire e que o fizeram falar tão mal deste livro admirável quanto à revelação daquilo que chamamos de significante enquanto tal.[56]

Notar-se-á, ainda uma vez, a "ambivalência" de Lacan diante desse "livro admirável", alma do judaísmo. Esta ambivalência, nós a encontramos nessa interpelação, no fim da sua vida. Fazendo alusão a José vendido como escravo por seus irmãos, ele exclama: "Os judeus sabem para que serve um irmão: para ser vendido

---
[56] Idem. Séminaire X, *L'Angoisse, op. cit.,* p. 240, 241.

como escravo no Egito." Naquele dia, o judeu José, vendido como escravo, "excomungado" por seus pares, excluído da IPA como didata, pareceu-me evidente que era ele.

PARTE III O mistério paterno

1. Moisés e a crítica do Édipo

Encontramo-nos, aqui, no cerne da nossa questão. O projeto de Lacan, "retomar as coisas onde Freud as deixou", consiste, principalmente, em dar à teoria do Pai — tal como apresentada por Freud, com relativa clareza, na sua teoria do complexo de Édipo e do parricídio — uma base mais segura, desenvolvimentos mais amplos e abrir-lhe uma perspectiva que a incluísse. Da mesma forma, como a relatividade einsteiniana ultrapassa, ao mesmo tempo em que inclui, a gravitação universal de Newton, este empreendimento implica, segundo ele, em uma interrogação do judaísmo. Lacan lhe terá consagrado o essencial da reflexão de toda uma vida.

Para tanto, dois caminhos abriam-se para ele, todos os dois tomados e explorados em uma quase sincronia. Por um lado, desenvolver uma crítica rigorosa dos textos em que Freud expõe sua concepção — principalmente *Totem e tabu* e *Moisés e o monoteísmo* — caminhada que se desenrola na negatividade. De um outro lado, uma caminhada positiva, definindo para si própria, em novos termos, o conceito de paternidade.

Mantendo sempre no horizonte o Deus dos judeus com o qual Lacan trava sua luta contra o Anjo.

O complexo de Édipo, com sua resolução no complexo de castração, *schibboleth*[1] da psicanálise, é, no dizer de Freud, o eixo que organiza e estrutura nossa realidade psíquica.

O fundador da disciplina encontrou na tragédia de Sófocles, *Édipo Rei*, a ilustração mais didática do conceito. O assassinato do pai aparece, aí, como condição para *desfrutar* a mãe.

Em um segundo momento, como um desenvolvimento do primeiro, Freud publica *Totem e tabu*, obra em que deseja dar conta da origem do homem, sua cultura e seu sentimento religioso. Supõe aí que, na aurora da humanidade, existia um pai todo poderoso, que desfrutava de todas as mulheres e que terminará sendo morto por seus filhos. Uma vez consumado o assassinato, os filhos, tomados pelo remorso, respeitarão a proibição paterna sob a forma de interdição do incesto.

No fim da vida, finalmente Freud aplicará à compreensão da origem do judaísmo as concepções apresentadas em *Totem e tabu*. Será seu ensaio sobre *Moisés e o monoteísmo*.

Geralmente admite-se que essas duas obras representam a extensão da primeira teoria do Édipo. É sobre esse primeiro ponto, esta ilusão de um desenvolvimento harmonioso de uma mesma teoria, que Lacan começa a fazer sua crítica. Não! Esses três tempos, ele diz, são heterogêneos em sua estrutura e comportam diferenças radicais em sua significação.

"Parece-me impossível não perceber a fenda que separa o mito do Édipo de *Totem e tabu*. Ponho logo todas as cartas na

---

[1] *Schibboleth*: palavra hebraica, relativa ao relato bíblico segundo o qual o povo de Galaad reconhecia o povo de Efraim, em fuga a partir de sua pronúncia. Termo empregado para conotar qualquer uso da língua indicativo da origem social ou regional de uma pessoa ou, mais amplamente, qualquer prática que identifique os membros de um grupo. Por extensão: marca. (*N. T.*)

mesa: é que o primeiro é ditado a Freud pela insatisfação do histérico, e o segundo, *por seus próprios impasses*."[2]

As coisas são, portanto, claras. *Totem e tabu* é o produto dos "impasses de Freud", isto é, "um produto neurótico, o que é inteiramente incontestável sem que, para isso, eu coloque de modo algum em questão a verdade da construção".

Além disso, a ordenação dos dois mitos, é bastante diferente. Por um lado, Édipo comete seu crime na ignorância sobre a pessoa que é seu adversário, enquanto os filhos, em *Totem e tabu*, revoltam-se, conscientemente, contra seu pai. Por outro lado, se Édipo, depois do parricídio, toma o lugar do rei, une-se à sua mãe Jocasta e dela desfruta, não acontece o mesmo em *Totem e tabu*, quando os filhos interditam seu acesso a todas as mulheres do pai.

> Em *Totem e tabu* o pai desfruta — termo ocultado, no primeiro mito, pelo poder —, desfruta de todas as mulheres, até que seus filhos o abatem [...], depois do que, nenhum o sucede [...], os filhos o devoram [...], o todo fazendo uma comunhão. É a partir daí que se produz o contrato social[3] [...] Devo enfatizar que a função-chave do mito é estritamente oposta nos dois mitos: No primeiro, inicialmente, Lei, e depois, gozo [...], no segundo, gozo na origem e, em seguida, a lei.[4]

Totem e tabu foi o momento crucial a partir do qual Freud reorganiza sua teoria no que se chama a segunda tópica, com suas três instâncias: eu, isso e supereu:

---

[2] J. Lacan. Séminaire XVIII, *D'un discours qui ne serait pas du semblant*, op. cit., sessão de 9 de junho de 1971.
[3] Ibidem.
[4] Ibidem.

> A grande inovação da segunda tópica é o supereu. Qual é a essência do supereu? Ela origina-se, precisamente, desse pai original, mais que mítico, deste apelo enquanto tal ao puro gozo, isto é, também à não castração. O que é que esse pai diz no declínio do Édipo? Ele diz o que diz o supereu, [...] isto é: goza [...]. Esta é a ordem impossível de satisfazer que, como tal, está na origem de tudo que se elabora, por mais paradoxal que isso possa parecer, em termos da consciência moral. Para se sentir o jogo, o sarcasmo disso, é preciso ler o *Eclesiastes*: "Goza enquanto estás nesse mundo baixo, goza com a mulher que amas." É o cúmulo do paradoxo [...] pois é justamente de amá-la que vem o obstáculo [...].[5]

Portanto, no primeiro tempo, *Édipo*, no segundo tempo, *Totem e tabu*, no terceiro tempo, finalmente, *Moisés*, o Moisés que Freud plantou na base da psicanálise depois de ter, ele próprio durante toda sua vida, carregado o ônus disso. Se Freud escamoteou a análise de sua relação com o judaísmo, aquilo de que a análise inteira padece, a coisa deve necessariamente ser encontrada nesse livro. É essencialmente nos dois Seminários, *A ética da psicanálise* (1957-58) e *O avesso da psicanálise* (1970-71) que esse estudo crítico assumirá toda a sua extensão.

Conhecemos a tese de Freud: Moisés era um egípcio, discípulo do faraó Akenaton que instaurou um monoteísmo solar.[6] Com a morte do seu mestre, os antigos cultos retomando seu poder e os discípulos de Akenaton sendo perseguidos, Moisés deixa

---

[5] Ibidem, sessão de 16 de junho 1971 (fim).
[6] Freud parece ignorar ou decide não levar em conta que não existe nenhum traço de culto solar no judaísmo. De forma inversa, Maimônides enfatizou este ponto: a Arca santa e, depois, o Templo eram voltados para o oeste e não para o leste/nascer do sol, para que não permanecesse nenhuma dúvida sobre uma eventual adoração deste astro.

o Egito, levando com ele um grupo de escravos, os Hebreus. Logo, estes assassinam o grande homem: parricídio!

Esta tese teria tido pelo menos o mérito da clareza se Freud não a houvesse complicado acrescentando um segundo Moisés que habitava o país de Madiam, genro de Jetro, o homem da sarça ardente, adorador dos vulcões. Na memória do povo judeu, esses dois Moisés se confundem. É esta construção que Lacan coloca à prova.

Antes de examinar esta crítica, uma observação: se aos olhos de todos os estudos empreendidos até hoje, assim como aos olhos da fé judaica, a especulação de Freud parece das mais aleatórias, ela não é menos propagadora de um dado fundamental relembrado ao longo de toda esta obra, isto é, a existência na teologia judaica de duas correntes violentamente opostas, irredutíveis, que somente os ritos em comum permitem reunir. De um lado, uma corrente esclarecida, racional, universalista, da qual a figura mais brilhante é Maimônides, e de outro lado, uma corrente obscura, supersticiosa, praticante da magia sob o manto da Cabala, e que pode descambar para o mais sombrio fanatismo e no isolamento "autístico" no seio da família dos povos. É esta clivagem que, sem dúvida, Freud percebe e que Lacan não alcança. Pelo contrário, o que ele percebe perfeitamente na construção de Freud, são suas contradições maciças, em primeiro lugar, a vontade de incluir no mesmo molde três especulações heterogêneas:

> Vocês observarão, diz ele certo dia, que existe no texto de Freud um terceiro termo, o de *Moisés e o monoteísmo* que Freud não hesita, não mais nesse terceiro caso do que nos dois primeiros, que não se parecem em nada, em pretender fazer aí funcionar, sempre do mesmo modo, o Pai e seu assassinato.[7]

---

[7] J. Lacan. Séminaire XV, *L'Acte psychanalytique* (não publicado), sessão de 21 de fevereiro de 1968.

Vocês o verão, quando tomarmos *Moisés e o monoteísmo* — havia anunciado Lacan. — [...] Não há, em Freud, distância em relação aos dados da experiência judaico-grega, quero dizer, aquela que caracteriza nossa cultura em sua vivência mais moderna.
É igualmente chocante que Freud não tenha podido deixar de conduzir até o exame da ação de Moisés, sua reflexão sobre as origens da moral. Quando vocês lerem esta impressionante obra que é *Moisés e o monoteísmo*, verão que Freud não pode deixar de mostrar a duplicidade de sua referência, a que lhes apresentei, ao longo de todos esses anos, como a referência essencial, ou seja, o Nome-do-Pai em sua função significante.[8]

Em seguida, evocando a questão, central para Freud, do assassinato do Pai elevado à condição de um mito, ele acrescenta:

[...] este mito não é nenhuma outra coisa senão o que se inscreve na mais sensível realidade espiritual de nosso tempo, isto é, a morte de Deus. É em função da morte de Deus que o assassinato do pai, que a representa da maneira mais direta, é introduzido por Freud como um mito moderno.[9]

O parricídio edipiano perde, portanto, sua originalidade, não passando de uma forma da grande vivência da subjetividade moderna: a morte de Deus. Isso supõe, ainda assim, mais uma vez, um Deus pessoal, corporal.
Algumas semanas mais tarde, em 16 de março de 1960, Lacan dedica o essencial da sua lição às contradições do *Moisés* de

---
[8] Idem. Séminaire VII, *L'Éthique de la psychanalyse, op. cit.*, p. 171.
[9] Ibidem.

Freud do qual ele revela a inspiração profundamente... cristã. Retiremos dessas numerosas páginas[10] alguns elementos significativos:

> Basta abrir esse pequeno livro chamado *Moisés e o monoteísmo* ao qual Freud dedicou cerca de dez anos, pois desde *Totem e tabu* ele só pensava nisso, na história de Moisés e na religião de seus pais. [...]
> Ele diz respeito à mensagem monoteísta como tal, que ele não tem nenhuma dúvida de que comporta, em si mesma, uma ênfase incontestável, de valor superior a qualquer outra. O fato de Freud ser ateu não muda isso em nada. [...]
> Isso não quer dizer que não há nada afora o monoteísmo, longe disso [...].[11]

Segue-se uma descrição do paganismo, antes de retomar:

> Diante disso, temos a mensagem monoteísta. Como é possível? Como ela aflorou? [...]
> Tudo repousa, para ele [Freud], na noção de Moisés, o egípcio, e de Moisés, o midianita. [...]
> Moisés, o egípcio, é o Grande Homem, o legislador e também o político, o racionalista [...] da religião de Akenaton [...]. Assim que Akenaton desapareceu, [...] o pandemônio dos deuses volta a dominar e reduz a nada esta reforma. Um homem guarda a tocha [...], é Moisés, o Egípcio.[12]

Entretanto, a falha da construção freudiana é o outro Moisés, aquele que ouve a célebre expressão à qual, como veremos, La-

---

[10] Ibidem, p. 202, 207.
[11] Ibidem, p. 202, 203.
[12] Ibidem, p. 203, 204.

can atribui a maior importância e considera, com justa razão, como fundadora do monoteísmo: *Eu sou o que eu sou*. Curiosamente, Freud negligencia este episódio bíblico fundamental, observa Lacan.

> Ao lado, há Moisés, o midianita, o genro de Jetro, que Freud chama o do Sinai, do Horebe, e sobre o qual ele nos ensina que teve sua figura confundida com a do primeiro. É ele que ouve surgir da sarça ardente a fala decisiva *que não poderia ser escamoteada, como o faz Freud** [...] *Eu sou* não *aquele que é*, mas *eu sou o que eu sou*, quer dizer, um Deus que se apresenta como essencialmente oculto. O Deus oculto é um Deus ciumento.[13]

É precisamente este Deus que se manifesta no Horebe, após ter interpelado Moisés na sarça ardente, e que enunciará a Lei, os dez mandamentos que Lacan considera como essenciais. Pode-se avaliar a gravidade da escamoteação freudiana.

> Ele parece muito difícil de ser dissociado daquele que, no mesmo círculo de fogo que o torna inacessível, faz ouvir — segundo nos diz a tradição bíblica — os famosos mandamentos, pelo povo reunido em volta, sem direito a ultrapassar um certo limite. Desde o momento em que esses mandamentos revelam-se para nós à toda prova, quero dizer que, aplicando-os ou não, nós ainda os ouvimos, eles podem revelar-se, em seu caráter indestrutível, serem as próprias leis da fala, como tentei demonstrar-lhes.[14]

É difícil, a partir daí, assimilar Moisés, o Midianita, a uma figura obscurantista. Aliás, Lacan não parou de interrogar esse Moisés.

---

[13] Ibidem, p. 204.
[14] Ibidem, p. 204-205.

Moisés, o Midianita, parece-me colocar um problema próprio — eu bem gostaria de saber diante de quem, diante de que, ele estava no Sinai e no Horebe. Mas, enfim, não tendo podido suportar a resplandecência da face daquele que disse *Eu sou o que eu sou*, nos contentaremos em dizer, do ponto em que estamos, que a sarça ardente era a Coisa de Moisés, e em deixá-la lá onde ela está.[15]

A continuação do texto introduz sub-repticiamente duas observações sobre o judaísmo que merecem comentário.

O que quer que isso seja, falta avaliar as consequências que essa revelação teve. Por qual caminho o problema é resolvido por Freud? Ele considera que Moisés, o Egípcio, foi assassinado por seu pequeno povo, menos dócil que os nossos em relação ao socialismo em um só país. E essas pessoas, em seguida, dedicam-se a, sabe Deus, quais observâncias paralisantes [...].[16]

Esse ataque dirigido contra os ritos judaicos comporta certa dose de injustiça. Ele não leva em conta, como o fez Maimônides, o caráter *histórico* desses ritos, inspirados pelos dos outros povos daquela época. Se só tivesse levado em conta Moisés, diz-nos o *Guia dos perplexos*, a nova religião não teria comportado nenhum mito. Mas foi preciso levar em conta o contexto histórico, e Moisés de fato os reduziu. Basta reler a *Ilíada* — que, no fundo, Lacan evoca nessa passagem — para avaliar o peso bem mais importante dos ritos que se impunham os gregos, na realidade um verdadeiro delírio sacrificial.

---

[15] Ibidem, p. 205.
[16] Ibidem.

Segundo acontecimento que prolonga o precedente:

> [...]sabe Deus, quais observâncias paralisantes, enquanto perturbavam inumeráveis vizinhos — pois não nos esqueçamos o que é efetivamente a história dos judeus. Basta reler um pouquinho seus antigos livros para constatar que, em matéria de colonialismo imperativo, eles entendiam um pouco disso em Canaã — acontece-lhes mesmo de incitar suavemente as populações vizinhas a se circuncidarem e, em seguida, aproveitando a paralisia que permanece durante algum tempo após esta operação entre as pernas, convenientemente exterminá-las.[17]

Esse comentário "mal-intencionado", sob a aparência de crítica à história longínqua, encerra uma alusão à história contemporânea e ao sionismo, ideologia que Lacan não apreciava muito — trata-se de um eufemismo.[18]

Acrescentemos, por fim, esta observação a respeito de Freud, feita no final de sua vida, propiciando a Lacan a oportunidade de um semidito sobre a aventura sionista:

> É assim que Freud salva novamente o Pai. No que ele imita Jesus Cristo. Modestamente, sem dúvida. Ele não coloca aí toda sua energia. Mas ele contribui para isso com sua pequena parcela, como o que ele é, isto é, um bom judeu, não precisamente praticante.
> Está bastante difundido. É preciso que [os judeus] sejam reagrupados para que retomem as rédeas. Quanto tempo será que isso levará?[19]

---

[17] Ibidem.
[18] Cf. na Parte I, Capítulo 4, "Os interlocutores: Emmanuel Raïss, Olga Katunal, p. 74.
[19] Idem. *Séminaire XX, Encore, op. cit.*, p. 99.

Para espanto nosso, pudemos, recentemente, assistir ao estranho transvestir dessa linha, por alguém que foi próximo do psicanalista, Jean-Claude Milner. Em sua obra *Les Penchants criminels de l'Europe démocratique* [As tendências criminosas da Europa Democrática], este autor apoia-se nas formulações de Lacan para sustentar as posições reacionárias da política israelense. Os avatares dos antigos ideólogos totalitários são imprevisíveis.

Lacan, em 1955, mantém-se prudente. Ele finge retirar sua critica velada, antes de retomar seu comentário sobre o *Moisés* de Freud.

> Isso não é para criticar um período da religião já encerrado. [...] Nem por um instante, Freud duvida que o principal interesse da história judaica seja o de ser o veículo da mensagem do Deus único.
> Eis, portanto, onde as coisas estão. Temos a dissociação entre o Moisés racionalista e o Moisés místico, obscurantista, de quem mal se fala. Mas, baseando-se no exame dos vestígios da história, Freud não pode encontrar via justificada para a mensagem do Moisés[20] a não ser na medida em que essa mensagem [...] encontrou-se ligada, no recalque, ao assassinato do Grande Homem. E é precisamente através disso, nos diz Freud, que ela pode ser veiculada, conservada em um estado de eficácia que podemos avaliar na história. *É tão perto da tradição cristã que é impressionante** — é na medida em que o assassinato primordial do Grande Homem vem emergir em um segundo assassinato que, de algum modo, o traduz e o traz à luz — o de Cristo —, que a mensagem monoteísta se conclui. É na medida em que a maldição secreta do assassinato

---

[20] Ao fazer a citação, Haddad suprimiu o adjetivo utilizado por Lacan para caracterizar Moisés. No texto de Lacan encontramos: "du Moise racionaliste". (*N.R.T.*)

do Grande Homem — que não tem, em si, nenhum poder senão o de ressoar sobre o fundo do assassinato inaugural da humanidade, o do pai primitivo —, é na medida em que isso finalmente vem à luz, que tem lugar o que é necessário chamar precisamente — porque está no texto de Freud — de a Redenção cristã.[21]

Trata-se, portanto, para Freud, através dos meandros dos seus dois Moisés, de promover, a todo custo, o mito do parricídio, que, curiosamente, não é nunca abordado na Bíblia,[22] que até coloca um crime na origem da humanidade, mas que se trata do assassinato do irmão.

Concluamos com Lacan:

> O que se trata é que Freud, quando nos fala, no *Moisés e o monoteísmo*, da questão da lei moral, a integra plenamente a uma aventura que não encontrou — ele escreve textualmente — seu pleno desenvolvimento e sua finalização a não ser na trama judaico-cristã. [...] O mito do assassinato do pai é precisamente o mito de um tempo para o qual Deus está morto.
> Mas se Deus está morto para nós, é porque ele sempre esteve e é exatamente isso que Freud nos diz. Ele nunca foi o pai a não ser na mitologia do filho, isto é, a do mandamento que ordena amá-lo, a ele o pai, e no drama da paixão que nos mostra que há uma ressurreição para além da morte.[23]

O que incomoda o ateu é que este Deus é aquele pelo qual *a questão da verdade* teve lugar no mundo dos humanos.

---

[21] Idem. Séminaire VII, *L'Éthique de la psychanalyse, op. cit.*, p. 205.
[22] Cf. mon ouvrage *Les folies millénaristes, op. cit.*
[23] J. Lacan. Séminaire VII, *L'Éthique de la psychanalyse, op. cit.*, p. 206-209.

> Isto não é para falar mal do papel histórico do Deus dos que creem, do Deus da tradição judaico-cristã. Que tenha sido em sua tradição que se tenha conservado a mensagem do deus de Akenaton, valeria bem a pena que se confundisse o Moisés egípcio com o Midianita, aquele cuja Coisa — a que fala na sarça ardente — sem fazer-se de único Deus, observem, afirma-se como um Deus à parte, diante do qual os outros não poderiam ser levados em consideração [...] — não é que seja, propriamente falando, proibido honrar os outros deuses, mas não se deve fazê-lo na presença do Deus de Israel, nuance sem dúvida importante para o historiador [...].
> [...] articularemos o que [Freud] formula da seguinte forma — se esse Deus-sintoma, esse Deus-totem tanto quanto tabu, merece que nós nos detenhamos na pretensão de fazer dele um mito, é na medida em que ele foi o veículo do Deus de verdade.[24]

O Seminário sobre a *Ética da psicanálise* encerra outros desenvolvimentos relativos à Lei e aos mandamentos bíblicos aos quais iremos voltar.

Muitos anos se passam até que Lacan retome seu comentário sobre o Moisés de Freud. Encontramos apenas essa simples alusão no importante Seminário *A angústia*, no qual a reflexão sobre o judaísmo tem um lugar de destaque. Ele aí interpela bruscamente seu colega Conrad Stein:

> Eu não sei, Stein, onde você se encontra no comentário que está fazendo sobre *Totem e tabu*, mas isso aqui poderia levá-lo a também abordar *Moisés e o monoteísmo*.

---

[24] Ibidem, p. 213.

Penso que você não tem como deixar de chegar a ele — e aí você vai ficar chocado com a total escamoteação do problema, apesar de ele não poder ser mais estruturante —, de saber se alguma coisa no nível da instituição mosaica reflete o complexo cultural inaugural e qual foi, a esse respeito, a função da instituição da circuncisão.[25]

É a questão da circuncisão que prende, aqui, a atenção do psicanalista e à qual ele reserva longos desenvolvimentos. Naquele ano (1962-63), o comentário de Lacan versava principalmente sobre a obra de Théodore Reik, *Le Rituel* [O ritual].

Entretanto, a tempestade já ribomba na instituição psicanalítica. Alguns meses mais tarde, acontecerá a ruptura definitiva e irreparável entre a IPA e Lacan, este grande naufrágio de toda a psicanálise. Então, em 20 de novembro de 1963, Lacan apresenta a única sessão do Seminário previsto sobre os Nomes-do-Pai, adornado de caracteres hebraicos, o do *aleph* e do nome divino El Shaddai.[26] Ela contém elementos essenciais sobre a questão que debatemos. Resumindo: depois de ter anunciado que não daria o Seminário previsto para aquele ano, Lacan relembra as grandes linhas de sua teoria relativa ao Nome-do-Pai, iniciada no seu Seminário sobre *As psicoses*. Houve os desenvolvimentos de 1958 sobre a metáfora paterna, os relativos ao nome próprio (1961), seu comentário sobre a trilogia de Claudel com a promoção do conceito de *pai humilhado* e, finalmente, seu Seminário do ano anterior sobre *A angústia*. Segue-se uma crítica das ideologias adaptativas

---

[25] Idem. Séminaire X, *L'Angoisse, op. cit.*, p. 239-240.
[26] Idem. *Des Noms-du-Père*. Paris: Seuil, 2005.

e psicologizantes dominantes na psicanálise anglo-saxã, tão contrária à profunda inspiração de Freud.

> Freud adentra com as luzes da razão no próprio campo por cujo intermédio, contra a revolução hegeliana, a Igreja mantém-se intacta e com todo o fulgor que nela podem ver. [...] ele traça a clivagem de um caminho que *vá, estruturalmente, infinitamente mais longe do que o limite que ele colocou: o assassinato do pai.* É nesse terreno movediço que eu pretendia avançar.[27]

O que estava em jogo naquilo que foi a paixão psicanalítica de Lacan é, aqui, claramente definido. Esse assassinato do pai, começo e fim da teoria freudiana, é um obstáculo em uma disciplina cujo alcance vai além. Depois, Lacan implica com os Pais da Igreja, precisamente porque, do lado do pai, ele os considera pouco atuantes, inclusive Santo Agostinho, por quem, entretanto, nunca escondeu sua admiração.

Segue-se uma recapitulação das diferentes formas do objeto tais como ele as havia elaborado ao longo de todo seu ensino.

Finalmente, vem a surpreendente conclusão de um discurso em que a emoção se delineia nas entrelinhas. Ela indica sucintamente o que deveria ter constituído o cerne do seminário abortado.

> Não quero deixá-los sem ao menos ter pronunciado o Nome, o primeiro nome com o qual eu queria introduzir a incidência específica da tradição judaico-cristã no problema do gozo: um Deus [...]. É diante desse Deus que Freud se deteve, desse Deus cujo nome não é o Tetragrama [...]? [...] O nome no *Exodus* (Capítulo 6), o Elohim

---
[27] Ibidem, p. 76.

que fala na poderosa árvore que é preciso conceber como seu corpo, *Kavod* que se traduz por Sua Glória [...] esse Deus falando a Moisés lhe diz nesse momento: "Quando fores até eles, tu lhes dirá que me chamo *Eyeh, Eu sou o que eu sou...*" Nenhum outro significado a atribuir a esse *Eu sou* que não seja o nome *Eu sou*. "Mas não é sob esse nome que eu me anunciei a vossos antepassados [...]." Esse Deus que se anunciou a Abraão, Isaac e Jacó com um nome, *El Shaddai*. Os judeus gregos, os que fizeram a tradução, estavam muito mais informados do que nós. Eles não traduziram por *Eu sou aquele que sou*, como Santo Agostinho, mas por *Eu sou o Ser*.[28] Isso tem um sentido. Eles pensaram como os gregos que Deus é o Ser supremo,[29] não como o de nossos dias como Todo-Poderoso, mas como Téos.

Lacan detém-se então, longamente, sobre o nome antigo do Deus dos judeus: "O que é El Shaddai? Eu pensava apresentar-lhes o que eu pudesse lhes ter dito, através de algo essencial, com a ajuda de Kierkegaard, o sacrifício de Abraão [...]. Por que, de tempos em tempos, no cristianismo, há alguma febre para desvencilhar-se disso?"

Em seguida, ele descreve numerosas imagens representando esse sacrifício, particularmente os quadros de Caravaggio mostrando

um filho com a cabeça imobilizada contra o pequeno totem[30] de pedra, contrai o rosto, sofre; a faca de Abraão estava lá para alguma coisa. Ele levou seu filho para um misterioso encontro. Amarrou-lhe os pés como a uma ovelha, para sacrificá-lo. Antes de nos comovermos, poderíamos nos lembrar que, na época, era costume

---

[28] No original em francês: "Je suis *l'Étant*". (*N. T.*)
[29] No original em francês: "*l'Étant suprême*". (*N. T.*)
[30] Nesta citação, Gérard Haddad parece ter substituído a palavra "autel"(altar), utilizada por Lacan, por "totem". Como em outros casos indicados ao longo deste livro, optamos por manter a grafia de Haddad contrastando-a com o texto de Lacan, em nota (*N.R.T.*).

ir sacrificar seu pequeno menino ao Elohim da região. Isso continuou por tanto tempo que foi preciso que o anjo impedisse os israelitas em vias de recomeçar![31]

Retomar, aqui, o longo desenvolvimento que Lacan consagra à figura de Isaac, a criança da promessa, apoiando-se em uma documentação rabínica importante e rara que seu amigo Raïss havia, sem dúvida, reunido para ele, levaria novamente bastante tempo: os comentários de Rachi, o tratado talmúdico *Pirké Avot*,[32] o comentário do rabino e poeta espanhol Ibn Gabirol (também conhecido como d'Avicebron, autor de *Fons Vitae* [Fonte da vida]).[33]

> Um pequeno livro, que data do fim do século XI, do chamado Rachi [...] vocês lerão estranhos comentários. Há um diálogo de Abraão com Deus quando o anjo lhe diz: "Não estenda teu braço sobre a criança." Abraão diz: "Se é assim, eu vim aqui para nada; vou causar-lhe ao menos um pequeno ferimento para te agradar, Elohim!"

Vem agora, sem dúvida, o essencial desse longo discurso, talvez mesmo do ensino de Lacan. Aqui, cada palavra conta:

> Mas não é tudo, há o carneiro. O *chofar* lhe é, incontestavelmente, arrancado. É o chifre do carneiro. Quanto ao que é esse carneiro, é com isso que eu gostaria de terminar. [...]
> Não é verdade que o animal apareça como metáfora do pai, no nível da fobia. A fobia não é senão um retorno. O homem não tem muito do que se orgulhar em ser o último a advir da Criação,

---

[31] Ibidem, p. 90 a 94.
[32] "Declarações dos pais judeus". (N. T.)
[33] A versão publicada confunde Rachi e Ibn Gabirol e chama os Massorètes de os Massot.

aquele que foi feito com o barro, o que não é dito de nenhum outro ser. Ele procura, então, para si, ancestrais honrosos. É preciso para ele um ancestral animal. O carneiro em questão é o carneiro primordial. Ele estava lá (cf. *Les Sentences des Pères*[34] e Rachi) desde os seis dias da Criação. O que o designa pelo que ele é: um Elohim. Não é aquele cujo nome é impronunciável [...]. Então, esta cabeça de carneiro com os chifres emaranhados na sebe, o próprio texto dá a entender que ele se precipita para o local do sacrifício [...]. *O que Elohim designa a Abraão, como sacrifício, é seu ancestral.* Ele o presentifica como desejo de que esta alguma coisa cuja queda se provoca é a origem biológica, está aí a chave do mistério: [...] Alguma coisa que se manifesta como sendo o desejo ressalta o hiato que separa o gozo do desejo. Daí a circuncisão, signo da aliança do povo com o desejo daqueles que elegeram, esse pequeno pedaço de carne cortada. [...] esse pequeno *a*.[35]

É com essas palavras decisivas que Lacan acreditou por um momento encerrar definitivamente seu ensino. Para além do Édipo e do parricídio, o que o judaísmo encarna através do sacrifício de Abraão, através do diálogo com a sarça ardente, é a confrontação com uma prova de verdade significando a renúncia do homem à sua origem biológica, tendo como signo dessa prova o sacrifício de um pedaço de carne retirado do seu corpo.

Em poucas palavras, Lacan exprime o que ele entendia por um para-além do complexo de Édipo e do parricídio: na raiz da subjetividade há, de início, uma prova de verdade, com o cortejo sombriamente nupcial do encontro de uma mulher, do parto e de sua própria morte como desfecho. A pertinência da proposição é

---

[34] Trata-se do tratado talmúdico *Pirké Avot*.
[35] J. Lacan. *Des Noms-du-Père, op. cit.*, p. 98 a 101

incontestável. O que significa, desde então, essa querela que Lacan mantém com o judaísmo, para o qual toda sua doutrina parece convergir? Sem dúvida, a ignorância sobre a corrente esclarecida do judaísmo.

Esse discurso podia parecer a conclusão definitiva de seu ensino. Na verdade, foi uma falsa despedida. Acolhido nas dependências da Escola Normal Superior, Lacan não demora a retomar seu Seminário, com um novo, intitulado: *Os quatro conceitos fundamentais da psicanálise*. Mas será preciso esperar cinco anos até que Lacan aborde, novamente, com a abrangência necessária, no seu Seminário *O avesso da psicanálise*, a questão do Moisés de Freud. Era necessário, para tal, obter o famoso e raro livro de Sellin sobre o qual Freud acreditou fundamentar sua teoria do assassinato de Moisés. Ele [Lacan] o obteve graças à diligência de Nicole Sels e da Sra. Lévine, então bibliotecária da Aliança Israelita Universal (AIU), na forma de um empréstimo da biblioteca de Copenhagem, exemplar que não devia sair do recinto da AIU. Durante muito tempo, a Sra. Lévine lembrou-se dos dois amigos, Lacan e o eminente hebraizante André Caquot, discutindo vivamente na então minúscula sala de leitura da AIU.

"Mandei trazer de Copenhagem, diz Lacan triunfante, o Sellin, pequeno livro de 1922 em torno do qual Freud faz girar sua certeza de que Moisés foi morto."[36]

Trata-se, mais uma vez, de colocar em questão essa fixação de Freud pelo parricídio, ato sem o qual sua teoria não lhe parecia poder manter-se, parricídio, dizíamos nós, que a Bíblia judaica, embora rica em fratricídios e incestos, ignora totalmente.[37]

---

[36] Idem. Séminaire XVII, *L'Envers de la psychanalyse, op. cit.*, p. 152.
[37] Cf. meu ensaio *Les biblioclastes*. Paris: Grasset, 1990, 1ª parte, capítulo 3, "La Bible dans la cohérence de la psychanalyse".

"Há, no texto de Freud, um terceiro termo,[38] o de *Moisés e o monoteísmo* que Freud não hesita, não mais nesse terceiro caso do que nos dois primeiros que não se parecem em nada, em pretender fazer aí funcionar, sempre do mesmo modo, o Pai e seu assassinato."[39]

Durante toda uma sessão Lacan e Caquot vão analisar o livro de Sellin em paralelo com o livro profético de Oseias, no qual a crítica bíblica acreditou, por um momento, descobrir a revelação do assassinato de Moisés.

O texto de Oseias maravilha Lacan: "É inaudito, este texto de Oseias." Mas o que lhe interessa principalmente, com toda a ironia que ele sabia imprimir, é o *Moisés* de Freud, com seus impasses: "O cúmulo dos cúmulos é o *Moisés*. Por que é preciso que Moisés tenha sido morto? Freud nos explica isso: é para que Moisés retorne nos Profetas, pela via, sem dúvida, do recalque, da transmissão mnemônica através dos cromossomos, é realmente necessário admiti-lo."[40]

Essa transmissão cromossômica, esse lamarckismo freudiano, evidentemente fazem rir. Lacan apresenta, então, duas objeções às teses freudianas. A primeira é a afirmação de que o assassinato do pai abre para o filho o acesso ao gozo. Não é nada disso, e ela revela-se aqui totalmente incongruente diante da condenação evidente das práticas sexuais pagãs qualificadas de prostituição:

> O que o discurso do mestre descobre é que não existe relação sexual [...]. Pois bem, tem-se a ideia de que nosso povo eleito encontrava-se em um meio onde havia relações sexuais. Em todos os

---

[38] Os dois outros termos são Édipo e o pai da horda de *Totem et tabou*.
[39] J. Lacan. Séminaire XV, *L'Acte psychanalytique* (não publicado), sessão de 21 de fevereiro de 1968.
[40] Idem. Séminaire XVII, *L'Envers de la psychanalyse, op. cit.*, p. 132.

casos, está bem claro que se é o espírito de Moisés que retorna, não se trata exatamente de um assassinato o que engendrou o acesso ao gozo. Tudo isso é tão fascinante que ninguém nunca pareceu vê-lo.[41]

Mais tarde, nos últimos tempos do seu ensino — o dos nós —, Lacan parece ter se arrependido da tese segundo a qual é a aparição do Nome-do-Pai, isto é, o Deus de Moisés que impede a existência da relação sexual. Foi esse erro que o levou a destruir sua obra? A hipótese que eu lanço mereceria um estudo mais aprofundado.

Pelo momento, voltemos à segunda objeção que Lacan faz à teoria freudiana do Moisés assassinado, que alega que os Profetas, afinal de contas, nunca falam de Moisés.

Lacan e seu informante aqui se enganam. Pelo menos um profeta, Malaquias, o último, concluiu seu livro justamente com a invocação a Moisés.[42]

Entretanto, o psicanalista prossegue:

> Mas, sobretudo, eles não falam de modo algum desta coisa que, para Freud, parece ser a chave, ou seja, que o Deus de Moisés é o mesmo Deus de Akenaton, um Deus que seria Uno [...]. Por mais longe que ele assim esteja dos outros deuses, o Deus de Moisés simplesmente diz que é necessário não se ter relações com os outros deuses, ele não diz que eles não existem. Ele diz que é preciso não se precipitar em direção aos ídolos. Mas, afinal, trata-se também dos ídolos que o representam, a Ele, como era certamente o

---
[41] Ibidem, p. 134.
[42] Cf. p. 125.

caso do Bezerro de ouro. Eles esperavam um Deus, fizeram um Bezerro de ouro, era tudo natural.[43]

Realmente uma estranha ideia, a de assimilar o Deus de Israel ao de Akenaton, como Lacan mais tarde observará a respeito, observação não desprovida de ambiguidade:

> É nesse lugar que as inacreditáveis complacências de Freud em relação a um monoteísmo cujo modelo ele vai procurar seguir, fato bastante curioso, muito distante da sua tradição. Nada é mais ambíguo, eu diria, no plano sexual, do que esse monoteísmo solar. Ao vê-lo irradiar todos os seus raios providos de pequenas mãos que vão incomodar incontáveis pessoinhas, crianças de um e de outro sexo [...]. Se a palavra obscura pode ter seu sentido ambíguo, é justamente aí, já que as últimas imagens monumentais de Akenaton são imagens não apenas castradas mas francamente femininas.[44]

Todas essas provocações conduzem ao que não deixa de parecer o derradeiro ponto da crítica feita a Freud e a seu conceito de Édipo, ao parricídio como acesso dos filhos ao gozo:

> Nós vemos aí que existe toda uma outra relação que é uma relação com a verdade. Eu já disse que a verdade é a irmãzinha do gozo. O que é certo é que o esquema grosseiro: assassinato do pai → gozo da mãe, elimina inteiramente a força trágica. Certamente é pelo assassinato do pai que Édipo encontra livre acesso a Jocasta [...]. *O importante é que Édipo foi admitido junto a Jocasta porque*

---

[43] J. Lacan. Séminaire XVII, *L'Envers de la psychanalyse*, op. cit., p. 134.
[44] Idem. Séminaire XVIII, *D'un discours qui ne serait pas du semblant*, op. cit., sessão de 16 de junho de 1971.

ele havia triunfado em uma prova de verdade [...]. Não é possível abordar seriamente a referência freudiana sem fazer intervir, além do assassinato e do gozo, a dimensão da verdade. Simplesmente de ver como Freud articula esse mito fundamental, está claro que é verdadeiramente abusivo colocar tudo sob o mesmo manto de Édipo. O que é que Moisés, dane-se, meu Deus — é o caso de se dizer —, tem a ver com Édipo e o pai da horda primitiva?

Depois desta crítica radical, Lacan conclui: "Bem que deve existir aí alguma coisa que possui conteúdo manifesto e conteúdo latente. Hoje, para concluir, eu direi que o que nós propomos é *a análise do complexo de Édipo como sendo um sonho de Freud.*"[45]

Em um Seminário posterior, ele fará esta afirmativa:

> [...] o que Freud abordou como pôde, justamente para evitar sua própria história. El Shaddai, em particular, é o nome com que se designa Aquele cujo nome não se pronuncia. Ele se reportou ao Édipo. Ele fez uma coisa bem limpa, resumindo, um pouco asséptica. Ele não se aventurou muito longe [...].[46]

Alguns anos mais tarde, na época da sua teoria dos nós, ou melhor, no último momento de seu ensino, Lacan será ainda mais definitivo. O Édipo será qualificado de sintoma de Freud, isto é, de prótese contra sua psicose. Ao mesmo tempo em que Lacan se autoqualifica de "histérico assintomático, quer dizer, psicótico".

O leitor informado certamente notou que Lacan, depois de ter declarado que não faria o Seminário sobre os Nomes-do-Pai, não

---

[45] Idem. Séminaire XVII, *L'Envers de la psychanalyse, op. cit.*, p. 131.
[46] Idem. Séminaire XIX, *...ou pire* (não publicado), sessão de 14 de junho de 1972.

para de rechear seus Seminários posteriores com essa noção. Acredita-se que ele a faça desempenhar o papel do *ghost* de Hamlet, exigindo vingança de seu/seus filhos. Sob essa ótica, o *Moisés* de Freud não será tratado levianamente. É, palavra por palavra, versículo por versículo, com a ajuda do professor Caquot, que ele interroga o texto sobre o assunto, paralelamente aos do profeta Oseias e de Sellin.

Qual é a mensagem de Oseias e por que sua cólera contra o povo de Israel?

"Quando falarmos de Oseias, nós veremos até que ponto é por esse motivo que ele insulta. Ele visa aquilo que tem a ver com uma relação que mescla as instâncias sobrenaturais com a própria natureza que, de um certo modo, delas depende."[47]

É essa mistura que constituía o saber sexual do paganismo, que Oseias qualifica de prostituição.

Precisamos nos deter um instante na sessão do Seminário de 15 de abril de 1970 em que Lacan dialoga com André Caquot. Uma longa introdução permite-lhe retomar os temas que ele aborda nesse período: a dívida da psicanálise para com o judaísmo com referência ao midrash como arte de interpretação,[48] o fato de que ela "talvez não possa ser concebida como tendo nascido de nenhum outro lugar que não dessa tradição", o complexo de Édipo a ser considerado como sonho de Freud[49] e, sobretudo, a retomada de sua querela com Javé.

O Javé de Lacan é um Deus habitado pelas paixões humanas. Ao contrário do budismo "em que é recomendado que se

---

[47] Ibidem, p. 156.
[48] Ibidem.
[49] Ibidem, p. 159.

purifique das três paixões fundamentais — o amor, o ódio e a ignorância —, Javé não é desprovido de nenhuma delas."[50]

Essas declarações têm algo de desolador para quem está precisamente — usando a expressão do próprio Lacan — "um pouco por dentro". Quando consultamos o maior dos fiéis e ao mesmo tempo o maior pensador judeu, Maimônides — novamente ele —, essas afirmações parecem um pouco pueris. Inicialmente, a propósito das paixões de Deus. De acordo com a teologia negativa do autor do *Guia*, Deus não poderia ser tomado por nenhuma paixão e as expressões encontradas na Bíblia que parecem afirmar isso não passam de fórmulas retóricas que necessitam interpretação. Quanto à "feroz ignorância", como compreendê-la, quando do Talmude ao Guia, a mensagem é clara: o estudo das ciências, da filosofia grega, mesmo dos livros pagãos e idólatras como o *Livro dos Sabeus*, tão úteis para compreender o contexto no qual Moisés exerceu seu magistério — ao menos ali, naquela corrente do judaísmo —, é elevado ao posto de dever religioso?

A questão que Lacan coloca não é menos pertinente.

> Trata-se, hoje, de uma abordagem do diálogo de Javé com seu povo, do que bem pode ter se passado na cabeça de Sellin, e também do que nos pode revelar o encontro que se estabelece com o que atrai Freud — que é exatamente dessa linha, mas onde ele se detém, onde ele estaca, fazendo da temática do pai uma espécie de nó mítico, um curto-circuito ou, para resumir, um fracasso. Eu lhes disse, o complexo de Édipo é o sonho de Freud. Como todo sonho, ele precisa ser interpretado.[51]

---

[50] Ibidem.
[51] Idem. Séminaire XVII, *L'Envers de la psychanalyse, op. cit.*, p. 150.

Antes de dar a palavra a André Caquot, Lacan lhe faz algumas perguntas, e sobretudo esta que o preocupa há muito tempo: o Deus de Abraão, Isaac e Jacó (aquele que Pascal invoca), El Shaddai, ele é o mesmo que o Javé de Moisés? André Caquot não responderá a essa pergunta, julgando-a, sem dúvida, inconveniente. Resta compreender porque ela preocupava tanto Lacan. Julgava ele o Deus dos patriarcas mais bondoso, por não perturbar os costumes então existentes?

Tendo feito esta introdução, é a vez de Caquot apresentar Ernest Sellin, o autor do livro que tão intensamente interessou Freud — *Moisés e seu significado para a história judaica* —, um importante exegeta alemão formado na escola do protestantismo liberal. Depois disso, Caquot expõe as bases extremamente frágeis sobre as quais Sellin constrói sua tese do assassinato de Moisés, fragilidade que o próprio Sellin reconhecerá mais tarde, renegando a maioria de suas construções exegéticas.

Último comentário de André Caquot. Bem antes de Sellin, um outro autor por quem Freud tinha uma grande admiração, havia formulado a hipótese do assassinato de Moisés pela mão dos seus dois discípulos mais próximos, Josué e Caleb: o próprio Goethe. Mas aos olhos de todos os estudos feitos até hoje, a ideia do assassinato de Moisés é fruto da pura imaginação.

Depois dessa exposição que podemos apenas resumir, o diálogo se entabula entre Lacan — convencido do vazio da construção de Freud em relação a esse assassinato hipotético — e André Caquot. Esta troca versa sobre a explicação de palavras hebraicas, o que Lacan já havia tentado alguns anos antes — no seu profundo desejo de dialogar com os hebraizantes — no seu segundo Seminário, a propósito de *davar* e *memra*. Desta vez, trata-se das palavras *ich* e *baal*, *zakhar* e *nekeva*, ou seja, *macho* e *fêmea*. Efetivamente, parece que com o texto de Oseias surge pela primeira vez a noção do povo hebreu como esposa mística de seu Deus.

> O ponto importante é o uso do *ich* [...]. A novidade de Oseias é, em suma, este apelo de um tipo muito particular. O tom de Oseias é uma espécie de furor injurioso, verdadeiramente tripudiante que é o da fala de Javé dirigindo-se a seu povo [...] a imputação do rito da prostituição sagrada e (ao mesmo tempo) uma espécie de convite em que Javé se declara o esposo. Pode-se dizer que é aí que começa a longa tradição que faz do Cristo o esposo da Igreja. Isso começa aqui, não há vestígios disso antes de Oseias.
> André Caquot: Esta metáfora conjugal, é a primeira vez que ela aparece na Bíblia. É o que permite, bem mais tarde, a alegorização do *Cântico dos Cânticos*. Foi Oseias que permitiu esta alegoria. Eu me perguntei se não havia uma espécie de desmitificação, de transferência para a coletividade de Israel, da deusa que é a mulher do Baal nas religiões semíticas. Há, verdadeiramente, em certos momentos, alguns traços pelos quais Israel é descrito como uma deusa. Mas isso nunca foi dito [...]. Tem-se a impressão que a religião profética substitui a deusa por Israel. Seria o caso de Oseias — ele a substitui pelo povo.[52]

Depois desse Seminário sobre *O avesso da psicanálise*, Lacan não fará mais do que furtivas observações sobre o *Moisés* de Freud, cujo enigma, apesar de todos esses esforços, ele não terá conseguido resolver. O túmulo de Moisés está vazio, dissera ele um dia.

---

[52] Ibidem, p. 162.

Já é muito que aqui nós devamos colocar, no mito freudiano, o pai morto. Mas um mito não se basta se ele não sustentar nenhum rito, e a psicanálise não é o rito do Édipo, observação a ser desenvolvida mais tarde. Sem dúvida o cadáver é bem um significante, mas o túmulo de Moisés está tão vazio para Freud como o de Cristo para Hegel. Abraão não revelou seu mistério a nenhum deles.[53]

Guardemos, para concluir este breve estudo da crítica que Lacan faz do complexo de Édipo de Freud, este importante avanço que daí se tira — e que seus alunos não parecem perceber claramente —, ou seja, que o parricídio precisa ser relativizado em prol do que aparece como o ponto decisivo para todo homem: *a prova de verdade*, confrontação com a morte em definitivo que se apresenta precocemente ao sujeito, desde sua entrada no mundo da fala.

---

[53] Idem. "Subversion du sujet et dialectique du désir". In: *Écrits, op. cit.*, p. 818.

2. Do Pai ao Deus dos judeus: "Eu sou o que Eu é"

Paralelamente à sua crítica ao conceito do Édipo, sob a forma de quebra-cabeça teórico com os elementos dispersos ao longo do seu ensino, Lacan tentou definir positivamente esse misterioso conceito de paternidade. Trata-se, no sentido simbólico, do operador que regula a ordem das gerações, ordem que constitui, precisamente, a base desse aparelho simbólico.

Desde o início de seu ensino, e já tendo a Bíblia como referência, Lacan observa: "E é exatamente a confusão de gerações que, tanto na Bíblia como em todas as leis tradicionais, é maldita como a abominação do verbo e a desolação do pecador."[1]

Em uma outra ocasião, ele dará à paternidade a seguinte definição, tão lapidar quanto luminosa: "A função do Pai é bem precisamente esta: é a função do zero frequentemente esquecida [...]. Esse zero é absolutamente essencial a toda referência cronológica natural e, então, compreendemos o que quer dizer o assassinato do Pai."[2]

Ele prolonga esta proposição ressaltando as devastações, particularmente psicóticas, que uma filiação falsificada produz

---

[1] J. Lacan. "Fonction et champ de la parole et du langage". In: *Écrits, op. cit.*, p. 277.
[2] Idem. Séminaire XVIII, *D'un discours qui ne serait pas du semblant, op. cit.*, sessão de 16 de junho de 1971.

"quando o ambiente em volta dedica-se a lhe sustentar a mentira[3]."

É seu terceiro ano de Seminário, consagrado, precisamente, à questão das psicoses, que marca o verdadeiro e brilhante início da edificação de uma impressionante construção teórica, construção na qual, a cada etapa, a referência ao judaísmo deixa-se entrever. Particularmente isso se dá no momento em que Lacan define, em ressonância ao trabalho de Jakobson, a metáfora e a metonímia, tradução em termos linguísticos dos conceitos freudianos de *deslocamento* e de *condensação*.

A paternidade é exatamente uma metáfora. Para mostrá-lo, Lacan apoia-se no belo poema bíblico de Victor Hugo, *Booz endormi* ["Booz adormecido"], inspirado no *Livro de Ruth*. É tal o seu entusiasmo por esse poema que ele não hesita em comparar Hugo a Homero:

> O poema "Booz adormecido" bastaria para fazer de Hugo um poeta digno de Homero [...]
>
> *Booz não sabia que havia uma mulher lá*
> *E Ruth não sabia o que Deus esperava dela.*
>
> [...] aí não falta nenhum dos dados que conferem ao drama fundamental do Édipo, seu sentido e seu peso eternos, e até o entre-duas-mortes, evocado algumas estrofes mais acima, a respeito da idade e da viuvez de Booz.
>
> *Há muito tempo que aquela com quem eu dormi*
> *Oh, Senhor! Deixou meu leito pelo vosso;*
> *E estamos ainda misturados um ao outro,*
> *Ela semiviva e eu semimorto.*

---

[3] Idem. "Fonction et champ de la parole et du langage". In: *Écrits, op. cit.*, p. 278.

O entre-duas-mortes, sua relação com a dimensão trágica aqui evocada enquanto constitutiva da transmissão paterna, nada aqui falta [...]. Tudo aqui é levado ao extremo [...]

> E Ruth se perguntava
> Imóvel, entreabrindo o olho sob seus véus,
> Que Deus, que ceifador do eterno verão,
> Havia, ao partir, negligentemente jogado
> Essa foice de ouro no campo das estrelas.[4]

Lacan, nem por isso, esquece o texto bíblico que inspirou Hugo:

> Eu lhes falei através de Victor Hugo, mas há, também, o livro original da história de Ruth e Booz. Se esta história se sustenta diante de nós de um modo que nos inspira — a não ser por uma má vontade que só veja aí uma sórdida história entre um velhote e uma empregadinha —, é exatamente porque nós também supomos esse desconhecimento — *Booz não sabia mesmo que havia uma mulher lá* — e que, inconscientemente, Ruth já é para Booz o objeto que ele ama. E nós também supomos, aí de uma maneira formal — *E Ruth não sabia mesmo o que Deus esperava dela* —, que o terceiro, esse lugar divino do Outro, na medida em que é lá que se inscreve a fatalidade do desejo de Ruth, é o que dá o caráter à sua vigilância noturna aos pés de Booz.[5]

---

[4] Idem. *Séminaire VIII, Le transfert*. Paris: Seuil, 2001, p. 160, 161. (Existem duas edições desse seminário; as referências são dadas a partir da de 2001.)
[5] Ibidem, p. 191. O nome bíblico exato do herói deste drama é *Boaz*. Lacan deve ter assinalado e apreciado a queda desse *a* minúsculo.

O poema de Hugo, com o texto bíblico em segundo plano, permite então a Lacan, desdobrar a estrutura do desejo humano, com a terceira instância que a constitui:

> Pois o desejo na sua raiz e na sua essência, é o desejo do Outro, e é aqui, na realidade, que está a mola propulsora do nascimento do amor, se o amor é o que se passa nesse objeto em direção ao qual nós estendemos a mão por nosso próprio desejo e que, no momento em que nosso desejo faz eclodir sua chama, nos deixa aparecer, por um instante, esta resposta, esta outra mão que se estende para nós como seu desejo. Esse desejo sempre se manifesta mesmo que não o saibamos. E Ruth não sabia o que Deus esperava dela. Mas, por não saber o que Deus queria dela, era preciso, assim mesmo, que Deus esperasse dela alguma coisa. E se ela não sabe nada sobre isso, não é porque não se sabe o que Deus queria dela mas é porque, devido a esse mistério, Deus é eclipsado — mas ele está sempre lá.[6]

Este mesmo poema de Hugo havia anteriormente permitido a Lacan, no Seminário *A relação de objeto* (1956-57), definir o que ele entendia por *metáfora* em geral, e *metáfora paterna*, em particular. O desenvolvimento produzido naquele ano encontra-se resumido no artigo "A instância da letra no inconsciente". Retomando, a partir de uma leitura pessoal, a teoria linguística de Saussure sobre a relação entre significante e significado, Lacan considera que, podendo um deslizar permanentemente sobre o outro, há o risco de um equívoco sem fim se a metáfora, aqui e ali, não instituísse um ponto de interrupção dessa deriva. Já no

---

[6] Ibidem, p. 216.

Seminário sobre *As psicoses*, para ilustrar essa função de interrupção da deriva da significância, papel, dali em diante conferido à metáfora, Lacan a havia comparado ao *point de capiton*[7] que os estofadores utilizam para dar forma à sua obra.

Como se forma uma metáfora? Para desmontar seu mecanismo, essencial a toda produção poética, Lacan já se voltava para o poema "Booz adormecido" e daí retira esse verso: *Seu feixe não era avarento nem rancoroso.*

> É, portanto, entre o significante do nome próprio de um homem e aquele que o anula metaforicamente que se produz a centelha poética, aqui tão mais eficaz para realizar a significação da paternidade, que ela produz o acontecimento mítico no qual Freud reconstruiu a trajetória, no inconsciente de todo homem, do mistério paterno."[8]

Essas frases reunidas, próprias do estilo dos *Escritos*, encontram, então, seu pleno desenvolvimento no Seminário IV, *A relação de objeto*, na análise do mesmo verso:

> Entre quê e quê se produz a criação metafórica? Entre [...] seu feixe e aquele que substitui o seu feixe, isto é, o senhor [...] Booz. O feixe [...] o anula, [..] esquema do símbolo na medida em que ele é a morte da coisa. [...] E Booz, depois de ter sido ocultado, anulado, reaparece no brilho fecundo do feixe [...] ele é fecundidade natural. [...] Trata-se de anunciar a Booz [...] que ele vai em breve ser pai,

---

[7] Grifo nosso. A expressão "*point de capiton*" indica, em francês, os pontos de fixação na forração de estofados e colchões, usados em um certo estilo de estofamento. Na literatura lacaniana em português, a expressão é utilizada na sua forma original ou sob algumas traduções tais como "ponto de basta" ou "ponto de estofo". Optamos por conservá-la em francês. (*N. T.*)
[8] Idem. "L'instance de la lettre dans l'inconscient". In: *Écrits, op. cit.*, p. 502.

quer dizer, que sai dele e de seu ventre esta grande árvore sob a qual cantava um rei, diz o texto, e no alto da qual morria um deus.[9]

É preciso ler *por extenso* essas páginas para perceber, na fala de Lacan, qualquer que seja a opinião que se tenha sobre o autor, a beleza, única na literatura analítica, de seu discurso. Lacan retornará muitas vezes a esses versos de Hugo e o uso que deles faz para assentar sua teoria da metáfora como expressão privilegiada da paternidade.[10] Sua leitura da Bíblia é, aqui, muito pertinente:

> Não sei se vocês notaram isso — vocês o saberiam muito melhor se eu tivesse feito, naquele ano, o Seminário que me propunha a fazer sobre os Nomes-do-Pai —, o Senhor de nome impronunciável é precisamente aquele que vela pelo parto das mulheres hebraicas[11] e dos homens que passaram da idade de procriar. O caráter fundamentalmente transbiológico da paternidade, introduzida pela tradição do povo eleito, tem alguma coisa que está lá originalmente recalcada, e que ressurge, sempre, na ambiguidade da claudicação, do tropeço e do sintoma, do não encontro, *dustuchia*, com o sentido que permanece oculto.[12] É totalmente claro. [Booz] está adormecido, ora. Ele está adormecido para que nós também o estejamos, isto é, para que nós não compreendamos aí, senão o que é para ser compreendido.[13]

---

[9] *Op. cit.,* p. 377, 378.
[10] Cf., em particular, os Seminários V, *Les formations de l'inconscient, op. cit.,* e XI, *Les quatre concepts... op. cit.,* p. 224.
[11] No original de Haddad: "hebraiques"; em Lacan: bréhaignes (estéreis). (N.R.T.)
[12] J. Lacan, Séminaire XI, *Les quatre concepts..., op. cit.,* p. 224.
[13] Ibidem, p. 233.

Assim, esse "mistério da paternidade", cada vez em que é evocado, levanta no seu rastro a questão de Deus e, mais precisamente, a do "Deus dos judeus". Yeshayahou Leibowitz, cujo profundo conhecimento do judaísmo ninguém poderia contestar, notava pertinentemente o quanto é difícil dissociar a teologia da psicologia. Mesmo que os dois campos sejam distintos, a teologia sofre, permanentemente, o parasitismo do psicológico, do subjetivo, por exemplo, nessa aproximação entre divindade e paternidade, de fazer de Deus o mestre do simbólico. Para Maimônides, Deus deve ser situado do lado do real, já que é impossível de ser dito e imaginado.

Aonde Lacan queria chegar com esse uso da tradição judaica? Esta interrogação, que é objeto da presente obra, permanecerá entretanto, para sempre, uma questão velada. Por outro lado, é possível estudar a representação desse "Deus dos judeus", às vezes pertinente, esclarecedora, mas frequentemente bem distante da verdadeira tradição judaica.

O mais grosseiro dos erros de Lacan incide, sem dúvida, sobre a questão do corpo desse Deus. Ele não tem, a esse respeito, nenhuma dúvida: o Deus de Israel possui um corpo; ele o afirma em repetidas ocasiões. A primeira ocorrência desta ideia encontra-se na única sessão do Seminário *Os Nomes-do-Pai*, em um comentário sobre a cena bíblica conhecida como da *sarça ardente*, à qual ele não parava de retornar, ao contrário de Freud: "É diante desse Deus que Freud se deteve. Esse Deus cujo nome [...] não é pronunciável. No *Exodus* (Capítulo 6), o Elohim que fala, a *potente árvore*[14] que é preciso que se conceba como seu corpo[...]."[15]

---

[14] No original de Haddad: "puissant arbe"; em Lacan: "buisson ardent" (sarça ardente). (N.R.T.)
[15] Idem. *Des Noms-du-Père*, op. cit., p. 91.

O engano cometido aqui por Lacan é perturbador. Por que falar de uma potente árvore quando o texto não menciona senão um modesto arbusto em conformidade com a humildade das manifestações divinas que, frequentemente, nos relata a parte judaica da Bíblia? É com essa mesma humildade que Deus se revelará mais tarde ao profeta Elias. Sua Voz não é ouvida nem em um violento vento, nem no fogo, nem no tremor de terra, mas *qol demama daqa*, em um murmúrio de precioso silêncio (Reis 1,19). A voz da verdade é um cochicho que só para depois de ter sido ouvido.

Mais tarde, em 7 de junho de 1967, no Seminário sobre *A lógica da fantasia*, Lacan retorna a esse corpo de Deus:

> Isso não quer dizer que os deuses não tenham corpo. Simplesmente, como vocês não o ignoram, eles se transformam. *Mesmo o Deus de Israel tem um corpo. É preciso ser idiota para não perceber isso. Este corpo é uma coluna de fogo, à noite, e de fumaça, de dia*. Isto é dito no Livro e trata-se, precisamente falando, de seu corpo. É como uma outra história, eu abro um parêntese, essas coisas seriam desenvolvidas melhor se eu pudesse ter apresentado meu Seminário sobre os Nomes-do-Pai.

De onde Lacan tirou essa estranha ideia de que a coluna que acompanha os hebreus no deserto seria o corpo de Deus? Exatamente da obra, já mencionada, de Oscar Goldberg, *A realidade dos hebreus*! Ele acredita tanto nessa ideia ("é preciso ser idiota para não perceber isso") que a ela retorna, alguns meses mais tarde, em 4 de dezembro de 1968, no Seminário *De um Outro ao outro*:

Há uma tradição, curiosamente a tradição judaica, na qual justamente podemos destacar no que uma certa transcendência da matéria pode se transformar, e o que é enunciado nas Escrituras, singularmente despercebido, bem-entendido, mas bem claramente, em relação à corporeidade de Deus. São coisas sobre as quais não podemos, hoje, nos alongar, era um capítulo do meu Seminário sobre os *Nomes-do-Pai*, ao qual, é o caso de dizer, eu renunciei definitivamente.[16]

Esta questão da corporeidade de Deus devia, portanto, ocupar um lugar importante no seminário abortado. É difícil avaliar as consequências do erro radical cometido por Lacan, ao atribuir um corpo ao Deus dos judeus. Só podemos lamentar que ele tenha passado tantas horas na *Schola Cantorum*, onde residia Olga Katunal, lendo a obra de Goldberg. Se ele tivesse consagrado parte desse tempo a ler o *Guia dos perplexos*, ele teria descoberto, desde as primeiras páginas, que o edifício teológico do maior pensador judeu repousa, precisamente, na descorporificação radical de qualquer ideia de Deus e que ele irá impor essa concepção como dogma fundamental do judaísmo. Quem sabe a doutrina de Lacan tivesse assumido, a respeito de questões essenciais, uma outra postura?

Quanto às numerosas expressões bíblicas que permitem acreditar em um corpo divino, Maimônides lhes reserva um desti-

---

[16] Reportar-se também ao Seminário XVII, *O avesso da psicanálise*, op. cit.: "O que é que tem um corpo e que não existe? Resposta: o grande Outro. Se acreditamos nesse grande Outro, ele tem um corpo, não eliminável da essência daquele que disse *Eu sou o que eu sou*, o que é uma forma de tautologia totalmente diferente [...]. Os materialistas são os únicos fiéis autênticos [...]. O Deus deles é a matéria ... Entretanto, para nós, isso não basta [...]". A aproximação do conceito de grande Outro — lugar da fala e de formação do desejo, garantia da verdade de uma proposição — com o divino, é incontestável. Acontecerá de Lacan negar que seu grande Outro seja uma maneira de designar Deus. Não é pouca sua contribuição para esse mal-entendido que, nem sempre, é um mal-entendido.

no inapelável: a mensagem profética, para ser compreendida pelos humanos foi forçada a tais fórmulas. Aliás, a tradução canônica aramaica de Onqélos, redigida sob a autoridade dos mestres do Talmude, já havia avançado amplamente nessa direção.

A severidade desta crítica deve ser atenuada pelo fato de que a ideia pagã de um corpo divino encontrou abrigo na literatura cabalística. Quer seja a árvore sefirótica ou a ideia de retração (*tsimtsoum*) do corpo divino para dar lugar à criação, que encontramos na Cabala de Isaac Louria, à qual Lacan às vezes faz alusão, essas noções esotéricas realmente encerram a noção de corporeidade divina. Nós já o dissemos, o judaísmo não é um sistema de pensamento. Nele se enfrentam correntes teológicas radicalmente opostas. O erro de Lacan foi o de se apoiar em apenas uma dessas correntes, de tê-la generalizado, e de ter desenvolvido uma parte de sua doutrina assentado sobre essa distorção.

Há um segundo aspecto, muito mais problemático, da concepção que Lacan faz do deus bíblico, a saber, um deus que intervém na vida dos homens, na sua história, chegando ao ponto de cuidar da procriação. Esta questão dá lugar, na literatura judaica, desde os textos bíblicos até aos mais recentes textos rabínicos, às mais contraditórias concepções, pois ela contém a insolúvel questão do livre arbítrio humano face à presciência divina.[17]

À clássica concepção de um deus onipresente nos assuntos do mundo, opõe-se a célebre fórmula talmúdica *Ha-olam kéminago noèg*, o mundo segue suas leis, isto é, aquelas que Deus imprimiu na sua Criação, desde a origem, e que Ele não poderia

---

[17] Reporte-se sobre essa questão à obra de Y. Leibowitz, *Les fondements du judaïsme, op. cit.*

modificar. Todos os relatos de milagres que a Bíblia nos conta são apenas alegorias, formas de discurso que visam tocar o imaginário dos homens. Maimônides dará todo seu destaque a esta linha de pensamento, chegando até a afirmar que o sacrifício de Abraão não passava de um sonho profético do patriarca. Outro exemplo: o milagre que aconteceu na época de Josué quando o sol parou o seu curso, para que os hebreus ganhassem a batalha. Maimônides não hesita em substituir o fenômeno sobrenatural por uma explicação psicológica: esse dia de guerra foi tão penoso para os combatentes que lhes pareceu anormalmente longo, como se o sol houvesse parado. Já era *o dia mais longo*. Citemos finalmente o surpreendente apelo talmúdico do mestre R. Josué, no encerramento de um cansativo debate talmúdico que uma voz celeste quis influenciar: "Em que o céu quer se meter quando trocamos argumentações?"

Esta problemática, densa, complexa, dialética, supremo enigma, Lacan, ele a reduz. A intervenção de Deus no mundo torna-se um negócio mecânico e automático. Esta concepção tem um nome na teologia, inicialmente muçulmana, mas depois amplamente difundida nos outros monoteísmos, a concepção *asharita*, a partir do nome de seu teórico.

Mas a grande questão de Lacan — e, a se acreditar em Leibowitz, é a de todo homem, fiel ou não, a de encontrar-se *diante* de Deus —, é a confrontação com o Deus do Sinai, lugar do diálogo de Moisés e da sarça ardente, esse diálogo que Freud, no seu livro sobre o monoteísmo, escamoteia de modo sintomático, é o monte Horebe onde a Lei foi revelada, é o monte Nebo, lugar do túmulo inencontrável de Moisés. São esses paradigmas aos quais ele não cessa de retornar.

Ainda, no começo de seu ensino, para definir a fala que Freud dirige ao pequeno Hans, ele só encontra a seguinte expressão:

> Não se pode não perceber o quanto uma interpretação de Freud é diferente de todas aquelas que podemos dar depois dele. Como podemos ver com bastante frequência, Freud não se impõe aqui nenhum tipo de regra, ele toma verdadeiramente a posição que eu poderia chamar de divina — é do Sinai que ele fala ao jovem Hans [...].[18]

Depois, nos últimos tempos de seu ensino, com uma surpreendente perseverança, a mesma metáfora reaparece onde menos se espera. É sabido que Lacan consagrou a última etapa do seu ensino ao nó borromeano, figura topológica específica que lhe aconteceu de chamar de nó-bo. O que lhe permite autointerpretar seu derradeiro interesse pela topologia através de sua fascinação de sempre pelo Sinai, montes Horebe e Nebo estranhamente confundidos:

> Chamá-lo de *nó-bo* me faz pensar em alguma coisa que é evocada em algum lugar por Joyce — *Sobre o monte Nebo, a Lei nos foi dada*.[19]
>
> O nó-bo não passa da tradução do que ontem à noite me lembravam, de que o amor e ainda por cima o amor que se pode qualificar de eterno, dirige-se ao pai, em nome disso, de ser ele o portador da castração. É pelo menos o que Freud propõe em *Totem e tabu* com a referência à horda primitiva. É na medida em que os filhos são privados de mulher que eles amam o pai.
>
> Trata-se de algo inteiramente singular e surpreendente, que só a intuição de Freud permite.

---

[18] J. Lacan. *Séminaire IV*, *La relation d'objet, op. cit.*, p. 276.
[19] Idem. *Séminaire XXIII*, *Le sinthome, op. cit.*, p. 144.

A esta intuição eu tento dar um outro corpo no meu nó-bo, que é feito precisamente para evocar o monte Nebo onde a Lei foi dada — a que não tem absolutamente nada a ver com as leis do mundo real [...]. A Lei de que se trata, na ocasião, é simplesmente a Lei do amor, quer dizer, a *père-version*.[20]

Entre esses dois marcos temporais de seu ensino, Lacan não deixa de comentar a famosa expressão, a que surgiu da sarça ardente e que nos exaurimos, sem conseguir, para traduzir: *eyéh acher eyéh*. Dever-se-ia substituí-la por

Eu sou o que eu sou. Já um *Eu sou aquele que sou* soa, em francês, falso e manco [...]. Que Deus se afirme idêntico ao ser, esse Deus, no momento em que Moisés fala, não seria senão um perfeito absurdo. Eis então o sentido desta função do *a* sob as diversas formas que lembrei a vocês no ano passado [...]. Na angústia, o objeto[21] cai. Essa queda é primitiva. A divindade aí pulula.[22]

Em um seminário precedente, Lacan já articulava o desejo e seu objeto com esta forma surgida da sarça:

[...] digamos que o objeto do desejo se apresente no centro deste fenômeno, como um objeto salvo das águas do amor de vocês. Seu lugar precisa justamente ser situado e é esta a função do meu mito, no centro da mesma sarça ardente onde um dia se anunciou, por meio de uma resposta obscura, *Eu sou o que eu sou*, no exato ponto onde, por não se saber quem fala, estamos sempre ouvindo

---

[20] Ibidem, p. 150.
[21] Nesta citação Haddad suprimiu o "petit a" (pequeno a) presente no original de Lacan: "Le objet petit a choit." (N.R.T.)
[22] Idem. *Des Noms-du-Père, op. cit.*, p. 77, 78.

a interrogação do *Che vuoi?*[23] proferida por uma estranha cabeça de camelo metafórico, de onde também pode muito bem sair a fiel cadelinha do desejo.

Tal é o ponto culminante em torno do qual gira aquilo de que nos ocupamos em relação ao pequeno *a* do desejo.[24]

A aporia que a tradução desta expressão encerra vai, durante muito tempo, incomodar o psicanalista:

> Mas quando Moisés pede ao mensageiro na sarça ardente que lhe revele o nome secreto que deve atuar no campo da verdade, ele limita-se a responder isso: *eyéh acher eyéh*, o que, como vocês o sabem, não deixa de criar dificuldades de tradução das quais, seguramente, a pior, por ser formalmente enfatizada no sentido da ontologia, seria: *eu sou aquele que sou*. *Acher* nunca quis dizer nada parecido; *acher* é "o que"... "*Eu sou o que eu sou*", o que quer dizer: tu disso não saberás nada quanto à minha verdade entre esse "eu sou" preposto e aquele que está por vir; a opacidade, a barra subsiste deste "o quê" que permanece como tal irremediavelmente fechado, o traço sobre o A maiúsculo, esta barra.[25]

Outra manifestação deste incômodo onde reencontraremos o contraponto de temas, daí em diante, familiares:

> No passado, eu havia começado bem em torno desta pequena fenda do meu discurso que se chamava "Os Nomes-do-Pai", e que

---

[23] Em italiano, no original, significando: Que queres?. (N. T.)

[24] Idem. *Séminaire VIII, Le transfert, op. cit.*, p. 456. A última parte desta citação remete ao romance de Jacques Cazotte, *Le diable amoureux*, que Lacan comentou demoradamente no momento da construção de seu gráfico.

[25] Idem. *Séminaire XIII, L'objet de la psychanalyse* (não publicado), sessão de 9 de fevereiro de 1966.

permanece escancarada; havia começado a examinar a tradução de um tal *eyéh acher eyéh* [...]. Os metafísicos, os pensadores gregos traduziram *Eu sou aquele que é*, porque, seguramente, eles precisavam do ser. Só que isso não quer dizer isso. Há meios-termos, falo de pessoas que dizem *Eu sou aquele que sou*. Isto tem a bênção romana mas isto não quer dizer nada. Eu fiz notar, de minha parte, que era preciso ouvir: *Eu sou o que Eu sou*. Com efeito, isso vale pelo menos como um soco na cara. Vocês me perguntam o meu nome, eu respondo *Eu sou o que Eu sou*, e vocês que se danem. É bem o que faz o povo judeu desde esse tempo. [...]. Eu creio que é preciso traduzir por *Eu sou o que Eu é*.[26]

Esta questão incomodava Lacan a tal ponto que acaba por confundí-lo, fazendo-o cometer o que ele *acreditou* ser um lapso. Os primeiros capítulos do Exodus comportam duas cenas cruciais: de um lado, aquela em que Moisés descobre sua vocação na confrontação com a sarça ardente e, de outro lado, a revelação da Lei no monte Sinai. Na sessão de 4 de dezembro de 1968, ele situará no Sinai o local em que é proferido o *Eu sou aquele que sou*:

> [...] o que finalmente nos interessa e que nem superficialmente foi abordado senão no Sinai [...]. Peço desculpas por esse *no Sinai*, ele acaba de me sair de entre as pernas. Eu não queria arrojar-me no Sinai, mas já que ele saiu, é necessário que eu justifique por quê.

---

[26] Idem. Séminaire XVI, *D'un Autre à l'autre, op. cit.*, p. 70. O analista voltará na sessão seguinte para corrigir a tradução que ele propõe: "Vocês me permitirão voltar, por um instante, àquele *Eu é*, da última vez, pois também, e de uma cabeça que não é ruim, eu vi aparecer a objeção de que, ao traduzi-lo assim, eu reabria a porta, digamos, pelo menos a uma referência ao ser. [...] Nada está mais distante da intenção da tradução que formulei. [...] Para fazê-la compreensível, posso retomar essa tradução como *Eu sou o que é o Eu*. Digamos que aqui o *é* seja melhor compreendido" (p. 81).

> [...] eu não contava em falar-lhes disso hoje. Mas já que o Sinai me saiu aqui, a propósito da verdade que fala *Eu*, já que isso aconteceu, vamos em frente. Eu creio que é preciso traduzir *Eu sou o que Eu é*. Se o Sinai me saiu dessa forma, é para lhes ilustrar o que penso investigar a respeito do que o *Eu* envolve, na medida em que a verdade diz *Eu*.[27]

A explicação do lapso é, no mínimo, obscura, atrapalhada. Lacan também volta a esse ponto uma semana mais tarde:

> Vocês me ouviram na última vez ou então viram surgir em primeiro lugar, de início, quase que sem querer, a referência ao *Eu* por intermédio do Deus em questão.
> Efetivamente, eu traduzi o que foi um dia proferido sob a forma *eyéh acher eyéh* por *Eu sou o que Eu é*, e justifiquei, ou creio ter justificado, esta tradução.
> [...] Depois, eu disse que o Sinai havia emergido, apesar de mim, do solo, entre as pernas. Eu não recebi, desta vez, o papelzinho que eu esperava, onde alguém me teria feito notar que essas palavras tinham saído da sarça ardente.[28]

Nada se assemelha ao embaraço do psicanalista quando ele mesmo comete o que, na ocasião, aponta com deleite em seu paciente: um lapso. No fim das contas, um melhor conhecimento dos textos ter-lhe-ia indicado que nenhum lapso havia sido cometido. A famosa sarça ardente encontrava-se exatamente sobre o monte Sinai. É em direção ao local onde sua vocação lhe foi revelada que, em um segundo momento, Moises conduzirá seu povo vindo do Egito.

---

[27] Ibidem, p. 70.
[28] Ibidem, p. 79, 80.

O PECADO ORIGINAL DA PSICANÁLISE

Lamentamos, mais uma vez, que Lacan em seu esforço para compreender este *eyéh acher eyéh*, não tenha considerado a interpretação que Maimônides dá a essa passagem, a de um sujeito em ruptura com qualquer predicado, de um ponto onde o significante coincide com o significado, identificando-se com ele, pedra angular de uma teologia negativa. Ela só poderia tê-lo satisfeito.

Mas, por que mostrar tanto interesse por esta questão de tradução e, sobretudo, *em que ela interessa à psicanálise?*, pergunta-se, sem dúvida não sem irritação, o leitor. É que, para Lacan, ali está não só a chave mas também o ferrolho da psicanálise, seu famoso pecado original nascido da evitação de Freud e que ele deseja corrigir. Com razão, ele situa nesta frase a quintessência do judaísmo, do judaísmo com o qual, durante toda sua vida, ele mantém um *disputatio*[29] intimo feito de fascinação e antipatia: "Eu lhes direi que não é em vão que, da boca do Deus dos judeus, o que eu apreendi foi *Eu sou o que Eu é*."[30]

É nessa frase que se encontra escondida a questão do Pai, como ele afirma no início do seu ensino: "O único que poderia responder, de forma absoluta, na posição do pai, na medida em que ele é o pai simbólico, é aquele que poderia dizer, como o Deus do monoteísmo — *Eu sou aquele que sou*. Mas esta frase que nós encontramos no texto sagrado não pode ser literalmente pronunciada por ninguém[31]."

A coerência e a perseverança da reflexão de Lacan manifestam-se aqui com um destaque particular. Tendo partido da

---

[29] Discussão. Em latim no original. (N. T.)
[30] Ibidem, p. 103. Em nenhum momento Lacan considera que seus ouvintes podem, também, entender assim: Eu sou o que eu odeio. O verbo odiar (*haïr*), na sua forma conjugal "hais" em francês, apresenta homofonia com o verbo *être* (ser), na forma conjugal "est". (N. T.)
[31] Idem, Séminaire IV, *La relation d'objet, op. cit.*, p. 210.

linguística saussuriana, com seu significante que paira acima da desordem do significado, o psicanalista encontra-se em busca de uma pausa para esta deriva das significações, um ponto em que o significante coincide com o significado, seu *point de capiton* do estofador. E eis que o texto bíblico, nesta fórmula, lhe oferece, de bandeja, esse ponto. Melhor ainda, aí não pode existir outro. *O Deus dos judeus aparece como uma necessidade lógica.*

O segundo grande motivo é que esta fórmula coloca e oblitera a questão do *Eu*, esse *Eu* do sujeito, esse *Eu* que seria a manifestação da verdade:

> A verdade, ela fala *Eu* e vocês veem aí definidos dois campos limites. O primeiro é aquele em que o sujeito não se situa senão como sendo efeito do significante, [...] o campo do fato. E, depois, em segundo lugar, há o que nos interessa e que nem superficialmente foi abordado senão no Sinai, ou seja o que diz *Eu*. [...] a verdade diz *Eu*.[32]

Lacan retomará muitas vezes essa prosódia de *eu, a verdade, eu digo*, particularmente no seu artigo "A coisa freudiana[33]", reescrito a partir de uma conferência proferida em Viena pelo centenário de Freud.

Este *eyéh* — sobre o qual Lacan nunca levanta a hipótese de que se tratasse de um futuro ou de um subjuntivo, o inacabado das gramáticas semíticas — é para Lacan o surgimento e, ao mesmo tempo, a obliteração de um *eu* de verdade:

---

[32] Idem, Séminaire XVI, *D'un Autre à l'autre, op. cit.*, p. 70.
[33] Idem. In: *Écrits, op. cit.*, p. 409.

Como é lamentável [...] que Deus sirva para ser descartado pelo que nós chamaremos a proscrição de seu nome.
Isso tomou a forma de um interdito precisamente ali, onde poderíamos melhor saber em que consiste a função do termo Deus, isto é, entre os judeus.
Vocês sabem que há entre eles um nome impronunciável. Pois bem, essa proscrição serve justamente para afastar um certo número de referências absolutamente essenciais à manutenção do *Eu* sob luz suficiente, suficiente para que não se possa lançá-lo — existe *Eu* ali dentro — aos cães, isto é, aos professores.[34]

Em um momento, ele sustenta que o *cogito ergo sum*, o *cogito* cartesiano, ponto de partida da ciência moderna, não passaria do prolongamento da versão latina da expressão *sum ergo Deus*, o resultado final da fala surgida da sarça ardente — ideia, sabemos, que ele tomava emprestada de Koyré.

Esse fundamento fideísta da ciência, tão profundamente enraizado no pensamento do século XVII, mas sobre o qual toda a ciência repousa, apresenta o inconveniente de confiar o fardo da verdade àquele que enunciava *Eu sou o que eu sou* e ao qual, entretanto, nós não mais aderimos. Nesta contradição, nesta anulação da referência, residiria a alienação do sujeito moderno. A observação é de uma importância capital, particularmente para a clínica do obsessivo e sua torturante problemática da dúvida.[35]

---

[34] Idem, Séminaire XVI, *D'un Autre à l'autre, op. cit.*, p. 79.
[35] Idem, Séminaire XIV, *La logique du fantasme* (não publicado), sessão de 11 de janeiro de 1967.

Em algumas citações, Lacan assinala a diferença que o próprio texto bíblico ressalta entre o *eyéh* — que funda o Tetragrama e coloca a questão do Ser, próximo do Deus dos filósofos — e um outro nome bíblico de Deus, El Shaddai, tal como ele se manifestou junto a Abraão, Isaac e Jacó. Segundo Lacan, é a este outro nome, a esta outra concepção de Deus que Pascal vinculava sua fé, o Pascal ao qual Lacan não cessa de voltar.

> É do ser que nós partimos [...]como o *l'êtrernel*[36,37] e esse que — depois da elaboração, no entanto muito moderada de Aristóteles e, sem dúvida, sob a influência da irrupção do *Eu sou o que Eu sou* — é o enunciado da verdade judaica.
> Quando a ideia do ser [...] vem a culminar nessa violenta extirpação da função do tempo pelo enunciado do eterno, daí resultam estranhas consequências.[38]
> [...] há um momento quando isso se separa, aí deve-se saber que ele [Pascal] diz: *o Deus de Abraão, de Isaac e de Jacó*, não têm nada a ver com *o Deus dos filósofos*, porque é um Deus que fala, peço que vocês prestem atenção nisso, mas ele tem a originalidade de que seu nome é impronunciável, de tal modo que a questão se abre.[39]

---

[36] Neologismo a partir da junção de être (ser)+ éternel(eterno). (*N. T.*)

[37] Notemos que a tradução da Bíblia por Z. Kahan, conhecida como Bíblia do rabinato francês, simplifica o problema de tradução do *eyéh*... por *Eu sou o Eterno*.

[38] J. Lacan, Séminaire XX, *Encore, op. cit.*, p. 40. No Seminário XIII, *O objeto da psicanálise* (não publicado), sessão de 2 de fevereiro de 1966, Lacan já havia desenvolvido sua leitura da contradição entre o deus da Bíblia e o dos filósofos: "O existe, que tantas dificuldades causou ao pensamento aristotélico, na medida em que, afinal, o ser proposto se basta, ele existe porque ele é ser. Entretanto, a intrusão da revelação religiosa, a do judaísmo, coloca, digo, entre os filósofos a partir de Avicena, a questão de saber como encaixar esse suspense da existência, na medida em que é necessário para um pensamento religioso de remeter a Deus a decisão sobre isso [...]. Para Pascal, a questão está resolvida. Um outro papelzinho costurado, desta vez mais fundo do que dentro de um bolso, sob um forro, fala não do Deus dos filósofos mas do Deus de Abraão, de Isaac e de Jacó, nos mostra o passo dado e que não se trata mesmo do Ser supremo."

[39] Idem, Séminaire XVI, *D'un Autre à l'autre, op. cit.*, p. 177.

Um Deus que fala, Lacan não consegue se desligar — como havia muitos séculos Maimônides conseguira fazer — de uma concepção antropomórfica de Deus. Quando a Bíblia nos diz que Deus fala, como nos ensina a tradição, convém entendê-lo alegoricamente. Todavia, para Lacan, o Deus dos judeus não só tem um corpo (nuvem, árvore, sarça ardente), mas, ainda por cima, este corpo fala.

Entretanto, a suspeita de se ver imputado um teísmo inconfessado inquieta o psicanalista: "Naturalmente, o rumor se espalharia pela Paris dos pequenos cafés [...] de que, como Pascal, eu escolhi o Deus de Abraão, de Isaac e de Jacó. Que os espíritos, qualquer que seja o lado que os leve a acolher essa notícia, guardem seus movimentos dentro da gaveta, pois a verdade diz *Eu*, mas a recíproca não é verdadeira, nem tudo que fala *Eu* é a verdade. Onde iríamos sem isso?"[40]

Perseguindo o estudo da ideia que Lacan se faz do Deus da sarça ardente, encontraremos, além da fala, esta faculdade de falar "eu", a "feroz ignorância" mais surpreendente. A expressão lhe agrada, ele a empregou inicialmente no seu diálogo com André Caquot, e volta a ela para precisar de que ignorância se trata: a de um certo saber sexual.

> Aquele ou aquilo que vou nomear, que cria esta posição radical de uma feroz ignorância, ele tem um nome — é o próprio Javé.
> Na sua interpelação a esse povo escolhido, a característica de Javé é que ele ignora ferozmente tudo o que existe, no momento em

---
[40] Ibidem, p. 71.

que se anunciam certas práticas das religiões então numerosas e que são baseadas em um certo tipo de saber — de saber sexual.[41]

Aqui Lacan toca no ponto: esse "saber sexual" que caracterizava os antigos paganismos, não para de ser denunciado pelo texto bíblico sob o termo *znout*, luxúria ou prostituição, saber que a psicanálise, afinal, nunca teve a ambição de restaurar. Lendo o livro de Oseias, ele comenta:

> Há, em Oseias, uma coisa inteiramente clara. É inaudito, esse texto de Oseias [...]. Uma coisa é certa, todas as relações com as mulheres são [...] como ele diz na sua linguagem forte — Eu escrevo em hebraico, no quadro, para vocês, em letras muito bonitas. É "prostituição", *znounim*. Referindo-se a Oseias, não se trata senão disso — seu povo prostituiu-se definitivamente. A prostituição é praticamente tudo o que o cerca, todo o contexto. O que o discurso do mestre descobre é que não há relação sexual. [...] É provavelmente o que Javé chama de prostituição.[42]

Lacan enuncia aqui uma ideia muito forte: a emergência da concepção monoteísta da divindade, o Deus dos judeus ou Nome-do-Pai, seria o que introduz uma fratura radical na relação dos sexos, a não relação sexual, fratura irremediável. A religião de Javé teria, assim, destruído um antigo saber mítico que permitia uma sexualidade harmoniosa.

"Seguramente, se precisássemos aqui de alguma coisa para tornar presente não sei que oceano de um saber mítico regulando

---

[41] Idem, Séminaire XVII, *L'Envers de la psychanalyse*, op. cit., p. 158.
[42] Ibidem, p. 133, 134.

a vida dos homens, a melhor referência bem poderia ser o que Javé maldisse, com o que eu chamei de sua feroz ignorância, sob o termo de prostituição."[43]

Daí, sem dúvida, sua cólera surda contra esse Deus que ele odeia. Mas ele não ensinou, muitas vezes, em seguida a Freud, que o ódio é o avesso do amor?

Esta prostituição teria sido o primeiro estágio do saber humano: "O que podemos dizer da ciência atual que permita nos situarmos? Eu evoco aqui, apenas por fraqueza didática [...] três estágios: a ciência, por trás a filosofia e, mais atrás, alguma coisa de que não teríamos noção se não fossem os anátemas bíblicos [...]."[44]

Fica difícil, neste curioso duelo que Lacan trava com o Tetragrama mosaico, circunscrever com precisão a diferença que ele supõe existir entre este, e o nome El Shaddai abraâmico.[45] Isso devia ser, sem dúvida, objeto do seminário que ele não fez. Em uma primeira abordagem, parece que para ele a concepção abraâmica, tal como se manifesta através do sacrifício interrompido de Isaac, seria a de um deus entre outros, sem reivindicação totalizante, enquanto o Deus mosaico seria *o ser supremo*, imperial, que não tolera nenhuma outra concepção que não a do "eu sou o que eu sou".

Para concluir este estudo da expressão *Eu sou o que Eu sou*, é nesta fórmula fundadora do Tetragrama que Lacan situa o núcleo de questões que formam o conceito do Nome-do-Pai que ele promove, ponto central do edifício psíquico, ao mesmo tempo

---

[43] Ibidem, p. 179.
[44] Ibidem, p. 178, 179.
[45] Maimônides interpreta esse nome brincando com as palavras: *Shaddaï = Shé daï lo = Que se basta a si próprio*.

que alienaçao do sujeito. Pelo menos se compreendermos bem o que esses fragmentos deixam entender, uma vez que ele se recusava obstinadamente a desenvolver sua proposição, tal como Aquiles envergonhado retirando-se para sua tenda.

A estas elaborações sobre o Deus dos judeus, definitivamente pouco simpático aos olhos de Lacan, acrescentamos duas observações.

A primeira, a propósito do próprio nome de Deus que Lacan não cansa de declarar impronunciável. Na verdade, segundo a tradição, esse caráter de indizível não pertence à essência do Nome que foi durante muito tempo pronunciado, ao menos uma vez por ano, no dia de *Yom Kippur*. Posteriormente foi proibido pronunciá-lo e sua vocalização foi até esquecida, por razões históricas, a partir do momento em que o povo judeu perdeu sua independência, isso a fim de que o Nome não fosse profanado.

A segunda observação versa sobre a espécie de cólera surda que transparece na maioria das afirmações de Lacan quando se trata do "deus dos judeus". Não parece que tenha sido sempre assim e um dos primeiros Seminários, um muito importante sobre *As psicoses*, dá uma ideia bem mais positiva desse deus.

Esse Seminário contém, com efeito, uma longa reflexão sobre um episódio bíblico, o de Athalie. Assim como na sua reflexão sobre o *Booz adormecido*, Lacan utiliza o relato do Livro dos Reis através do texto de um poeta francês inspirado nas Escrituras, isto é, o drama de *Athalie,* de Racine. Ele lhe reserva um comentário de mais de *sete páginas*! Ou seja, o essencial da sessão de 6 de junho de 1956 e, em seguida, alusões frequentes ao comentário que ele desenvolveu naquele dia. A língua francesa, em todo seu esplendor, ofereceu-lhe constantemente um viés para acostumar seu público ao seu pensamento bastante novo. Desta vez, o drama de *Athalie* serviu-lhe para introduzir a noção, realmente fundamental no judaísmo, de *temor a Deus*, *Yrat ha Shem*. Este *temor a Deus*, afirma Lacan, permite evitar qualquer outro temor, particularmente o temor ao tirano. Ele torna-se, então, o escudo invencível contra toda tirania e, ao mesmo tempo, garantia da liberdade de pensamento que Freud afirmava tirar de sua herança espiritual. Seria preciso ler por inteiro esta prodigiosa reflexão com a qual Lacan penetra verdadeiramente nos arcanos do judaísmo.[46]

O temor a Deus, ao Deus judeu, aparece aqui como um valor de resistência à opressão, o estandarte da revolta contra os tiranos — aqui Athalie —, mas sobretudo como o antídoto contra todos os temores que oprimiam os homens na época — não tão feliz como pensam alguns — do paganismo e do animismo.

Este texto data de 1956. Ele constitui exatamente, parece, um elogio ao Deus dos judeus. Dez anos mais tarde, Lacan muda de perspectiva. Ele emprega características agridoces contra esse mesmo Deus, o tom é mais de *disputatio*, até mesmo de franco

---

[46] Cf. Séminaire III, *Les Psychoses, op. cit.*, p. 302. "O medo é alguma coisa particularmente ambivalente, nós analistas, não o ignoramos — é tanto alguma coisa que impele vocês para frente como algo que os puxa para trás, é alguma coisa que faz de vocês um ser duplo [...]. Mas há alguma outra coisa que parece homônima e que é o *temor a Deus*. Não é de modo nenhum parecido. O temor a Deus é um termo essencial em uma certa linha de pensamento religioso que levaria vocês a crer que é simplesmente a linha geral. O temor aos deuses do qual Lucrécio quer livrar seus amiguinhos é uma outra coisa, um sentimento multiforme, confuso, pânico. O temor a Deus, ao contrário, sobre o qual funda-se uma tradição que remonta a Salomão, é princípio de uma sabedoria e fundamento do amor a Deus. E, ainda por cima, esta tradição é precisamente a nossa. [...] O temor a Deus é um significante que não se encontra em qualquer lugar. Foi preciso alguém para inventá-lo e propor aos homens — como remédio para um mundo feito de múltiplos terrores — que temessem a um ser [...]. Esse famoso temor a Deus realiza o passe de mágica de transformar, de um minuto para o outro, todos os temores, em uma perfeita coragem. Todos os temores são trocados por aquele que se chama temor a Deus que, por mais cerceador que seja, é o contrário de um temor."

conflito. Essa evolução, se confirmada, explicar-se-á por sua biografia, quer dizer, por suas rixas pessoais com a instituição internacional da psicanálise que ele não hesitou em identificar com a Sinagoga? Deixaremos a questão em aberto uma vez que ninguém "poderia analisar o pai".

A Athalie raciniana e bíblica, as duas entrelaçando-se, interessou suficientemente a Lacan para que ele a ela retornasse alguns anos mais tarde, desta vez para ilustrar o esquema linguístico de Ferdinand de Saussure, com o deslizamento incessante do significante e do significado que o primeiro exerce sobre o segundo, moderado por essas pausas que são os *points de capiton*.

> Penso, entretanto, que vocês não esqueceram o extraordinário diálogo inicial da peça, onde se vê chegar este Abner, protótipo do falso irmão e do agente duplo, vindo sondar o terreno a partir do primeiro anúncio [...]. A relação do significante com o significado, tão visível neste diálogo dramático, levou-me a fazer referência ao célebre esquema de Ferdinand de Saussure onde se vê representado o duplo fluxo paralelo do significante e do significado, distintos e destinados a um deslizamento perpétuo, um sobre o outro. É com esse propósito que eu lhes forjei a imagem, tomada emprestada da técnica do estofador, do *point de capiton*. É, com efeito, bem necessário que, em algum ponto, o tecido de um prenda-se ao tecido do outro, para que nós saibamos a que nos prendermos, pelo menos nos limites possíveis desses deslizamentos.[47]

Resta, para concluir, esta questão bastante irritante do interesse paradoxal que Lacan, ateu declarado,[48] tem por essas ques-

---

[47] J. Lacan, *Séminaire V, Les formations de l'inconscient, op. cit.*, p. 12, 13.
[48] A questão do ateísmo de Lacan permanece, entretanto, problemática, diante de uma afirma-

tões teológicas. Ele a responde claramente ao final de seu ensino: "Quer se creia ou não, com Deus é preciso contar!" mesmo a propósito das questões clínicas.

> Tudo que estou lhes explicando, aqui, são coisas de *Téos*. Pois, finalmente, conviria dar-lhe um nome, a este Deus com que nos deleitamos um pouco romanticamente demais, neste pronunciamento de que teremos feito uma bela jogada ao dizer que Deus está morto. Há deus e deus [...]. É bem certo que toda uma parte da elucidação analítica e, em resumo, toda a história do Pai em Freud, é nossa contribuição essencial à função de *Téos* em um certo campo, precisamente no campo que encontra seus limites na borda do duplo corte, na medida em que é ele que determina os caracteres estruturantes, o núcleo fundamental da fantasia, tanto na teoria como na prática. Se alguma coisa pode-se articular que examine os prós e os contras dos domínios de *Téos*, que se revelam não ser assim tão reduzidos, visto que nós deles tanto nos ocupamos, exceto que, a partir de um certo tempo, nós deles perdemos, se posso dizer, a alma, o sumo, o essencial.[49]

Lacan colocava como objetivo ideal de fim de análise, a destituição daquilo que ele chamava o *sujeito-suposto-saber*, ou SSS, suporte da transferência, função ocupada no tratamento pelo analista. Ora, quem é este SSS cujas roupas o analista veste? O próprio Deus.

ção como esta: "Passamos o tempo perguntando se Deus existe, como se fosse mesmo uma questão. *Deus é, isso não deixa nenhuma dúvida*, isso não prova absolutamente que ele existe", *in*: Séminaire XVI, *D'un Autre à l'autre, op. cit.*, p. 103, 104.
[49] J. Lacan, Séminaire IX, *L'identification* (não publicado), sessão de 13 de junho de 1962.

Por um lado, um ideal, até mesmo uma necessidade de ateísmo, de outro lado, importância empática conferida à ideia de Deus: tal é a torção que estrutura o pensamento de Lacan. Assim, o vemos ao mesmo tempo escarnecer dos ateus, a seus olhos falsos ateus e, no mesmo movimento, zombar do Deus "judaico-cristão", ao menos a partir da ideia — frequentemente falsa — que dele fazia.

Enfim, *last but not the least*, acontece que o Deus que se define como *Eu sou aquele que sou* é aquele mesmo em nome do qual a Lei foi proferida.

3. A Lei e seus dez mandamentos

Além dos enigmas que envolvem sua existência histórica, se Moisés, príncipe dos profetas, marcou tão profundamente a história humana, é porque, por seu intermédio, a Lei aconteceu. Esse conceito de Lei, separando no reino animal uma espécie particular — a espécie humana —, está no coração da doutrina de Lacan.

Como se manifesta essa Lei? Por meio de preceitos, de mandamentos. O mais lógico dos ateus não demora a sentir, sob a forma absurda de uma neurose obsessiva, uma caricatura desses mesmos mandamentos. É o que Freud descobre, de forma especial, quando analisa o paciente conhecido como "o homem dos ratos". Entre os mandamentos destacam-se, com sua importância hierática, aqueles que chamamos de os *dez mandamentos*. O que eles representam para Lacan? Nada menos do que as próprias leis da fala.

> Aqui reina o mandamento, chamem-no como quiserem, chamem-no de os dez mandamentos, por que não? Já lhes disse, no passado, que muito provavelmente os dez mandamentos eram as leis da fala, ou seja, que a partir do momento em que não são respeitados, todas as desordens começam a afetar o funcionamento da fala. Tratando-se da demanda de morte, é evidente que o que está lá, no

horizonte, é o *Tu não matarás* e que cria aí o drama. Entretanto, o castigo não tira seu impacto daquilo que aparece neste lugar como resposta. É que, por razões ligadas à estrutura do Outro para o homem, a demanda de morte é equivalente à morte da demanda. É o nível do mandamento. Ele existe, existe tão bem que, na verdade, emerge sozinho. Se vocês lerem as notas que Freud tomou sobre seu caso *O homem dos ratos* — trata-se, aqui, do belo suplemento publicado na *Standard Edition* na qual se encontram alguns elementos cronológicos preciosos de serem conhecidos —, vocês verão que os primeiros conteúdos obsessivos sobre os quais o sujeito lhe fala, são os mandamentos que ele recebe [...].
Também vemos os mandamentos aparecerem, muito claramente, em um outro contexto — nos psicóticos. Eles recebem esses mandamentos e um dos pontos-chave da classificação é saber em que medida eles os obedecem. Resumindo, a psicose coloca no horizonte da relação do sujeito com a fala, a autonomia dessa função do mandamento, experiência que não se pode considerar senão como fundamental. Esse mandamento pode permanecer velado. No obsessivo, ele é velado e fragmentado [...].[1]

Lacan repetirá muitas vezes a ideia de que os dez mandamentos constituem as leis da fala, ou seja, de toda a vida social, e o tempo não apagará essa convicção. Dez anos mais tarde, ele declara:

Aquele que se anunciou, pelo menos do modo como eu digo, como *Eu sou o que Eu é*, não fez senão enunciar as leis do *Eu falo*, sob a forma do que, desde então, transmite-se no imperativo da lista

---

[1] J. Lacan, Séminaire V, *Les formations de l'inconscient*, op. cit., p. 497.

dos Dez Mandamentos, ditos de Deus. Já assinalei isso, no meu Seminário sobre a ética.

É verdade, como eu o afirmo, que a verdade diz *Eu*. Parece ser bem evidente que *Tu só adorarás aquele que disse: "Eu sou o que Eu é" e que Tu só adorarás a ele.*[2]

No entanto as leis da fala são também as da lei moral, a que Freud chamou Supereu. Para Lacan, o Sinai é novamente a referência:

> O mesmo se passa com a lei moral e pela mesma razão que nos faz caminhar da linguagem à fala. E descobrir que o Supereu, em seu imperativo íntimo, é, efetivamente, "a voz da consciência", isto é, em primeiro lugar precisamente uma voz, e bem vocal, e sem mais autoridade que não a de ser a voz grossa: a voz que, pelo menos um texto da Bíblia, nos diz que se fez ouvir pelo povo reunido em volta do Sinai, não sem que esse artifício aí sugira que, em sua enunciação, ela lhe devolvia seu próprio rumor, as Tábuas da Lei não sendo menos necessárias para conhecer seu enunciado.
>
> Ora, para quem sabe ler, sobre essas tábuas não está escrito nada que não sejam as leis da própria Fala [...]. Anuncia-se uma ética, convertida em silêncio, não pela via do temor mas pela do desejo [...].[3]

Encontramos a mesma identificação entre a lei moral e os dez mandamentos, no Seminário *A ética*:

> Eis-nos, portanto, reconduzidos à lei moral, na medida em que ela se encarna em um certo número de mandamentos. Quero dizer, es-

---

[2] Idem, Séminaire XVI, *D'un Autre à l'autre, op. cit.*, p. 80.
[3] Idem, "Remarque sur le rapport de Daniel Lagache", in: *Écrits, op. cit.*, p. 684.

ses dez mandamentos cuja reunião está na origem — não tão perdida no passado — de um povo que se autodistingue como eleito. Eu lhes disse que conviria retomar esses mandamentos. [...] Falei do número de mandamentos mas há também sua forma, o modo com que nos são transmitidos: no futuro. De muito bom grado, eu chamaria alguém para me ajudar, alguém que tivesse bastante prática do hebraico para poder me responder. No texto hebraico, também é o futuro, é alguma forma do volitivo que é empregado no Deuteronômio e Números,[4] onde vemos as primeiras formulações do Decálogo?[5]

Mais uma vez irá se notar o apelo de Lacan a um *sujeito-que-saiba-hebraico*, manifestação de sua problemática transferência em relação ao judaísmo que, supostamente, detém o segredo de Freud. Do mesmo modo, o psicanalista compreendeu perfeitamente que os mandamentos não poderiam proceder de nenhuma ordem natural, ao mesmo tempo em que eles mantêm com a verdade os mais estreitos laços:

> Os mandamentos que sustentam a verdade, eu o enfatizei, há pouco, são propriamente a antifísica. Sem eles como referência, não há meio de dizer a verdade, ou o que assim se nomeia. Tentem, então! Não se consegue nunca. Os mandamentos constituem um ponto ideal, é precisamente o caso de se dizer. Ninguém sequer sabe o que isso quer dizer.
> Pois bem, da mesma maneira, a partir do momento em que se mantém um discurso, o que surge são as leis da lógica, quer dizer,

---

[4] O enunciado dos dez mandamentos encontra-se, de fato, no *Exodus* 20 e *Deuteronômio* 5.
[5] J. Lacan, Séminaire VII, *L'Éthique de la psychanalyse, op. cit.*, p. 97, 98.

uma coerência refinada, ligada à natureza daquilo que se chama de a articulação significante.[6]

Anteriormente Lacan havia expressado a ideia muito original do vínculo entre recalque e respeito aos mandamentos. Contrariamente à ideia corrente de que o recalque opera-se pelo respeito à Lei, seria ao contrário, o não respeito aos mandamentos que constituiria o recalque:

> Cabe assinalar que, por meio de uma solidariedade que participa da evidência, não há fala, propriamente falando, senão lá onde a cerca de um mandamento a preserva. Isso explica porque, desde que o mundo é mundo, ninguém observa muito exatamente esses mandamentos, e é também por isso que a fala, no sentido de que a verdade diz *Eu*, permanece profundamente escondida e só emerge para mostrar uma pontinha do nariz, de tempos em tempos, nos interstícios do discurso.[7]

Por que os dez mandamentos são tão importantes para a psicanálise? Devido ao lugar fundamental que ocupam na estruturação do desejo. Encontramos aí as elaborações de Lacan em torno da noção de *Das Ding*, a Coisa, que o psicanalista destacou em uma carta de Freud para Fliess. *Das Ding* poderia ser definido como o objeto primordial do desejo.

A constituição desse objeto é o efeito da Lei, dos mandamentos, sem os quais eu não teria tido a ideia de cobiçá-lo. Ora, é pela Lei — na medida em que ela me proíbe de cobiçar a coisa

---

[6] Idem, Séminaire XVI, *D'un Autre à l'autre, op. cit.*, p. 81, 82.
[7] Ibidem, p. 80.

alheia — que eu tomo conhecimento da Coisa. Sem Lei, a Coisa está morta. A Lei é a condição *sine qua non* do desejo.[8]

Uma vez que a Lei se encontra na origem da constituição do desejo humano e que a expressão mais precisa dessa Lei são os dez mandamentos, nunca se poderia refletir o bastante sobre isso. Ao que Lacan se consagra no seu Seminário sobre *A ética*.

Recuando no tempo, este Seminário constitui o primeiro momento do desenvolvimento de uma reflexão — até então feita de breves alusões — ao mesmo tempo admirativa e crítica, de Lacan sobre o judaísmo. Mais tarde virão os Seminários *A angústia* e *O avesso da psicanálise*. Com o correr dos anos, a admiração se tingirá, cada vez mais, de ironia. Mas quantos intelectuais, entre eles judeus, interessaram-se naqueles anos, como Lacan, pelas palavras da Torá? Os dez mandamentos lhe parecem tão importantes para compreender a subjetividade humana que ele os comentará, um por um, depois de ter mostrado o seu alcance geral. Devemos aqui contentar-nos com alguns fragmentos desses comentários.

> Freud nos traz uma articulação verdadeiramente nova, ao nos mostrar a raiz, o funcionamento psicológico daquilo que, na constituição humana pesa, e como pesa, meu Deus, sobre todas essas formas — nenhuma das quais é conveniente desconhecer, nem a mais simples — a dos mandamentos, e eu diria mesmo, dos dez mandamentos.
>
> Eu não desistirei de lhes falar sobre esses dez mandamentos que nós pensávamos ter examinado completamente. Está claro que os vemos funcionar, senão em nós, pelo menos nas coisas, de uma ma-

---

[8] Cf. Séminaire VII, *L'Éthique de la psychanalyse, op. cit.*, p. 101.

neira simplesmente vivaz e que conviria, talvez, rever o que Freud articula a respeito.

[...] Freud traz, quanto ao fundamento da moral, a descoberta, dirão uns, a afirmação, dirão outros, [...] de que a lei fundamental, a lei primordial, aquela onde a cultura começa, na medida em que ela se opõe à natureza [...], é a lei da proibição do incesto.[9]

Mas esta Lei sobre a qual, depois de Freud, Lévi-Strauss insistiu magistralmente, pertence ao inconsciente. Para ser eficaz, ela deve traduzir-se no discurso cotidiano:

> Esta inspeção metafísica — prossegue Lacan — só merece mesmo ser mantida se nós pudermos confirmá-la no nível do discurso efetivo que pode chegar ao alcance do saber do homem, do discurso pré-consciente ou consciente, quer dizer, da lei efetiva, isto é, enfim, desses famosos dez mandamentos [...].
> São dez, os mandamentos? Minha fé, bem pode ser. Tentei refazer a conta deles indo até as fontes.[10]

Lacan cita, então, a Bíblia de Sacy, antes de evocar novamente a versão inglesa King James da qual lembramos-nos como, em plena guerra, ele obteve um exemplar, "versão autorizada dos ingleses, de que se pode dizer que, se não a conhecemos de cor, somos excluídos do meio deles". Talvez ele também tivesse podido consultar, por mais imperfeita que seja, entre a versão King James e Sacy, a Bíblia dita do rabinato francês, na qual o Decálogo apresenta, sem ambiguidade de número, os dez mandamentos que a tradição judaica denomina, no final das contas, de as dez palavras,

---
[9] Ibidem, p. 81, 82.
[10] Ibidem, p. 83.

solidificando, assim, a ideia que Lacan gostava de repetir, de que se tratava precisamente das leis da fala.

> Esses dez mandamentos, por mais negativos que pareçam [...], eu não me deterei tanto no seu caráter interditivo, mas eu direi [...] que eles não são, talvez, senão os mandamentos da fala, quero dizer, que eles explicitam aquilo, sem o que, não há fala — eu não disse discurso — possível.
> [...] Quero que prestem atenção nisso — nesses dez mandamentos — que constituem aproximadamente tudo que, contra ventos e tempestades, é recebido como mandamentos pelo conjunto da humanidade civilizada [...], nesses dez mandamentos, em nenhum lugar é assinalado que não se pode dormir com a própria mãe. Não penso que o mandamento de honrá-la possa ser considerado como a menor indicação nesse sentido, nem positiva, nem negativa [...].
> Da próxima vez, não poderíamos tentar interpretar os dez mandamentos como alguma coisa muito próxima daquilo que, com efeito, funciona no recalque do inconsciente? Os dez mandamentos são interpretáveis como destinados a manter o sujeito à distância de qualquer realização do incesto, com uma e única condição, que é que nós percebamos que a proibição do incesto não é senão a condição pela qual a fala subsiste.
> Isso nos reconduz a interrogar sobre o sentido dos dez mandamentos na medida em que eles estão ligados, o mais profundamente possível, àquilo que regula a distância do sujeito em relação ao *Das Ding*, uma vez que [...] os dez mandamentos são a condição da substância[11] da fala enquanto tal.[12]

---

[11] No texto de Lacan: subsistance (subsistência).
[12] Ibidem, p. 84.

Admiráveis e exemplares páginas, penetrando em um contexto "a-religioso", na própria intimidade do texto fundador do monoteísmo!

Depois da afirmação de que esses dez mandamentos estão no fundamento, explícito ou velado, de toda sociedade civilizada que se preze, Lacan não demora a encontrar o contraponto que caracteriza sua afirmação:

> Eu não faço senão abordar essa margem, mas, desde agora, eu lhes peço, que ninguém se detenha diante da ideia de que os dez mandamentos seriam a condição de toda vida social. Pois, a bem da verdade, como — sob um outro ângulo — não perceber, simplesmente ao enunciá-los, que eles são, de certo modo, a lista e o capítulo de nossas transações de cada instante? Eles expõem a dimensão de nossas ações enquanto propriamente humanas. Em outros termos, passamos nosso tempo a violar os dez mandamentos, e é exatamente por isso que uma sociedade é possível.
> [Trata-se] de ver a que o caráter de imanência pré-consciente dos dez mandamentos responde. É aí que, da próxima vez, eu retomarei as coisas [...].[13]

Lacan manterá sua palavra e consagrará a lição seguinte de seu Seminário a examinar de perto esses dez mandamentos:

> O que eu desejo abordar hoje é unicamente seu caráter privilegiado em relação à estrutura da Lei. Gostaria de deter-me, hoje, em dois deles.

---

[13] Ibidem, p. 84, 85.

Devo deixar de lado as enormes questões que a promulgação desses mandamentos coloca através de algo que se anuncia como *Eu sou o que Eu sou* [...].
Esse *Eu sou o que Eu sou* anuncia-se, primeiramente, em relação a um pequeno povo, como sendo quem o tirou das misérias do Egito, e começa a dizer — Tu *não adorarás outro deus senão a Mim, na Minha presença*. Deixo aberta a questão de saber o que quer dizer *na Minha presença*. Significa que, longe da presença de Deus, isto é, fora de Canaã, a adoração de outros deuses não é inconcebível para o judeu fiel? Um texto do Segundo Samuel, da boca de David, o deixa parecer.[14]

Esta última hipótese, segundo a qual a idolatria seria tolerada fora de Canaã, parecerá, sem dúvida, maluca para o "judeu fiel". Ela pertence ao "sintoma" de Lacan confrontando-se com o Deus de Moisés.

Não é menos verdade que o segundo mandamento, prossegue ele, o que formalmente rejeita não apenas qualquer culto, mas qualquer imagem, qualquer representação do que está no céu, na terra e no abismo, parece-me mostrar que se está tratando de uma relação totalmente especial com o afeto humano no seu conjunto. Resumindo, a eliminação da função do imaginário está diante dos meus olhos e penso que também diante dos seus, como o princípio da relação com o simbólico no sentido em que aqui o entendemos, isto é, em suma, com a fala. Ele encontra aí sua principal condição.[15]

---

[14] Ibidem, p. 98.
[15] Ibidem, p. 98, 99.

O erro, nesse ponto, é comum. Esse segundo mandamento não exclui, de fato, a representação, mas a adoração idolátrica desta representação. A observação de Lacan sobre o principal alcance desse segundo mandamento, livrando a ordem simbólica do seu revestimento imaginário, conserva, entretanto, todo o seu valor. Em seguida, vem o rápido exame de cada um dos mandamentos. Depois de uma breve alusão ao "imperativo extraordinário" do *shabat*,[16] sinal de um vazio, sem qualquer utilidade, o psicanalista detém-se demoradamente na questão para ele tão cara, já muitas vezes evocada, a da mentira na sua relação com a fala.

Curiosamente, Lacan encontra, nos dez mandamentos, um mandamento que simplesmente não existe: *Tu não mentirás*.[17] A ele consagra várias páginas de uma competente análise. Sem dúvida, poderíamos aproximar dele o terceiro — *Tu não invocarás o nome do Eterno para sustentar uma mentira*, que cuida da mentira venial — e o nono: *Não levante falso testemunho contra teu próximo*, que diz respeito à esfera jurídica e não ao discurso cotidiano. Lacan realiza aqui uma impressionante "forçação" que provém, talvez, de alguma reminiscência do catecismo.

Entretanto, o mandamento sobre o qual Lacan colocará todo o peso de sua análise será o décimo:

> Eu vou [..] finalmente chegar no que hoje consiste o ápice da nossa reflexão sobre as relações entre o desejo e a lei. É o famoso mandamento que assim se expressa — sempre faz rir mas, se refletirmos bem sobre ele, não sorriremos durante muito tempo — *Tu não*

---

[16] Segundo a Bíblia, sétimo dia da semana, consagrado ao descanso, assim determinado por Deus quando da criação do mundo. (*N. T.*)
[17] Ibidem, p. 99.

cobiçarás a casa de teu próximo, não cobiçarás a mulher do teu próximo, nem seu criado, nem sua criada, nem seu boi, nem seu asno, nem nada do que pertence a teu próximo.

Colocar a mulher junto com a casa e o burrico sugeriu, a mais de uma pessoa, a ideia de que podíamos ver ali as exigências de uma sociedade primitiva — dos beduínos, dos *bicots*,[18] dos *ratons*.[19] Pois bem, eu não acho isso.

Esta lei, sempre viva no coração de homens que a violam diariamente, pelo menos no que concerne à mulher do próximo, deve ter, sem dúvida, alguma relação com o que aqui é nosso objeto, ou seja *das Ding*.

Pois não se trata de um bem qualquer. Não se trata daquilo que constitui a lei da troca [...]. Trata-se de alguma coisa que adquire seu valor pelo fato de que nenhum desses objetos deixa de ter a mais estreita relação com aquilo em que o ser humano pode se apoiar como sendo *das Trude, das Ding*, não como um bem seu, mas como o bem em que ele se apoia. [...]

Mas aí, aonde chegamos nós?

Será que a Lei é a Coisa? De jeito nenhum. Entretanto, eu só tomei conhecimento da Coisa através da Lei. Com efeito, eu não teria tido a ideia de cobiçá-la se a Lei não houvesse dito — Tu não a cobiçarás.[20]

Vinte anos mais tarde, no seu Seminário *De um discurso que não seria do semblante*, Lacan se lembrará de seu comentário do décimo mandamento como sendo do conjunto da abordagem

---

[18] Termo racista, pejorativo e injurioso usado com referência aos africanos do Norte da África. (*N. T.*)
[19] Forma racista, pejorativa e injuriosa de se referir aos magrebinos (naturais de Magrebe — região do Norte da África). (*N. T.*)
[20] Ibidem, p. 100, 101.

do decálogo, tendo, naquele ínterim, perdido seu fervor inicial; suas desavenças com a "Sinagoga" haviam deixado marcas:

> Eu constatei isso, que eu entrego à sua reflexão, é que nos mandamentos ditos do Decálogo, a mulher é assimilada aos supracitados da seguinte forma: *tu não cobiçarás a mulher do teu próximo, nem seu boi, nem seu asno etc.* Isso não é para lhes dar chance de debochar mas de refletir — aproximando o que eu, de passagem, lhes fiz observar, daquilo que eu outrora tinha precisamente querido dizer a respeito do que se expressava nos mandamentos, ou seja, nada senão as leis da fala. O que limita seu interesse. Mas é muito importante limitar o interesse das coisas, e é por esse motivo que eu me esforço para isso.[21]

Um outro mandamento do *Pentateuco*, que não pertence ao decálogo, também suscitou amplos comentários. É aquele em que Javé ordena: *tu amarás teu próximo como a ti mesmo*. Freud já havia expressado seu incômodo diante desse mandamento, cheio de ambiguidade. Lacan, repetidas vezes, vai tentar esclarecer o significado desta fala bíblica. Encontramos a primeira ocorrência deste termo na conclusão ao Seminário *As formações do inconsciente*. É uma regra, já assinalada, a de que a reflexão de Lacan sobre a Bíblia emerge frequentemente ao fim de uma lição ou do conjunto de um Seminário. Infelizmente, ela é aqui manchada pelo erro frequente que faz deste mandamento uma inovação cristã, embora os *Evangelhos* não façam senão retomar um versículo do *Pentateuco* (Lv, 19,18).

---

[21] Idem, Séminaire XVIII, *D'un discours qui ne serait pas du semblant, op. cit.*, sessão de 19 de maio de 1971.

Já que eu fiz, ainda há pouco, alusão aos mandamentos e que falei também do cristianismo, ao terminar, eu gostaria de chamar sua atenção para um mandamento que não é dos menos misteriosos. Não é um mandamento moral pois se fundamenta na identificação. No horizonte de todos os mandamentos, é aquele que é promovido pela articulação cristã sob o termo *tu amarás teu próximo como a ti mesmo*.

Não sei se vocês se detiveram sobre o que isso comporta. Isso comporta todos os tipos de objeções. Primeiro, as belas almas exclamam: *como a ti mesmo? [...] É bem pouco!* As pessoas mais experientes pensam: *mas, no final das contas, é garantido que amemos a nós mesmos?* Com efeito, a experiência prova que temos em relação a nós mesmos sentimentos os mais singulares e mais contraditórios. E depois, se tomado sob uma certa perspectiva, esse *ti mesmo* pode parecer colocar o egoísmo no coração do amor. Como fazer dele a medida, o módulo, o padrão do amor?[22]

Ao longo de todo seu ensino, Lacan não deixará de voltar a esse mandamento, essencial ao vínculo social. Sobre ele encontra-se um importante comentário no Seminário sobre *A ética*, no qual a questão da Lei ocupa um lugar tão importante:

> Ela começa no momento em que o sujeito coloca a questão desse bem que, inconscientemente, havia procurado nas estruturas sociais — e onde, ao mesmo tempo, ele é levado a descobrir a profunda ligação, pela qual aquilo que se apresenta para ele como a Lei está estreitamente ligado à própria estrutura do desejo. Se ele não descobre, logo em seguida, esse derradeiro desejo, que a exploração freudiana descobriu com o nome de desejo do incesto,

---

[22] Idem, Séminaire V, *Les formations de l'inconscient, op. cit.*, p. 507.

> ele descobre aquilo que articula sua conduta de tal modo que o objeto de seu desejo seja sempre, por ele, mantido à distância. Esta distância não é exatamente uma distância, é uma distância íntima que se chama proximidade, que não é idêntica a ele mesmo, que lhe é literalmente próxima, no sentido em que se pode dizer que o *Nebenmensch*[23] de que Freud nos fala no fundamento da coisa, é o seu próximo.
>
> Se alguma coisa, no ápice do mandamento ético, termina — de um modo tão estranho, tão escandaloso, segundo alguns assim o sentem — articulando-se sob a forma do *Tu amarás teu próximo como a ti mesmo*, é porque é próprio da lei da relação do sujeito humano consigo mesmo, que ele faça de si próprio, em sua relação com seu desejo, o seu próprio próximo.[24]

Esta leitura absolutamente original do mandamento do Levítico — que não terá tido, desde então, muito eco entre os bravos pensadores da ética — não esgota a verve de Lacan. Ele aí retorna, algumas semanas mais tarde, para novos longos desenvolvimentos: "[...] convém que nos detenhamos nesse desfiladeiro, nessa estreita passagem onde o próprio Freud se detém e recua com um horror justificado. *Tu amarás teu próximo como a ti mesmo* — esse mandamento lhe parece inumano."[25]

A razão para esse recuo de Freud deve-se ao fato de que ele pode avaliar a maldade que jaz no coração de todo homem.

"Eu lhes disse a que se liga esse horror de Freud, do homem íntegro que ele tão profundamente é — ele está ligado a esta mal-

---

[23] Do alemão *nebem* (ao lado de) e *mensch* (homem ou ser humano), ou seja: o ser humano que está ao lado. (*N. T.*)
[24] Idem, Séminaire VII, *L'Éthique de la psychanalyse, op. cit.*, p. 92.
[25] Ibidem, p. 228.

dade, na qual ele não hesita em mostrar-nos o mais profundo do coração do homem. [...] A resistência diante do mandamento *tu amarás teu próximo como a ti mesmo* e a resistência que se exerce para impedir seu acesso ao gozo são uma única e mesma coisa."[26]

À parte alguns tropeços, fica-se impressionado com a amplitude da reflexão de Lacan sobre as questões que a religião judaica coloca. Naqueles anos 1950-1960, quando o judaísmo não estava na moda, moda cujos caminhos ele sem dúvida ajudou a abrir, ele, ateu declarado, compreendeu a importância dessa problemática que, anos mais tarde, no nosso trágico presente, se desencadeará sob a máscara do integrismo. Qualquer que seja seu fracasso teórico e institucional, como não sentir soprar o forte vento de alto mar em lugar do confinamento onde Freud nos deixou na sua simples referência a Sófocles?

---

[26] Ibidem.

4. O objeto como libra de carne

O ser humano, o *fala-ser*, para utilizar o neologismo forjado por Lacan, aparece como encerrado em uma rede simbólica — ou linguageira, ou significante, os três termos sendo sinônimos. Encontra-se mergulhado nessa estrutura desde o seu nascimento e até antes mesmo de sua vinda ao mundo como Freud declarou, certo dia, ao pequeno Hans. Esta é a leitura que Lacan faz da psicanálise. Para enunciar este princípio em todas as suas facetas, ele certamente apoia-se na linguística de Ferdinand de Saussure. Mas vimos o proveito que ele também tira da arte judaica de ler os textos — ou midrash.

Desde então uma questão se coloca: a psicanálise enuncia mais um determinismo a se acrescentar ao fardo das causalidades que o homem já suporta? O homem não passaria de uma marionete cujos significantes seriam os fios que governam os movimentos de seu ser? A questão é certamente de natureza metafísica e sabemos quantas antinomias levanta. Mas que pensamento — digno desse nome — pode fazer a economia de não se colocar a questão, de não refletir sobre a responsabilidade de nossos atos? Lamentamos que esse seja o caso da psicanálise.[1] Entretanto, a doutrina de Lacan parece oferecer ao problema uma nova abordagem pois,

---
[1] Eu havia proposto esse tema para um colóquio da Associação Freudiana Internacional, em 1993. A maioria dos oradores preferiu evitar a questão proposta.

segundo ele, na confrontação do sujeito falante com o simbólico — sua verdadeira túnica de Nesso — uma divisão aí se opera. Deixa, no entanto, atrás de si um *resto*, quer dizer, alguma coisa que precisamente escapa ao poder do significante. É esse resto que constitui a base da reflexão lacaniana, seu objeto, o objeto *a*, pedaço de corpo no limite do seu próprio corpo e do seu Outro materno. Não nos surpreendemos ao encontrar nessa reflexão um importante recurso ao texto bíblico:

"É que, com efeito, nenhuma história escrita, nenhum livro sagrado, nenhuma bíblia, para dizer a palavra, mais do que a Bíblia hebraica, sabe nos fazer viver a zona sagrada onde esta hora da verdade é evocada, a que anuncia o encontro com o lado implacável da relação com Deus, com a maldade divina segundo a qual é sempre com a nossa carne que devemos saldar a dívida."[2]

Esta carne com a qual devemos liquidar nossa dívida, evoca, inevitavelmente, a "libra de carne" shakesperiana à qual Lacan consagra um importante comentário.

> Este campo que eu apenas mencionei para vocês — Lacan prossegue —, precisamos chamá-lo pelo seu nome. O nome que o designa e que significa para nós o valor dos diferentes textos bíblicos que evoquei corresponde ao que chamamos de sentimento antissemita, pelo qual tantos analistas acreditaram dever interessar-se, algumas vezes com sucesso, com o fim de determinar suas fontes. Essas fontes devem ser procuradas justamente nessa zona sagrada, eu diria quase proibida, que é aí melhor articulada do que em qualquer outro lugar. Não apenas articulada mas viva e sempre presente na vida desse povo, na medida em que ele subsiste por

---

[2] J. Lacan, Séminaire X, *L'Angoisse, op. cit.*, p. 255.

si próprio na função que, a propósito do *"a"*, já articulei com um nome — o nome *resto*.

O que é o resto? É aquilo que sobrevive à prova da divisão do campo do Outro pela presença do sujeito.[3]

Não se poderia render homenagem mais bela ao povo judeu e ao judaísmo — que Lacan alternadamente idealiza e insulta. Ele encontra-se aqui designado como portador dessa "zona sagrada, quase proibida", que constitui o mistério de nossa espécie. É este mesmo lugar que se encontra definido como o lugar do objeto *a*, na *Proposição de outubro de 1967* (primeira versão).

Se ao fim da análise dita didática, análise pela qual a própria psicanálise se transmite, este objeto *a* deve cair, isso significa, em boa lógica, uma desjudaização do novo analista. Ou seja, generalizando, desjudaização da própria psicanálise. Tal é, a meu ver, fundamentalmente, o projeto de Lacan. Certo dia, no fim da sessão, aconteceu-me dizer-lhe isso. Ele fez, então, o seguinte comentário acompanhado de uma emoção inesperada: "É um estranho testemunho."

Mas, para ser efetiva, essa desjudaização deve ser precedida da explicitação em plena luz do dia da importância do judaísmo no desejo de Freud e, portanto, na própria existência da psicanálise.

Em um de seus últimos Seminários, Lacan retoma esse problema do antissemitismo, da forma que ele ainda gosta, onde o humor e o trocadilho amenizam verdades delicadas. Isso a partir de uma digressão a respeito da questão do casal:

---

[3] Ibidem.

Este casal que é desatável, quaisquer que sejam os exatos dizeres que o fundaram, a análise demonstra que, apesar de tudo, ele está atado. Atado pelo quê? Pelo furo, pela proibição do incesto. A religião judaica enfatiza isso.

Vocês sabem por que esses judeus não são bem vistos? *É porque eles não são Gentios.* Se eles fossem Gentios, eles não seriam judeus e isso resolveria tudo. A proibição do incesto é estrutural porque há o simbólico. Essa proibição consiste no furo do Simbólico para que apareça o Nome-do-Pai, o Pai como nome, como nomeador.

Não se pode dizer que, a respeito disso, os judeus não sejam gentis. Eles explicaram bem o que chamam de o Pai. Eles o remetem a um ponto de furo que não se pode nem mesmo imaginar. *Eu sou o que eu sou*, isso é um furo, não? Um furo — se vocês acreditam nos meus pequenos esquemas — engole. E depois há momentos em que cospe fora. Cospe o quê? O nome, o Pai como nome. Isso comporta a proibição do incesto e isso se propaga pelo lado da castração, como os Gentios gregos nos mostraram em vários mitos.[4]

O profeta Isaías, esse poeta maravilhoso, foi o grande teórico desse conceito de *resto*, produzido com a finalidade de consolar o povo hebreu depois da primeira destruição de Jerusalém por Nabucodonosor:

> Em uma certa passagem bíblica, esse resto é formalmente metaforizado na imagem do cepo, do tronco cortado de onde, na sua função viva, o novo tronco ressurge no nome do segundo filho de Isaías, Sear-Jasube ["o resto voltará", G.H.]. Um resto voltará nesse *shorit*[5] que nós também encontramos na tal passagem de Isaías.

---

[4] Idem. Séminaire XXII, *R.S.I.*, sessão de 11 de março de 1975, *op. cit.*, p. 54.
[5] De fato, *shéérit*.

A função do *resto*, esta função irredutível que sobrevive à prova do encontro com o significante puro, é esse o ponto aonde eu já os havia conduzido, no final da minha última conferência, com a passagem de *Jeremias* sobre a circuncisão.[6]

Esse ponto permite a Lacan apresentar sua ideia sobre o discurso cristão na distância que ele assume em relação ao judaísmo. É em direção ao rigor deste último que parece recair sua simpatia:

> Também lhes tinha indicado qual foi a solução cristã, eu deveria dizer a atenuação cristã, dada a esta relação irredutível com o objeto do corte. Não é outra senão o milagre relacionado à saída masoquista, na medida em que o cristão aprendeu, através da dialética da Redenção, a identificar-se idealmente com Aquele que se fez idêntico a este mesmo objeto, ao dejeto deixado pela vingança divina.[7]

O Seminário sobre *A Angústia*, que acabamos de citar e que não terminamos de comentar, constitui certamente o ponto mais alto da reflexão de Lacan sobre o judaísmo. Sabemos que ele lhe reservava importantes desenvolvimentos para o ano seguinte, no Seminário abortado sobre os Nomes-do-Pai.

A elaboração do conceito de objeto como fundamentalmente perdido, deixando após sua queda, a marca de uma cicatriz, uma borda, passa novamente pelo judaísmo. "A religião dos judeus", mais uma vez, fornece a Lacan, em uma rigorosa confrontação, na maioria das vezes patética, um material de primeira qualidade. Não é ela o repositório "desta zona sagrada, quase proibida"?

---

[6] Idem, Séminaire X, *L'Angoisse, op. cit.*, p. 255.
[7] Ibidem.

Para evocar esse objeto perdido, interface do Outro materno com o sujeito, Lacan começa evocando a placenta, depois, os seios cortados de Santa Águeda. Mas ele vai deter-se, demoradamente, sobretudo em dois ritos do judaísmo, o da circuncisão e o do toque do *chofar*, o chifre de carneiro cuja estranha sonoridade ecoa nas sinagogas, por ocasião das festas de *Rosh Hashana* (Ano Novo) e de *Yom Kippur*.[8]

Para começar, a circuncisão. Em um primeiro tempo de sua reflexão, no Seminário *As formações do inconsciente* (1957-58), Lacan parece aceitar a ideia, corrente a partir de Freud, de que a circuncisão deve ser ligada ao complexo de castração: "Não esqueçamos as encarnações religiosas nas quais reconhecemos o complexo de castração, a circuncisão, por exemplo, para chamá-la pelo seu nome [...]."[9]

Depois, prosseguir, com uma comparação com a prática de ferrar o gado:

> É bem verdade que, de um certo modo, a circuncisão se apresenta como instituindo um certo rebanho, o rebanho dos eleitos de Deus [...]. O que é certo é que existe a mais estreita relação entre o que caracteriza o desejo no homem e a incidência, o papel e a função da marca. Reencontramos aqui a confrontação do significante com o desejo, que é sobre o que incide todo o questionamento que desenvolvemos aqui.[10]

O texto se prolonga através de um efusivo elogio à obra *Totem e tabu*, sobre a qual, alguns anos mais tarde, ele fará um

---
[8] Dia do Perdão. (*N. T.*)
[9] Idem, Séminaire V, *Les formations de l'inconscient, op. cit.*, p. 308.
[10] Ibidem, p. 308, 309.

julgamento muito mais severo. Como convém a um pensamento que se desenvolve, seus julgamentos modificam-se à medida que progridem. No ano seguinte, no Seminário VI, *O desejo e sua interpretação*, aparece uma importante evolução dessa interpretação da circuncisão, não mais vista como signo da castração mas como o da separação dos sexos. Comentando um caso de Mélanie Klein, ele propõe essa ideia que, mais tarde, desenvolverá em *A angústia*:

> O que está em questão para o sujeito é justamente separar os pais, separar neles o princípio macho e fêmea, e eu direi que o que se propõe como alvo no horizonte da interpretação psicanalítica, não é nada mais do que uma espécie de operação de circuncisão psíquica.[11]

Logo surge a expressão tomada emprestada do *Mercador de Veneza*, de Shakespeare: *a libra de carne*. O judeu Shylock aparece para Lacan como a figura exemplar do sujeito que envereda pela "zona sagrada, quase proibida", evocada mais acima, na relação do homem com o significante:

> Ser objeto de desejo é algo essencialmente diferente de ser objeto de alguma necessidade. É dessa subsistência do objeto enquanto tal, do objeto no desejo, no tempo, que ele vem substituir aquilo que no homem, devido à sua natureza, permanece mascarado. Este sacrifício de si próprio, essa *libra de carne* envolvida na sua relação com o significante, é porque algo vem tomar o lugar disso, porque essa alguma coisa torna-se objeto no desejo.[12]

---

[11] Idem, Séminaire VI, *Le désir et son interpretation* (não publicado), sessão de 28 de janeiro de 1959.
[12] Ibidem, sessão de 22 de abril de 1959.

Que exemplo mais eloquente de *libra de carne* do que o do prepúcio retirado na circuncisão? É no Seminário seguinte, sobre *A angústia*, que a questão será plenamente desenvolvida. Muito rapidamente Lacan se desprende da banalidade da circuncisão como simulacro de castração, para tentar penetrar na sua complexidade significante:

> Tal é a ordem de presença na qual ativa-se para nós o Deus que fala, aquele que nos diz expressamente que ele é o que ele é.
> Para me adiantar, enquanto ele está aqui ao meu alcance, no campo de suas demandas, eu introduzirei [...] que, entre as demandas do Deus a seu povo eleito, privilegiado, há algumas totalmente precisas — e sobre as quais parece que, para deixar seus termos bem precisos, esse Deus não teve necessidade de ter a presciência de meu Seminário — e nomeadamente, há uma delas que se chama circuncisão. Ele nos manda gozar e, além disso, também envolve-se em como fazê-lo. Ele torna clara a demanda, ele separa o objeto.
> [...] não pôde deixar de aparecer, há muito tempo [...] a atrapalhação que há em referir a circuncisão à castração.
> Certamente isso tem uma relação analógica, pois tem relação com o objeto da angústia. Mas dizer que a circuncisão é a causa, o representante, o análogo do que chamamos de castração e seu complexo, é cometer um erro grosseiro [...]. Nada menos castrador do que a circuncisão.[13]

Não se poderia ser mais claro. Lacan até encontrará, na circuncisão, virtudes estéticas: "Há sem dúvida, na prática da circuncisão, algo saudável do ponto de vista estético."[14] Entretanto, sua principal função está em outro lugar:

---

[13] Idem. Séminaire X, *L'Angoisse, op. cit.*, p. 96.
[14] Ibidem, p. 97.

[...] por que considerar como situação normal a de ser ao mesmo tempo a espada e a bainha? A prática ritual da circuncisão só pode engendrar uma partilha saudável quanto à divisão dos papéis. Esses comentários, vocês bem o percebem, não são laterais. A circuncisão já não lhes pode parecer um capricho ritual [...]. O que o deus pede em oferenda desta zona delimitada separa o objeto depois de tê-lo delimitado. Que depois disso, aqueles que se reconhecem por esse signo tradicional não vejam por isso diminuir — talvez longe disso — sua relação com a angústia, isso é uma questão.[15]

Nessa circunstância, Lacan confessa que seu questionamento do judaísmo nutre-se na fonte cabalística:

[Alguém] chamou-me, certo dia, em um bilhete particular, de o último dos cabalistas cristãos. Tranquilizem-se. Se acontecer de eu me demorar em alguma investigação que jogue com o cálculo dos significantes, minha guematria não vai se perder no seu cômputo.[16]

Entretanto, logo retorna o enunciado do "retomar as coisas no ponto em que Freud as deixou".

[...] mais diretamente do que Freud, porque venho depois dele, eu interrogo seu Deus — *Che vuoi?* Dito de outro modo, qual é a relação do desejo com a lei? Questão sempre omitida pela tradição filosófica, mas à qual Freud respondeu e vocês a vivem, mesmo se, como todo o mundo, ainda não tenham se apercebido disso. Resposta — é a mesma coisa.[17]

---

[15] Ibidem, p. 97.
[16] Ibidem, p. 97.
[17] Ibidem, p. 97, 98.

De agora em diante, nem mais ambiguidade nem hesitação: desejo e Lei são uma única e mesma coisa. E, prosseguindo: "[...] o que já está no texto, mascarado sob o mito de Édipo, é que esses termos que parecem colocar-se em uma relação de antítese — o desejo e a lei — são uma mesma e única barreira para impedir o acesso à Coisa. *Volens, nolens*,[18] ao desejar, eu adentro o caminho da lei."[19]

Na verdade, o que Lacan enuncia — a propósito da circuncisão, ou seja, que ela consiste na separação "da espada da bainha", do masculino do feminino, a fim de melhor uni-los, em um segundo tempo — havia sido enunciado antes dele por um outro psicanalista, Nünberg, a quem Lacan rende homenagem:

> É preciso que essa ênfase no corte tenha toda sua importância para que se possa tomar por castração a prática da circuncisão, à qual, da última vez, vocês me viram fazer referências, se posso dizer, profiláticas.
>
> A incidência psíquica da circuncisão está longe de ser vaga. Não sou o único a tê-lo notado. Um dos últimos trabalhos consagrados a esse assunto, o artigo, sem dúvida notável, de Nünberg, sobre a circuncisão nas suas relações com a bissexualidade, está aí justamente para lembrar-nos o que numerosos autores tinham apresentado antes dele — que a circuncisão tem como finalidade, tanto reforçar, ao isolá-lo, o termo de masculinidade no homem, quanto provocar os efeitos ditos do complexo de castração, pelo menos em sua incidência angustiante. É justamente esse denominador comum do corte que permite trazer para o campo da castração a operação de circuncisão, a *Beschneidung*[20] do prepúcio, o *arel*, para dizê-lo em hebraico.[21]

---

[18] Em latim: Querendo, não querendo. (*N. T.*)
[19] Ibidem, p. 98.
[20] Circuncisão, em alemão. (*N. T.*)
[21] Ibidem, p. 106.

Em que se transforma este *arel*, ou este *horla*[22] — em homenagem a Maupassant, na ocasião mais próximo do hebraico — uma vez retirado? Em uma das formas do objeto *a*, caro a Lacan que se esforça para dele construir a maquete:

> Esta parte residual, ei-la. Eu a construí para vocês e a faço circular. Ela tem algum interesse porque, deixem-me dizer-lhes, isto é o *a*. Eu o dou a vocês como uma hóstia, pois vocês vão se servir dele, em seguida. O pequeno *a* é feito assim.
> É feito assim quando se produz o corte, qualquer que seja ele, quer seja o do cordão, o da circuncisão ou ainda alguns outros que teremos que designar. Resta, depois do corte, alguma coisa comparável à *faixa* de Moebius, que não tem imagem especular.[23]

A relação entre a imagem especular (ou sua ausência) e a circuncisão parece ter perseguido Lacan nesse período pois, alguns meses mais tarde, e com sua "excomunhão" decretada pelos "circuncidados", ela aparece novamente sob na forma de uma citação de um poema de Aragon, "O contracanto" do *Fou d'Elsa*:

> *"Em vão tua imagem vem ao meu encontro*
> *E não me entra onde estou quem somente a mostra*
> *Tu, voltando-te para mim, só poderias encontrar,*
> *Na parede do meu olhar, tua sombra sonhada*
>
> *Eu sou esse infeliz comparável aos espelhos*
> *Que podem refletir mas não podem ver*

---

[22] *O Horla* é um pequeno conto de terror escrito por Guy de Maupassant, em 1887. Nesse conto, o personagem central sente à sua volta a presença de um ser estranho que decide chamar de Horla. (*N. T.*)
[23] Ibidem, p. 116.

*Como eles, meu olho está vazio e, como eles, habitado
Pela ausência de ti que faz sua cegueira.*"[24]

Aragon faz seguir seu poema com esta frase enigmática — *Assim disse uma vez Na-Nadjdî, visto que o tinham convidado para uma circuncisão.*[25]

Esse pequeno *a*, libra de carne concretamente simbolizada pelo prepúcio, vem quitar definitivamente a conta do sujeito na sua relação com o grande Outro do simbólico:

> Entre o sujeito S (barrado), aqui Outrificado, se assim posso dizer, na sua estrutura de ficção e o Outro, A (barrado) não autentificável, [...] o que surge é esse resto, *a*, é a libra de carne. O que quer dizer que podemos fazer todos os empréstimos que quisermos para tapar os furos do desejo, assim como os da melancolia; que lá existe o judeu, ele que tem uma boa noção do balanço das contas e que pede, no fim, a libra de carne — eu penso que vocês sabem o que eu menciono. Está aí a característica que vocês sempre encontram no que é *acting out*.[26]

Ao longo de todo esse ano 1962-1963, Lacan não para de vir e voltar, como que fascinado pela questão, a esta circuncisão, sua significação, a esta libra de carne. Dois meses mais tarde, a afirmação sobre a circuncisão se repete:

> [...] vocês ficarão então impressionados com a total escamoteação do problema, entretanto estruturante se isso for possível, de saber

---
[24] Tradução livre. (*N. T.*)
[25] Idem, Séminaire XI, *Les Quatre Concepts...*, op. cit., p. 21, 22.
[26] Idem. Séminaire X, *L'Angoisse*, op. cit., p. 146.

se alguma coisa no nível da instituição mosaica reflete o complexo cultural inaugural, e qual foi, a esse respeito, a função da instituição da circuncisão.

Em todo caso, vocês não podem deixar de aproximar a ablação do prepúcio daquele estranho pequenino objeto enroscado que, certo dia, eu lhes fiz passar entre as mãos, materializado, para que vocês vissem como isso se estrutura, uma vez concretizado sob a forma de uma pontinha de papelão.[27]

Começa, então, sob a luz das teorias psicanalíticas, um longo exame, de um rigor impressionante para aqueles tempos em que nada era definido, dos textos fundadores desta prática:

> Que algo semelhante a uma ordem possa ser introduzido nesse furo, na falha constitutiva da castração primordial, é o que a circuncisão encarna, no próprio sentido da palavra. Todas as coordenadas da circuncisão, a configuração ritual, até mítica, dos acessos iniciáticos primordiais, que são aqueles em que ela se opera, mostram que ela tem a mais evidente relação com a normatização do objeto do desejo.
>
> O circuncidado é consagrado — consagrado menos a uma lei do que a uma certa relação com o Outro e é por isso que se trata do *a*. Disso resulta que estamos no ponto em que eu entendo lançar a luz dos refletores sobre o que é sustentado por um A que está um pouco lá: o Deus da tradição judaico-cristã.[28]

Com estas palavras, Lacan anuncia aquilo que deveria ter conhecido seu pleno desenvolvimento no ano seguinte, no Seminá-

---
[27] Ibidem, p. 239, 240.
[28] Ibidem, p. 240.

rio *Os Nomes-do-Pai,* isto a fim de atenuar a estranha negligência cometida por Freud e seus discípulos:

> É extremamente impressionante que, em um meio tão judaico quanto o da psicanálise, não tenham sido examinados textos cem mil vezes percorridos a partir dos Pais da Igreja até os Pais da Reforma, se posso falar assim [...].
> O que nos é dito, no Capítulo 17 do *Gênesis*, concerne ao caráter fundamental da lei da circuncisão como fazendo parte do pacto proposto por Javé na sarça. Esse capítulo data em Abraão a instituição da circuncisão. A passagem parece, sem dúvida, para a crítica exegética, ser uma adição sacerdotal, sensivelmente posterior à tradição do Jeovista e do Eloísta, isto é, aos dois textos primitivos de que se compõem os livros da Lei.[29]

Sobre este último ponto, a leitura de Lacan é impressionantemente precisa e documentada. Ela vai ao encontro à de Yeshayahou Leibowitz que observava que apenas uma curta passagem do Exodus remete a circuncisão a uma origem abraâmica.[30] Lembremos que, segundo a tradição judaica, nem Moisés nem a geração do deserto foram circuncidados. Será Josué, no início de seu magistério, que imporá a circuncisão a todos os hebreus.

A propósito do episódio do *Gênesis* que relata como os filhos de Jacó massacraram os siquemitas, depois de lhes haverem pedido que se fizessem circuncidar em reparação ao rapto de sua irmã, Diná, Lacan comenta: "Isso é igualmente feito para nos fazer pensar

---

[29] Ibidem.
[30] *Exodus* 6,4.

que não é apenas de Moisés que data a lei da circuncisão. Eu só faço aqui destacar os problemas levantados a esse respeito."[31]

É que, efetivamente, Moisés coloca um problema muito particular quanto à circuncisão. A partir do livro de Freud sobre o príncipe dos profetas, Moisés transformou-se em um quebra-cabeça insolúvel para os psicanalistas. Egípcio, segundo Freud, ele deveria, como todos os egípcios, ser circuncidado. Ora, a tradição judaica diz-nos que ele não o era, acrescentando que ele o era... naturalmente, de nascença. O que quer que seja, a circuncisão seria uma prática egípcia que os hebreus, como outras tribos, teriam adotado. Ela não seria a marca específica de um povo consagrado, a assinatura de uma filiação abraâmica.

> Já que se trata de Moisés, e que Moisés seria reconhecido na nossa esfera como egípcio, não seria inteiramente inútil colocarmo-nos a questão do que acontece nas relações da circuncisão judaica com a circuncisão dos egípcios. [...]
> Um certo número de autores da Antiguidade fala da circuncisão dos egípcios. Entretanto, o velho Heródoto que, sem dúvida, em alguns momentos, é disparatado, mas que é muito precioso, não deixa nenhum tipo de dúvida quanto ao fato de que, na sua época [...] dos egípcios, eles, em seu conjunto, praticavam a circuncisão. Ele até faz dela um estado tão predominante que afirma que é aos egípcios que todos os semitas da Síria e da Palestina devem essa prática. [...]

Sendo grego, e em sua época, sem dúvida ele não pode ver nisso outra coisa senão uma medida de higiene.[32]

---

[31] J. Lacan, Séminaire X, *L'Angoisse, op. cit.*, p. 241.
[32] Ibidem.

Ainda mais interessante do que o testemunho de Heródoto, dispomos de uma iconografia propriamente egípcia:

> Temos, felizmente, testemunhos mais diretos da circuncisão dos egípcios [...] que chamarei de iconográficos [...].
> Um deles é do Antigo Império. Encontra-se em Sacará, na tumba do médico Ankhmahor. [...] Uma das paredes mostra-nos duas representações da circuncisão, das quais lhes representei a da esquerda. [...] Eis o menino sendo circuncidado. Eis o órgão. Um menino que está atrás dele segura-lhe as mãos, porque é preciso. Um personagem que é um sacerdote [...] está aqui. Com a mão esquerda ele segura o órgão e, com a outra, esse objeto oblongo que é uma faca de pedra.[33]

A faca de pedra prende demoradamente a atenção de Lacan. Ele evoca todas as suas ocorrências bíblicas. Inicialmente, a enigmática passagem do Exodus onde Javé, sem motivo, ataca Moisés quanto ele entra no Egito para cumprir sua missão. Será sua mulher, Séfora, que o salvará, circuncidando seu filho com uma *faca de pedra*. Em seguida vem, extraída do livro de Josué, a ordem que ele recebe, na hora de entrar nas terras de Canaã, de pegar uma faca de pedra e circuncidar todos os hebreus, nascidos durante os anos passados no deserto, durante os quais não foram circuncidados.[34]

Por que essa insistência sobre a faca de pedra? Porque ela é o *indício*, o indício da alta antiguidade da circuncisão.

---

[33] Ibidem, p. 242.
[34] Ibidem.

Isso é confirmado pela descoberta — por Eliot Smith, próximo a Luxor, se não me falha a memória [...] — de dois cadáveres, que traziam a marca da circuncisão, e que são do período pré-histórico, quer dizer, não estão mumificados de acordo com as formas que permitam datá-los na história. Por si só, a faca de pedra atribuiria a esta cerimônia uma origem que remonta, pelo menos, ao período neolítico.

Quanto ao resto, para que não haja nenhuma dúvida, três letras egípcias, essas três aqui que são, respectivamente, um S, um B e um T, *SeBeTh*, indicam-nos expressamente que se trata da circuncisão.[35]

Estranhamente, Lacan não tira nenhum proveito dessa origem egípcia da circuncisão. Ele dá mais ênfase à sua universalidade e antiguidade; o prepúcio retirado tornando-se o exemplo, por excelência, do objeto perdido, *causa* do desejo, o objeto *a*, momento necessário de maturação do objeto do desejo — não se devendo confundir objeto causa do desejo com objeto do desejo.

Cinco semanas mais tarde, depois de uma viagem ao Japão, na sessão seguinte do Seminário, Lacan retoma o mesmo caminho.

Eu os deixei com uma afirmação que questionava a função da circuncisão na economia do desejo, a do objeto no sentido em que a análise o fundamenta como objeto do desejo.

O fim dessa lição foi com uma passagem de *Jeremias*, parágrafos 24 e 25 do Capítulo 9,[36] que, ao longo do tempo, criou algumas dificuldades para os tradutores pois o texto hebraico traduzir-se-ia — *Eu castigarei todos os circuncidados em seu prepúcio*. Termo paradoxal que os tradutores tentaram contornar, até mesmo um

---

[35] Ibidem, p. 243, 244.
[36] É necessário ler o Capítulo 9, versículos 24 e 25.

dos últimos e melhores, Édouard Dhorme, com a fórmula — *Eu punirei todo circuncidado à maneira do incircuncidado*.
Relembro aqui esse ponto só para lhes indicar que aquilo de que aqui se trata é exatamente de alguma relação permanente com um objeto perdido enquanto tal. Esse objeto *a*, cortado, presentifica uma relação essencial com a separação enquanto tal.[37]

Lacan amplia a proposição, mostrando a propriedade estrutural da circuncisão.

A passagem citada não é única na Bíblia, mas ela esclarece, por seu extremo paradoxo, do que se trata cada vez que os termos circuncidado e incircuncidado são nela empregados. Aquilo de que se trata não está mesmo, longe disso, localizado naquele pedacinho de carne que é o objeto do rito. *Incircuncidado nos lábios, incircuncidado no coração*, todas essas expressões, que são numerosas ao longo de todo o texto, que nele são quase correntes e comuns, acentuam que a separação essencial de uma certa parte do corpo, de um certo apêndice, torna-se simbólica de uma relação fundamental com o próprio corpo para o sujeito, a partir de então, alienado.[38]

Quem, portanto, naqueles anos, e mesmo depois, a não ser Lacan, entre os pensadores judeus e não judeus, terá desenvolvido uma reflexão de tal amplitude a respeito desse rito essencial para o judaísmo que é a circuncisão?[39] E por que o psicanalista deveria interessar-se por isso? É que todos os discursos sobre a filosofia e a lógica, sobre o significante e o significado, não apresentariam

---
[37] J. Lacan, Séminaire X, *L'Angoisse, op. cit.*, p. 247.
[38] Ibidem.
[39] Curiosamente, o islamismo não é jamais evocado.

nenhum interesse, não passariam de puro formalismo inerte, tagarelice insípida, se nós não houvéssemos comprometido nessas máquinas da linguagem uma parte de nosso corpo:

> [...] essa parte de nós mesmos, esta parte de nossa carne [...] isso sem o que o formalismo lógico não seria absolutamente nada para nós. Esse formalismo não faz senão nos exigir e nos dar os enquadramentos de nosso pensamento e de nossa estética transcendental, ele nos pega por algum lugar. Nós lhe damos [...], não apenas nosso ser de pensamento, mas o pedaço carnal arrancado de nós mesmos. É esse pedaço que circula no formalismo lógico tal como ele foi constituído pelo nosso trabalho do uso do significante. É esta parte de nós que fica presa na máquina e que é para sempre irrecuperável. [...] O desejo permanece sempre, em última instância, desejo do corpo do Outro e nada mais que desejo de seu corpo.[40]

A propósito de um comentário de Édouard Dhorme — sobre a importância do uso metafórico do nome das partes do corpo, no hebraico e também no acadiano, para a compreensão da literatura semítica viva —, Lacan faz essa observação, a meus olhos, capital, mas que ele não desenvolve, ou seja, "essa singular falta da expressão *todas as partes do corpo*"[41] nessa literatura. Em outros termos, não há na cultura hebraica, ao contrário da grega, a assunção da imagem especular como unidade. As consequências dessa carência, raramente percebida e compreendida, são, sem dúvida, consideráveis.[42]

Para voltar à circuncisão, o judaísmo seria, portanto, o lugar de cultura onde a compreensão desse dado fundamental do

---

[40] J. Lacan, Séminaire X, *L'Angoisse, op. cit.*, p. 249.
[41] Ibidem, p. 250.
[42] Abordei esta questão na minha obra *Freud em Italie, op. cit.*

destino do ser humano, seria a mais clara e mais precisa, isto é, que não se salda a dívida de ser falante, a não ser pagando-a com *uma libra de sua carne*. O gênio de Shakespeare reside em ter posto em evidência esse dado, até então desconhecido.

> [...] é que sempre existe no corpo, devido ao fato do engajamento na dialética significante, alguma coisa de separada, de sacrificada, alguma coisa de inerte, que é a libra de carne.
> Não podemos senão nos espantar mais uma vez diante desse desvio do inacreditável gênio que guiou aquele a quem nós chamamos Shakespeare, a introduzir na figura do mercador de Veneza a temática da libra de carne. [...] o que está em jogo no pacto não pode ser, e não é, senão essa libra de carne a ser extraída, como diz o texto do *Mercador*, de bem perto do coração.
> [...] Shakespeare, levado por uma espécie de intuição [...] a atribui a esse mercador que é Shylock e que é um judeu.[43]

Mais uma vez, Lacan identifica o povo judeu ao objeto *a* na sua função de resto. É nessa sessão de 8 de maio de 1963 que ele encerra sua impressionante reflexão sobre a circuncisão. Ela lhe serviu para estabelecer com vigor seu conceito de objeto *a*. Lacan não voltará a ela, senão em uma breve alusão em 16 de junho de 1971, no Seminário *De um discurso que não seria do semblante*.

Depois desses amplos desenvolvimentos sobre a circuncisão, o *chofar*.

---

[43] J. Lacan, Séminaire X, *L'Angoisse, op. cit.*, p. 254, 255.

Lacan não esgotou com o judaísmo como fonte de inspiração, como material que lhe permite elaborar seu conceito de objeto causa do desejo, *a*. Para surpresa nossa, é a partir de um rito pouco conhecido do judaísmo — o uso, em certas solenidades, de um instrumento primitivo, o *chofar* — que Lacan dá seu passo à frente mais original, um novo conceito, um novo objeto com que Freud não se preocupou muito: *a voz*. Entretanto, dirá Lacan, esse objeto, por ter aparecido por último, "é o mais original".

Através da promoção desse objeto, Lacan instala definitivamente a psicanálise no seu estatuto externo à biologia. Freud, ao definir como objetos parciais o seio ou o bolo fecal, e até o aparelho muscular, deixa pairar uma dúvida, ou seja, de que a sua disciplina talvez seja só o avanço prematuro e imaturo de uma biologia por vir.

Com esta *voz*, claramente separada de qualquer necessidade fisiológica, digestiva ou sexual, Lacan funda a psicanálise como disciplina autônoma, mesmo se ela pode, e deve encontrar, quando for possível, nas disciplinas afins, material para enriquecer suas reflexões. O objeto *a* é, daí em diante, constituído como objeto específico da psicanálise.

Mas do projeto à sua realização, ainda há um passo a transpor, deslocamento que Lacan realiza justamente graças à ajuda do judaísmo, deste *chofar*. Ele lhe consagra numerosas páginas do seu Seminário sobre *A angústia*.[44] Na verdade, essas páginas são às vezes confusas e contraditórias, sem dúvida porque o avanço que elas encerram ainda não está dominado e o psicanalista pretendia retomá-las no ano seguinte, antes de ter seu ímpeto quebrado por

---

[44] Ibidem, p. 282, 291.

sua exclusão. Não é menos verdade que essas páginas constituem o ápice da reflexão de Lacan sobre o judaísmo, o ponto extremo do projeto de "retomar as coisas lá, onde Freud as deixou".

Um psicanalista da primeira geração freudiana já havia começado a abrir esse caminho onde Lacan se embrenha. Trata-se de Théodore Reik, que, na sua coletânea *O ritual*,[45] produzira dois ensaios, um sobre a oração do *Kol Nidré* do *Yom Kippur*, o outro sobre o famoso *chofar*, chifre de carneiro que se faz ressoar, durante os ofícios de *Rosh Hashana*, o ano novo judaico, e para encerrar o *Yom Kippur*.

A avaliação que Lacan faz sobre esse artigo é bastante desconcertante. Encontram-se aí, separados por poucas páginas, os mais elogiosos comentários — "este estudo de Reik é de uma riqueza, de um brilho, de uma fecundidade sobre os quais pode-se dizer que o estilo, as promessas, as características da época em que ele se inscreve, subitamente se vêem apagadas", "perspicaz", "profundo". "Ele vai direto ao que parece ser a verdade do advento histórico relatado pelas passagens bíblicas *que evoco incessantemente**" — e as mais severas críticas:

> Não é menos surpreendente ver quanto, ao final, ele cai em uma *confusão inextricável*,* certamente por falta de alguns dos apoios teóricos que permitem a uma forma de estudo impor-se seus próprios limites. Não é suficiente para nós que o *Chofar* e a voz que ele sustenta possam ser apresentados como analogias da função fálica [...]. Mas como e em que nível, é aí que começa a questão. É aí também que nos detemos. Em um certo limite, esse manejo in-

---

[45] Théodore Reik, *Le Rituel. Psychanalyse des rites religieux*. Tradução de M. F. Demet. Paris: Denoël, 1974

tuitivo, analógico, do símbolo deixa o interpretador desprovido de qualquer critério, e então, tudo se mistura e *cai em uma confusão inominável*.⁴⁶

Entretanto, depois de tudo, esse julgamento contraditório feito no mesmo dia sobre um mesmo artigo, sem dúvida modulado de forma imperfeita, não é ilegítimo já que, nesse texto, o melhor alterna-se com o pior, chegando à identificação de Javé com o Bezerro de ouro.

"Mas como é que nenhuma barreira detém Reik em sua análise e não o impede, ao final, de identificar o próprio Javé com o bezerro de ouro [...]? Um certo manejo do símbolo tem como resultado que *tudo se consume em uma autodestruição geral**."

É, para Lacan, o momento de lembrar um princípio fundamental de epistemologia: "[...] a psicanálise não poderia ser corretamente colocada entre as ciências senão ao submeter sua técnica ao exame do que ela supõe e efetua de verdade."⁴⁷

Outra afirmação de Reik que surpreenderá qualquer judeu conhecedor de sua teologia, sobretudo se for maimonidiano, é a de que o *chofar* é a voz do próprio Javé. Não se sabe muito, lendo o texto do Seminário, se Lacan adere ou não a esta afirmação. Depois de ter reunido diferentes textos bíblicos que colocavam em jogo o *chofar*, os do Exodus 19,16-19 e 20,18, e também Samuel 2, Capítulo 6, e Crônicas, Capítulo 13, ele concluiu:

"Parece, sob esse prisma que se faz da comparação de diversas ocasiões em que ele nos é assinalado ou em que ele entra

---

⁴⁶ J. Lacan, Séminaire X, *L'Angoisse, op. cit.*, p. 284, 285.
⁴⁷ Ibidem, p. 286.

realmente em funcionamento, que esse *chofar* é realmente, nos diz Reik, a voz de Javé, a do próprio Deus."[48]

Notemos a evocação feita da excomunhão de Spinoza acompanhada desse tocar de sinos. Alguns meses mais tarde, excluído da IPA, Lacan insistirá fortemente sobre essa lúgubre cerimônia, em uma curiosa identificação com o destino do filósofo.

No entanto, Lacan logo deixa de lado o texto de Reik, à margem da estrada, para prosseguir sozinho sua misteriosa escalada de um Sinai íntimo, esperando ser de algum modo acompanhado por seus ouvintes a quem ele toma o cuidado de informar:

> O *chofar* de que se trata, é preciso, primeiro, que eu esclareça o que ele é, pouco seguro que estou de que todos aqui saibam o que ele designa. É um objeto e que vai me servir de apoio para substantivar diante de vocês o que eu pretendo sobre a função do *a*, neste estágio, o último, em que ele nos permite revelar a função de sustentação que liga o desejo à angústia no que é seu derradeiro nó... Eu o abordo através do manejo de um objeto, um objeto ritual.
> O *chofar* é o quê? Um chifre. É um chifre no qual se sopra e que produz um som. Aos que não o ouviram, só posso dizer-lhes para irem à sinagoga por ocasião do ritual das festas judaicas, as que se seguem ao Ano-Novo, o *Rosh Hashana*, e que terminam no dia do Grande Perdão, o *Yom Kippur*, para usufruírem da audição dos sons do *chofar*, por três vezes repetidos.
> Este chifre é, geralmente, mas nem sempre, um chifre de carneiro, em alemão *Widderhorn*, em hebraico *Queren ha-yobel*.[49]

---
[48] Ibidem, p. 287.
[49] Ibidem, p. 283.

Depois de um breve mas preciso estudo de diferentes formas de *chofar*, Lacan prende-se a lembrar demoradamente a experiência única que constitui a escuta deste instrumento, "a emoção inusitada surge pelas misteriosas vias do afeto propriamente auricular" que a acompanha. Ele não fica longe de convidar seus alunos a irem até uma sinagoga para assistir à estranha cerimônia, com sua "atmosfera de recolhimento, de fé, até mesmo de arrependimento [...] de um grau verdadeiramente insólito".

Está fora de dúvida que esta emoção que Lacan descreve com tanta sensibilidade e refinamento, ele não pode haver deixado de tê-la sentido, ele próprio, judeu naquele momento, já que havia participado no Sêder de Páscoa na casa de seu amigo Reiss.

Permitam-me inserir aqui minha própria sensação, ao escutar o *chofar*. Nunca me veio à mente, não mais do que à mente da multidão de fiéis, que o som do *chofar* pudesse ser a voz de Deus, esse grosseiro antropocentrismo no qual Reik incorre. O som do *chofar* assemelha-se mais a um grito terrivelmente humano, uma declaração, para além das palavras e das melodias, do vínculo do fiel com seu Deus. Acrescentemos, também, que a parte enigmática desse rito permanece. No que estou de pleno acordo com Lacan é que o som do *chofar* exemplifica, separado de qualquer corpo e de qualquer pessoa, *a voz*, voz de ninguém e de cada um, voz, poderíamos dizer, *acéfala*. É este ponto que, definitivamente, prende o psicanalista.

> Uma tal fórmula não pode prender-nos senão — diz ele a propósito do som do *chofar* como voz — na medida em que ela nos faz perceber aquilo que completa a relação do sujeito com o significante no que se poderia chamar, em primeira apropriação, de sua passagem ao ato. [...] Em quê mergulha, corporalmente, a possibi-

lidade desta dimensão emissível? É aí que assume seu valor a introdução deste objeto exemplar que eu fiz, desta vez, com o *chofar*.[50]

Ele comenta que outros instrumentos poderiam ter sido lembrados: tuba, trombeta, tambor, o *bullroarer*[51] dos aborígenes australianos evocados por Reik. Mas acontece que o *chofar* "é um ponto em que irrompe uma tradição que é a nossa [...]. O interesse desse objeto está em nos apresentar a voz de uma forma exemplar que possui, de certo modo, o potencial para ser separada [...]. De que voz se trata? Não andemos tão depressa."[52]

> A função do *chofar* — ele prossegue — entra em ação em certos momentos periódicos que se apresentam à primeira vista como renovações do pacto da Aliança. O chofar não articula os princípios básicos do pacto, os mandamentos, entretanto, ele é claramente apresentado como tendo função de rememoração desse pacto, até mesmo na articulação dogmática feita a seu respeito. Esta função — *zakhor*, lembrar-se — está até mesmo inscrita no nome usual do momento em que ele intervém — o momento do meio das três emissões solenes do *chofar*, ao fim dos dias de jejum[53] do *Rosh Hashana* — que se chamam *Zikkaron* [...]. Digamos que o som do chofar, o *Zikkronot*[54] [sic!], é o que existe de lembrança ligada a esse som.[55]

---

[50] Ibidem, p. 288.
[51] O *bullroarer* é um instrumento cerimonial utilizado pelos aborígenes australianos. O termo *bullroarer*, do inglês, pode ser traduzido como "rugir de um touro". (*N. T.*)
[52] Ibidem, p. 289.
[53] Lacan comete, aqui, um erro. Os dois dias de *Rosh Hashana* não são dias de jejum, ao contrário. Confusão com o *Yom Kippur*, dez dias mais tarde.
[54] Plural de *zikharon*.
[55] J. Lacan, Séminaire X, *L'Angoisse*, op. cit., p. 289.

Mas lembrança de quê, e qual é seu conteúdo?

"Sem dúvida esta lembrança é lembrança daquilo sobre o que se medita nos instantes que precedem a *Aquédah*, que é o momento exato do sacrifício de Abraão em que Deus detém sua mão já tolerante, para substituir sua vítima, Isaac, pelo carneiro que vocês conhecem, ou que acreditam conhecer [...]."[56]

Que vocês acreditam saber, esta ressalva Lacan vai explicitar alguns meses mais tarde na sua única lição sobre os Nomes-do-Pai. Ele, Lacan, sabe que não é um carneiro qualquer que substitui Isaac. Este ser, diz o Talmude, foi criado antes da própria Criação, uma espécie de ancestral totêmico. Através do seu sacrifício, El Shaddai estaria exigindo que o homem renunciasse à sua origem animal.

> Lembrança do som do *chofar*, som do *chofar* como o que sustenta a lembrança — quem tem que se lembrar? Por que pensar que são os fiéis? — se eles acabam justamente de passar um certo tempo de recolhimento em torno dessa lembrança [...]. Em resumo, será que aquele cuja lembrança deve-se despertar, nessa ocasião, fazer com que ele se lembre, não é o próprio Deus?
> Eis o ponto a que nos leva, eu não diria esse instrumento muito simples — pois, na verdade, ninguém pode deixar de experimentar ao menos um profundo sentimento de constrangimento diante da existência e da função de um tal aparelho —, mas seu encontro com nosso caminho.[57]

A expressão "seu encontro com nosso caminho" tem aqui um peso muito grande, peso de uma emoção que vai além das palavras. Trata-se justamente do encontro de Lacan com "um tal

---
[56] Ibidem, p. 290.
[57] Ibidem, p. 290.

aparelho", *chofar*, objeto metonímico do judaísmo. Pois, quem mais, senão ele, teria sido assim chamado? Este emocionante "encontro", um a mais — mas tão essencial —, de Lacan com esse judaísmo que o perturba e o irrita, acontece sobre a crista trágica de uma existência, quando o sujeito acredita possuir uma verdade gigantesca e vê-se, ao mesmo tempo, expulso do campo ao qual ele consagrou sua existência.

> Agora trata-se para nós de saber onde se insere este objeto, em separado, a que campo vinculá-lo na referência ao Outro e aos estágios da emergência e da instauração progressiva, para o sujeito, deste campo de enigmas que é o Outro do sujeito...
> De que objeto se trata? Daquilo que se chama *a voz*. Nós o conhecemos bem, nós acreditamos conhecê-lo bem, sob o pretexto de que conhecemos seus dejetos — as folhas mortas, sob a forma das vozes perdidas da psicose —, e seu caráter parasitário, sob a forma dos imperativos interrompidos do supereu.[58]

Por que atribuir tamanha importância a esse "objeto" tão familiar, a *voz*? Por causa de sua função, da nova dimensão que ela introduz na problemática do desejo em suas relações com a angústia e com o mito do assassinato do pai, pedra angular da psicanálise.

Alguns meses mais tarde, este ímpeto às vezes tropeçante mas tão fecundo, será quebrado pela decisão dos burocratas da IPA e pela traição de alguns alunos provavelmente amedrontados com a abertura de horizontes amplos demais para seus espíritos temerosos. Mesmo aqueles que o seguirão, permanecerão surdos a esse questionamento invocado para ser compartilhado.

---

[58] Ibidem, p. 290, 291.

5. A oferenda a deuses obscuros

A relação intensa e complexa, passional e irritada, que Lacan manteve com o povo judeu, com sua fé hoje deteriorada, mas também com sua história, comporta um último dossiê, não dos menores: a questão do genocídio cometido pelos nazistas.

Já evoquei a que ponto Lacan sentiu a catástrofe que atingiu os judeus da Europa. Hoje também sabemos que, terminada a guerra, na sua volta dos campos, desviamos-nos do testemunho dos sobreviventes. Por isso Primo Levi teve a maior dificuldade em encontrar um editor para sua obra-prima *É isso um homem?* Uma das minhas pacientes hoje desaparecida, antiga deportada, chegou a relatar-me que, cada vez que ela evocava suas lembranças do campo, seu analista anterior a interrompia com as seguintes palavras: "Aqui, não se fala dessas coisas." Mesmo em Israel foi preciso esperar os anos 1960 e o processo Eichmann para que essa conjuntura se modificasse.[1] Não foi senão a partir dos anos 1980 que se sucedeu uma inflação de textos e filmes.

Durante esse longo e surpreendente período de silêncio, a atitude de Lacan constituiu exceção. Incidentes subentendidos vêm lembrar, em momentos inesperados, a sombra negra que as

---

[1] Notemos também a repercussão que teve, ao final dos anos 1950, o romance de Schwarz-Bart, *Le dernier des justes*, agraciado com o prêmio Goncourt.

câmaras de gás, a partir de então, projetam sobre todo nosso pensamento. Assim, falando do sintoma e do signo comparado à fumaça que revelaria um fogo, eis o genocídio abruptamente evocado: "Indagando a partir de onde nosso olhar deve apreender aquilo que a fumaça lhe propõe, já que é este o paradigma clássico, quando ela se oferece a ele para mostrar[2] os fornos crematórios."[3]

Em 1965, bem no fim do Seminário XI, *Os quatro conceitos fundamentais da psicanálise*, e sem relação com o que vem antes, Lacan faz essa afirmação, a partir daí profusamente retomada por seus alunos:

> Trata-se de algo profundamente mascarado na crítica da história que vivemos. É o drama do nazismo, prensentificando as mais monstruosas e pretensamente ultrapassadas formas do holocausto. Sustento que nenhum sentido da história fundado sobre as premissas hegeliano-marxistas é capaz de dar conta dessa ressurgência, pela qual revela-se que a oferenda, a deuses obscuros, de um objeto de sacrifício, é algo a qual poucas pessoas são capazes de resistir, em uma monstruosa captura.
>
> [...] É o sentido eterno do sacrifício a que ninguém pode resistir — a não ser que seja animado por essa fé tão difícil de sustentar — e que talvez apenas um homem tenha sabido formular de modo plausível, ou seja, Spinoza, com o *amor intellectualis Dei*.[4]

A atualidade recente conferiu a esse comentário um novo alcance. Nos crimes atrozes cometidos pelos islamitas tanto na Argélia como no Iraque, execuções com arma branca, transmitidas

---
[2] No texto de Haddad, a palavra utilizada é "montrer", diferentemente do original de Lacan, no qual lemos "monter" [assomar]. (*N.R.T.*)
[3] In: *Écrits, op. cit.*, p. 235, texto de 1966.
[4] J. Lacan, Séminaire XI, *Les quatre concepts..., op. cit.*, p. 246, 247.

pelas telas de televisão ou pela Internet, o degolamento assume exatamente o valor de "oferenda a deuses obscuros."[5]

A que correspondem esses atos bárbaros? Aparentemente a uma regressão a um estado mítico pré-abraâmico. É a ideia sugerida no Seminário XVI, *De um Outro ao outro* (1968-69):

> Se, no último instante, Deus não houvesse detido o braço de Abraão, em outras palavras, se Abraão estivesse um pouco mais apressado e tivesse degolado Isaac, é a isso que chamamos genocídio, ou não? Fala-se muito, atualmente, do genocídio, a palavra está bem na moda. Fixar o lugar de uma verdade na função do genocídio, especialmente no que toca à origem do povo judeu, é um marco que merece ser assinalado. Em todo caso, como ressaltei naquela primeira conferência, à suspensão desse genocídio correspondeu o degolamento de um certo carneiro que claramente está lá, a título de ancestral totêmico.[6]

Texto bem estranho, sugerindo que a sombra do genocídio teria planado sobre o povo judeu desde sua origem mítica, ou seja, estruturalmente. O sacrifício do animal totêmico, do pai mítico, é a operação que esconjura a barbárie, infelizmente sempre latente. Em 1971, no Seminário XVIII, *De um discurso que não seria do semblante*, Lacan voltará à sua reflexão sobre o nazismo com seu racismo e culto de uma raça elevado ao patamar da idolatria.

A que se deve a permanência desta preocupação? Certamente sua prática clínica contribuiu para isso. Seus analisandos ou parentes próximos sobreviventes dos campos o remetiam sem cessar ao que, posteriormente, Primo Levi chamou de o *mal dos deporta-*

---

[5] Cf. os romances de Yasmina Khadra, *À quoi rêvent les loups*. Paris: Julliard, 1999.
[6] J. Lacan, Séminaire XVI, *D'un Autre à l'autre, op. cit.*, p. 177.

dos, mal contagioso. Um lugar privilegiado cabe aqui ao testemunho de Anne-Lise Stern, que foi paciente de Lacan e que confirma o interesse todo especial que seu analista teve por essa questão.

Em escala mais modesta, eu mesmo relatei o momento de minha análise em que me senti absorvido, em um momento de depressão aguda, por essa tragédia do povo judeu e de como Lacan esteve atento e presente, naquele momento do meu tratamento. Minha própria experiência como clínico mostrou-me, sempre, quão profunda é a cicatriz que a subjetividade contemporânea carrega em consequência desse genocídio, qualquer que seja a confissão do paciente, judeu ou não. Talvez, depois de tudo, o próprio Lacan houvesse contraído o "mal dos deportados".

Encontramos uma importante confirmação a respeito, no texto que ele quis que fosse o fundador da nova instituição que reunia os que, dentre seus alunos, lhe permaneciam fiéis, a *Proposição de outubro de 1967*. Como dissemos, esse texto constitui uma espécie de condensado de seu ensino e, cada linha, quando decifrável, é carregada de sentido. O texto encerra dois parágrafos de conteúdo diferente, ambos referindo-se à catástrofe nazista vivida pelos judeus. Nele, Lacan lembra as três dimensões que organizam sua doutrina, o Imaginário especular, o Simbólico organizado pelo Édipo e o Real. Convém lembrar a importância, a ênfase, o peso que, naqueles anos, esta categoria do Real assumira para ele, pois é esse real que o tratamento lacaniano ambiciona descartar.

> O terceiro artifício real, muito real, real o bastante para que o real seja mais 'santinho' para promovê-lo do que a língua, é o que torna pronunciável o termo: campo de concentração, sobre o qual,

parece-nos que nossos pensadores, ao vagar do humanismo ao terror, não se concentraram suficientemente.[7]

Como não perceber, nessa prosopopeia repetitiva sobre a palavra "real", além da crítica feita aos intelectuais contemporâneos, todo o horror que habitava Lacan diante do inaudito do campo, que ele não chama de extermínio, mas no qual visivelmente pensa? E esse horror, ei-lo promovido à condição de pedra angular da reflexão dos psicanalistas.

"Abreviemos, dizendo", prossegue ele, "que o que nós vimos emergir daí, para horror nosso, representa a reação de precursores em relação ao que se irá desenvolvendo como consequência do remanejamento dos grupos sociais, pela ciência e, especialmente da universalização que ela aí introduz."[8]

Mas esse horror tem, sem dúvida, outras saídas. Talvez ele lance uma luz sobre a história do movimento psicanalítico e sobre a condenação de Lacan pela IPA. Nessa mesma *Proposição de outubro de 1967*, encontramos a seguinte passagem um tanto enigmática e que, desde então, espera por sua interpretação: "Recordamos que, se a IPA da Europa Central demonstrou sua pré-adaptação a essa prova, *não perdendo nos ditos campos nenhum de seus membros*,* esta proeza se deveu ao fato de se produzir, após a guerra, uma multidão[9] que tinha na mediocridade a sua contrapartida [...]."[10]

---

[7] "Proposition du 9 octobre 1967 sur le psychanalyste de l'école", in: *Scilicet*, nº 1. Paris: Seuil, 1968, p. 29.
[8] Ibibem.
[9] No original de Lacan lê-se "elle a dû à ce tour de force de voir se produire après la guerre une ruée" [esta proeza se deve ao fato de se produzir, após a guerra, um incremento de mediocridade como sua contrapartida]. (*N.R.T.*)
[10] Ibidem.

Nossa atenção é atraída para esse fato histórico: nenhum dos dirigentes da primeira geração de psicanalistas, todos judeus, à exceção de Jones, perecerá nos campos. Trata-se de um simples acaso?

Desde os anos 1960 do século passado, quando essas linhas foram escritas, a história da psicanálise, especialmente no que concerne a este período sombrio, é mais conhecida por nós.[11] Sabemos, hoje, que a direção da IPA havia feito um acordo com os dirigentes nazistas para que a psicanálise, pela qual o sinistro marechal Göring teria tido simpatia, evidentemente "arianizada" e desjudaizada, prosseguisse em sua existência, com o seu Instituto de Berlim, fundado por Eitingon. Freud teria criticado esse acordo — é o que dizem —, mas essa crítica, que não tem o valor de condenação, não foi trazida a público.

No entanto, quem fala em acordo e compromisso dá a entender vantagens concedidas. Por que a IPA teria aceitado seu naufrágio, sua humilhação e o nome de Freud apagado se ela nada tivesse conseguido em troca? E o quê? Simplesmente, que alguns sujeitos pudessem alongar-se sobre os divãs enquanto o odor pestilento dos fornos crematórios cobria a Europa? A vantagem obtida não teria sido, concretamente falando, a vida poupada dos membros da "IPA da Europa Central?"

Esse "cadáver no armário" é uma matéria altamente explosiva que continua até o presente. Assim, a evocação do passado de certos analistas da América Latina, de um certo Kemper que atuou sob o regime nazista e em cuja descendência intelectual encontrou-se um psicanalista torturador, provocou uma grande tempestade

---

[11] Nos reportaremos, em particular, à coletânea *Les Années noires. La psychanalyse sous le IIIe Reich*, textos traduzidos e apresentados por Jean-Luc Evard. Paris: Éd. Confrontation, 1984.

nas instâncias dirigentes da psicanálise mundial e da francesa, em particular.[12]

Vinte anos antes, Lacan, certamente diante desses dados sussurrados entre os responsáveis informados, já se aproximava, através de alusões discretas, desse segredo de família.

Irritando no mais alto grau os herdeiros designados por Freud, devido ao seu questionamento do judaísmo no seio da psicanálise, eis que ele ainda acrescenta, através de alusões que seus destinatários não podiam deixar de compreender, a crítica ao seu comportamento covarde face ao nazismo. Sabe-se o que se produz quando duas placas tectônicas aproximam-se excessivamente uma da outra: um terremoto.

Na verdade, a partir do instante em que se admite a análise precedente, muitas coisas se esclarecem e adquirem sua verdadeira perspectiva. E se esta questão estivesse — sob a rubrica do Real nomeadamente identificado ao campo, no coração do ensino de Lacan, como Anne-Lise Stern não parou de afirmar — com a condição de re-situá-la no quadro global de sua interrogação sobre o judaísmo? É proibido pensar que esta questão tenha desempenhado um papel na "excomunhão" de Lacan, como o testemunham a tempestade e a exclusão de Helena Bessernam-Vianna, alguns anos bem mais tarde e pelos mesmos motivos?

Esta análise lança uma nova luz sobre o importante Seminário *A ética da psicanálise*. Nele, Lacan propõe aos analistas, como figura de identificação ideal, a de Antígona. Em quê essa frágil

---

[12] Nos reportaremos à obra de Helena Besserman-Viannna: *N'en parlez à personne. Politique de la psychanalyse face à la dictature et à la torture*. Paris: L'Harmattan, 1997. Cf. igualmente G. Haddad, "Le judaïsme dans l'a vie et l'oeuvre de Jacques Lacan", in: *L'Enfant illégitime*, *op. cit.*, p. 313.

jovem pode ser um modelo para eles? Porque ela escolhe morrer com seus irmãos. Não, como afirmam certos analistas decididamente refratários a esse questionamento, porque ela sofre de melancolia, ora! E, com ela, Lacan, porém para não pactuar com o tirano Creonte. O que é um tirano? Alguém que não respeite as leis fundamentais, a Lei, sem as quais a humanidade deixa de existir: a proibição do incesto, certamente, mas também o respeito aos mortos, mesmo se esses mortos, enquanto vivos, eram seus inimigos. Não se profana um cadáver, pois isso ofende os vivos, seu ser. Aproxime-se esta análise do que Lacan salienta a propósito da "IPA da Europa Central", tendo, desde então, transferido seus penates para sob os céus do *American way of life*.

Os ecos desse discurso haviam irritado profundamente até mesmo Lagache, seu colega e cúmplice durante uma época. "Depois da ética, por que não a estética da psicanálise?", ele lhe havia dito.

Entretanto, além disso, eis que Lacan, não contente em desenterrar a Coisa judaica enterrada nos porões da psicanálise, de despertar histórias de família que se pensava poder guardar ao abrigo da curiosidade do grande público, atacava violentamente e com uma falta de tato inacreditável a última viga que mantinha a coesão do edifício deixado por Freud: *o rito*.

6. O ritual e a Coisa judaica

Lacan terá assim, interrogado, analisado, criticado, admirado numerosos aspectos do judaísmo. Foi um dos primeiros a compreender e refletir sobre o horror e a importância do genocídio sofrido pelo povo judeu, quer se tratasse de uma questão essencial para toda nossa civilização como para a psicanálise e sua história, em particular. Entretanto, escapou-lhe um elemento de sua estrutura: o ritual, o preceito, a *mitzvá*.[1] Sem dúvida, refletindo a respeito do significado da circuncisão ou o do *chofar*, lançou sobre esses dois ritos um olhar penetrante e original. Mas não encontramos uma verdadeira reflexão sobre o rito enquanto conceito, sobre o rito como tal. Ou melhor, por vezes ele contenta-se, com um desprezo tão cristão como leigo, em disparar algumas flechas contra essas "práticas pesadas". Não se costuma, entre psicanalistas que têm uma grande leveza de pensamento, ordenar os ritos, prática obsoleta na modernidade, em listas de distúrbios da patologia obsessiva, o que eles podem vir a ser mas que, no princípio, não são. Parece-me mais pertinente a análise de Lévi-Strauss, para quem os ritos têm a mesma estrutura que os mitos fundadores de um dado grupo, de que são, segundo minha própria terminologia, o Livro em ato.

---

[1] A palavra *Mitzvá* (preceito) deriva do verbo *Tsave* que quer dizer ordenar. O termo Mitzvá também vem a expressar qualquer ato de bondade humana. (*N. T.*)

Os inconvenientes do ritual são evidentes: formalismo esterilizante, esclerose de uma prática, inadaptação a uma realidade evolutiva e variável. No entanto, justiça seja feita, o ritual tem sua virtude. Assegura a coesão do grupo, fornecendo-lhe uma espécie de Constituição, protegendo-o contra a abusiva tomada de poder por parte de uma personalidade carismática que o transforme em uma seita a seu serviço. Por outro lado, nos períodos de florescimento espiritual do grupo, os riscos de esclerose são compensados pela reflexão de sua elite, pela elaboração e reforma do rito para adaptá-lo às condições do presente. No entanto, essa reforma só é legítima se decidida coletivamente por um colegiado constituído pelos membros mais eminentes do grupo.

Talvez toquemos aí no maior fracasso da doutrina de Lacan, fracasso com as mais graves consequências para o futuro da psicanálise. É sobre isso que agora precisamos argumentar.

Refletir sobre o judaísmo — *stricto senso*, a religião judaica — "colocá-lo em questão" sem se interessar pela questão do rito, a *halaca*,[2] *corpus* que organiza e define o conjunto dos ritos definidos como *serviço de Deus*, significa deixar passar a questão, passar ao largo. *Porque os ritos são o próprio judaísmo*, o núcleo duro do seu ser e de sua reflexão. Como Leibowitz não deixou de repetir, o judaísmo não é um sistema de pensamento coerente, uma teologia dogmática precisa, e sim um conjunto de práticas codificadas. Dizer "O judaísmo pensa que..." é um absurdo. Nele coabitam diferentes doutrinas, às vezes violentamente antagônicas. É notória a hostilidade das correntes cabalísticas em relação a Maimônides e seus discípulos. Na Idade Média, ela conduziu o judaísmo à beira

---

[2] Nome do conjunto de leis da religião judaica, relacionados aos costumes e tradições que serve como guia do modo de viver judaico. (*N. T.*)

do cisma. Na volumosa obra *Israël et l'Humanité* [*Israel e a humanidade*] de Benamozegh, que Lacan admirava, o próprio nome de Maimônides é omitido. Inversamente, os maimonidianos consideram os textos da Cabala como da ordem da idolatria. Entretanto, essas duas correntes antagônicas coabitam. Como? Pela prática do mesmo ritual, pela aceitação da *halaca*, fundada sobre o Talmude e que constitui, para o povo judaico, uma espécie de pátria portátil, um Estado constitucional fictício que regula sua relação com Deus e com o mundo. Segundo uma regra pouco conhecida do judaísmo, definida por Maimônides e respeitada por todos, as diferentes concepções e opiniões sobre a fé não causam ruptura.[3] Observa-se uma total tolerância a respeito das opiniões teológicas e, portanto, não poderia haver cisma, em nome dessas diferenças, *a partir do instante em que se respeitam os ritos, a halaca*. Consequentemente, comunidades diferentes podem se cristalizar em torno de uma nova concepção teológica e nem por isso serem cismáticas. As consequências desse princípio são evidentemente consideráveis.

Assim, se judaísmo e cristianismo se separaram não foi, de modo algum, como se acredita, com base no critério da "messianidade" de Jesus. O cristianismo rompeu seu laço com o judaísmo por ter declarado a *halaca* caduca.[4] O ato inaugural e decisivo dessa ruptura, sem dúvida o mais significativo, é a visão de Pedro, a partir da qual o apóstolo não respeitará mais os ritos alimentares judaicos. Isso significa uma condenação da *halaca* à morte, morte que Paulo irá finalizar. Toda a relação oral com o consumo de significantes, com *Comer o Livro*, transtorna-se completamente com isso. Sem essa ruptura, o cristianismo permaneceria uma das correntes do judaísmo, talvez dominante. Dois exemplos ilustrarão essa afirmação

---

[3] Maimônides, *Commentaire sur la Mishna*, tratado *Sota*.
[4] É provavelmente essa *halaca* que Paulo, ou seus tradutores, designa como mortífera (Rm.7)

Hoje mesmo, um grupo importante de judeus particularmente ativo e influente, os Loubavitch, acredita que seu líder espiritual, o rabino falecido há alguns anos, é o Messias e que, em breve, ressuscitará dos mortos, se já não o fez. Essa ideologia assemelha-se estranhamente às crenças cristãs. Nem por isso os Loubavitch foram excomungados ou banidos de entre os fiéis.

Um segundo exemplo me foi fornecido oralmente por Yeshayahou Leibowitz. Há alguns anos, o mestre encontrou X, um seminarista português que tinha ido estudar hebraico em Jerusalém. O jovem tornou-se um membro da família e, paralelamente, interessou-se pelo judaísmo a ponto de querer converter-se a ele. Leibowitz o ajudou nesse projeto. No entanto, um belo dia, X comunicou sua hesitação em dar o último passo. Por quê? Porque ele amava Jesus, acreditava nele, era ligado à pessoa dele. Ao que Leibowitz respondeu que ele era livre para amar Jesus tanto quanto quisesse, isso não constituía um obstáculo à sua conversão, se ele aceitava respeitar a *halaca*. Mas X preferiu deixar Jerusalém.

À luz dessa análise, a célebre excomunhão de Spinoza à qual Lacan gostava de comparar sua exclusão da IPA, deveria ser reexaminada. É duvidoso que essa decisão dos rabinos de Amsterdã tenha sido motivada pelas opiniões do filósofo — então um jovem que ainda nada havia escrito ou publicado — mas, mais provavelmente, por causa de sua rejeição da *halaca*.

A tradição judaica conhece um outro célebre caso de excomunhão, relatado pelo Talmude, o de R. Eliezer, um de seus maiores mestres, discípulo de R. Yohanan ben Zakaï e mestre de R. Akiba. Essa excomunhão foi decidida em seguida à sua discordância a respeito de um ponto da legislação religiosa e, sobretudo, por causa de sua recusa a aceitar a decisão da maioria de seus pares. Ela pesou sobre o mestre durante toda a vida e só foi revogada na hora da sua morte. Ainda mais uma vez, trata-se de uma divergência sobre um rito e não sobre uma opinião relacionada à fé.

Se insistimos nessa questão do ritual, é exatamente porque ela poderia ser importante para a psicanálise, sua história e seu futuro. Se existe uma marca judaica na psicanálise, ela diz respeito necessariamente ao rito.

Precisamente sobre essa questão, Freud desenvolveu uma análise de grande interesse. No artigo que compara os ritos obsessivos aos rituais religiosos — que ele tem o extremo cuidado de não identificar —, ele propõe a seguinte explicação: os ritos praticados por um dado grupo humano têm como função neutralizar, ao menos em parte, a agressividade entre os seus diferentes membros e remeter essa agressividade mortífera para a fronteira que o separa de outros grupos. Ela é, assim, desviada para os outros grupos. Em outros termos, o ritual desempenha um papel de importância primordial no vínculo social, ele é o seu cimento. Ele traça a fronteira do grupo. Colocá-lo em questão é, com certeza, despertar e exacerbar as tensões no seio do grupo, criar um sério risco para sua sobrevivência. Não é o sacrifício do bode expiatório que garante o exorcismo da violência no grupo, como pensa René Girard, mas o respeito ao rito.

Freud aplicou esta análise à organização de seus alunos que formarão a IPA. É notório que, muito rapidamente, correntes de pensamento diferentes, até antagônicas, desenvolveram-se no seio da psicanálise. Houve, assim, no imediato pós-Freud, as divergências entre sua filha e Mélanie Klein, com subcorrentes em cada uma das escolas. As diferentes capelas pós-lacanianas têm, atualmente, a maior dificuldade em dialogar entre si. Nenhuma teoria fora do campo científico estrito está, em suma, em condições de juntar em uma única estrutura o conjunto dos membros que reivindicam isso.

A IPA, rapidamente, transformou-se naquilo que, com razão, Lacan chamou de uma nova torre de Babel, "babelização" que não poupou sua própria escola. Como fazer para, apesar de tudo, permitir ao edifício se manter? A solução preconizada por Freud foi a de impor uma espécie de *halaca* da psicanálise. De um lado, necessidade de uma análise pessoal ou didática para se tornar analista, de outro lado, definição de um *setting* para o tratamento, segundo a expressão anglo-saxã correntemente empregada: o divã, a duração fixa das sessões, sua frequência, a codificação da relação entre analistas a analisandos etc.

É este *setting* que Lacan colocou em questão, por meio de um ato pessoal e solitário, até mesmo arbitrário: sessões curtas, de duração variável, cada vez mais curtas à medida que ele envelhecia, número de sessões deixado à vontade do analista, pacientes de uma mesma família acompanhados pelo mesmo analista etc. Assim, ele colocava em perigo a unidade do edifício. Isto será a razão oficial de sua exclusão. Estaríamos enganados em ver aí apenas um pretexto, como o pensam os alunos de Lacan — e eu me incluo entre eles.

É evidente que esse *setting* precisava certamente de uma revisão, de um aprofundamento, de uma flexibilização que levasse em consideração o saber clínico acumulado durante decênios. Ele não estava gravado em mármore. Mas essa revisão necessitava de debates, colóquios, publicações, discussões aprofundadas no seio de um cenáculo de membros respeitados. Quando e onde teve lugar essa reflexão necessariamente coletiva? Qual seminário Lacan consagrou a esta importante questão? Apesar do seu título, o Seminário I, *Os escritos técnicos de Freud*, não fala disso. Podemos nos contentar — a título de toda argumentação — com algumas frases, dos Escritos, alusivas ao abalo das defesas obsessivas devido a algumas sessões curtas fortemente concebidas e expressas, sobretudo quando estas tornam-se a regra? Nas capelas lacanianas, onde é habitual a inflação de colóquios, esta questão nunca foi colocada. A sessão curta tornou-se uma comodidade prática e uma mordaça teórica.

Com essa prática das sessões curtas fora das normas, mexendo com o rito, Lacan colocava-se em situação de cisma e não podia senão fundamentar uma nova prática, certamente profundamente nutrida do pensamento de Freud, mas cuja evolução institucional ia mostrar, com a sua dispersão, uma instabilidade congênita.

No entanto, há algo mais grave. Com Lacan vivo — personalidade excepcional, com sua generosidade e sua cultura, sua dedicação à sua prática e a seus pacientes — os inconvenientes de um tal questionamento do rito apareciam como mínimos e negligenciáveis, relativamente à fecundidade das novas concepções que ele propunha. Sua brilhante teoria era suficiente para constituir vínculo social, para agregar em torno dela um grupo de discípulos. Mas, e depois de Lacan? Sem o freio de um enquadramento ritual estabelecido em colegiado, a unidade do grupo, ou melhor, dos diversos subgrupos, não se encontrava garantida senão pelo "carisma" de algumas personalidades, gurus que submetiam aos seus caprichos, interesses e abusos, ovelhas desorientadas e submissas. O império lacaniano transformou-se rapidamente em um arquipélago de baronatos sectários, submetidos a um interminável processo de cisões. Daí em diante, os piores inimigos da psicanálise são os próprios psicanalistas.

Talvez um dia mostre-se indispensável, para que a psicanálise sobreviva, definir sobre bases pensadas, modificáveis coletivamente, um *setting* aceito por todos. Mas não se trata aqui, sem dúvida, senão de uma utopia.

Ao colocar em questão a "religião dos judeus" na psicanálise, Lacan parece um homem perdido em um campo minado cujo mapa não possui. Sua denúncia da IPA, como Sinagoga sectária e "excomungante", presta-se ao riso. Sem dúvida, naquela época, a maioria esmagadora dos seus dirigentes era de judeus. Mas que judeus? De judeus que tinham rompido todo o vínculo com sua religião de origem e até experimentavam em relação a ela franca hostilidade e uma profunda ignorância. Do mesmo modo, quando ele evoca o importante papel desempenhado por judeus, no desenvolvimento da ciência, ele o atribui ao fato de que eles se "talmudizaram" durante séculos. Mas hoje, e isso há várias gerações, a grande maioria dos judeus, particularmente aqueles tão bem integrados ao universo cultural europeu, ignoram tudo a cerca do Talmude, não conhecem sequer uma de suas páginas, nem a língua, nem o plano geral. Seria preciso, mais uma vez, ao modo de Freud em seu *Moisés*, adotar concepções neolamarckianas, isto é, acreditar na transmissão dos caracteres adquiridos sob a influência do meio.

Trata-se, sem dúvida, de um novo grande fracasso. Lacan nunca leva em conta, nas suas análises, o acontecimento mais importante da história judaica moderna — será que sequer o percebe? — aquele que coloca radicalmente em questão, a partir do século XIX, a autoridade da Torá e da *halaca*, pela maioria do povo judeu. De acordo com a expressão tradicional, "o jugo da Torá e de seus preceitos foi rompido". A consequência disso é o desaparecimento de todo critério objetivo para definir o que é um judeu. Até então, essa definição não comportava nenhuma ambiguidade. Ela foi enunciada desde a Idade Média por Saadia Gaon, para quem é judeu aquele que reconhece a autoridade da Torá. Mas *hoje essa definição não vale mais*. Outras definições foram propostas, a de Sartre para quem o judeu não é senão aquele que os "outros consideram como tal", a de seu discípulo Claude Lanzmann para quem o povo judeu é aquele que sofreu a Shoá.[5] Em nenhuma de suas definições é evocada a referência a uma cultura específica que só pode ser a da Torá. Para atenuar essa imprecisão, foi inventado um termo, *judeidade*, que nada diz sobre suas propriedades, sobre seu conteúdo. Eu proponho o de *Coisa judaica*, de onde deriva a Coisa freudiana, cara a Lacan, e na falta do impossível critério que defina o ser judeu, uma abordagem descritiva.

A Coisa judaica não é o judaísmo, ela é o produto de sua decomposição, um magma impossível de ser definido com precisão, feito de laços familiares às vezes muito frouxos,[6] de lembranças dramáticas — antes de qualquer outra a do genocídio —, de afetos indefiníveis — "Eu me sinto judeu" —, bricabraque de sentimentos, entre eles o de uma sutil estranheza em relação a uma sociedade onde se encontra, entretanto, vantajosamente integrado, de nostalgia sem objeto, de fragmentos esparsos de cultura judaica a partir de então privados de sua coerência, de receitas culinárias, de um recalcamento religioso, até mesmo ódio ao judaísmo enquanto religião, de árias musicais, de sionismo turístico ou assumido.

A partir de agora, é judeu não aquele que torna sua uma cultura ancestral de que os dois pilares eram, até o século XIX, um conhecimento mais ou menos preciso dos textos bíblicos e talmúdicos — o qual não corresponde mais à vivência atual dos judeus — e uma relação com o divino que se expressa por meio de ritos; judeu é menos ainda aquele que os outros consideram como tal, mas sim aquele que participa da Coisa judaica.

---

[5] Termo que significa "catástrofe" e que é utilizado para designar o genocídio perpetrado pelos nazistas e seus aliados contra os judeus. (*N. T.*)

[6] Os milhares de imigrantes vindos da Rússia para Israel são o exemplo mais marcante disso.

Participar implica incorporação, principalmente de textos. A Coisa judaica possui uma literatura, já volumosa, cuja qualidade é geralmente excepcional e da qual Kafka foi, sem dúvida, o autor mais ilustre. Não é ilegítimo considerar a psicanálise, sobretudo na sua origem, como produzida por essa Coisa judaica. Ela nasceu justamente sobre as ruínas do judaísmo e alimentou-se de seus restos.

A Coisa judaica possui poderes particulares, às vezes explosivos. Tal como o polo magnético que desnorteia a agulha da bússola quando esta dele se aproxima, este objeto de forma mal definida desestabiliza qualquer espírito que tente pensá-lo. Agregado instável e "fendível" que subjuga as melhores inteligências e as acomete de uma paralisia insuperável, buraco negro que aspira toda reflexão e a desqualifica. Quer estejamos "dentro", no seu halo de imaginário, hesitantes em um gueto mental, nacionalista, eventualmente cegos em relação aos crimes que se poderia cometer em seu nome, prontos a denunciar o antissemita que sempre cochila com apenas um olho, ao mesmo tempo em que obstinadamente evitamos um conhecimento de alguma forma fundamentado da cultura judaica. Quer estejamos "fora", armados da melhor boa vontade do mundo, paralisados pelo receio de sermos empurrados para dentro da abjeta leva dos antissemitas, cúmplices mais ou menos ativos do genocídio, preferindo-se, então, desviar o olhar — mas, é possível? — ou penetrar no desfiladeiro que conduzirá, inevitavelmente, tal como a bola de um fliperama, à crítica ao judeu. Em uma palavra, a Coisa judaica é um objeto de manejo eminentemente delicado.

A maioria dos autores, independente de sua origem — e esse foi o caso de Lacan —, quando tentam pensar sobre essa questão, não levam em conta a mutação degenerativa que o judaísmo conhece há dois séculos, eles não a enxergam. É esta cegueira que produz os fracassos assinalados.

Pelo menos dois pensadores contemporâneos escapam a essa crítica.

Para começar, Yeshayahou Leibowitz, para quem esta crise esteve no centro de uma reflexão desesperada. Foi ele que fez o diagnóstico, embora evidente, da impossibilidade atual de definir o que é um judeu, isto é, de definir um denominador comum a todos os judeus. "Essa, dizia ele, é uma situação nova. Com efeito, durante séculos, a definição do judeu era praticamente desprovida de ambiguidade: é judeu todo homem que aceita o "jugo da Torá e de seus mandamentos". Daí ele tirava a trágica conclusão: nós somos as testemunhas do declínio e do desaparecimento progressivo de uma grandiosa civilização milenar. Dela restarão, então, aqui e ali, alguns núcleos sectários mas sem grande relação com o grande povo judeu de outrora.

Hannah Arendt, ela também, no seu belo ensaio sobre o antissemitismo, circunscreveu essa transformação e suas consequências no plano político e sociológico. No entanto, ela não remonta à raiz teológica do fenômeno que é, entretanto, sua causa eficiente. Arendt nunca prestou muita atenção aos grandes teólogos judeus, particularmente a Maimônides. Entretanto a teologia não era sua desconhecida uma vez que ela havia iniciado seu caminho filosófico em Santo Agostinho. Os grandes espíritos têm frequentemente curiosas falhas![7]

Entretanto, encontram-se em Lacan estranhas intuições, não desenvolvidas por completo. Assim, na sua interpretação do sonho inaugural dito o da "injeção de Irma", ele percebe o caráter enig-

---

[7] É interessante, de passagem, comparar as posições de Leibowitz e de Arendt quanto ao seu pertencimento ao povo judeu. Leibowitz, esse grande fiel, considerava que ele tinha nascido homem e que se tornou judeu, por uma escolha diariamente repetida. Já Arendt declarou ter nascido judia.

mático e fundamental da fórmula da trimetilamina. Escrevendo-a no quadro, com suas três ramificações, ela sugere ao hebraizante a letra *Shin*, inicial do Nome ou de Shaddai, nome sob o qual a divindade revela-se a Abraão e que Lacan mais tarde questionará.[8] O mesmo acontece a propósito da Coisa judaica.

Se há um conceito de que Lacan gosta e ao qual consagra importantes desenvolvimentos no seu Seminário sobre *A ética da psicanálise*, é precisamente o da Coisa,[9] termo tirado de uma carta de Freud a Fliess, a carta 52, inesgotável fonte de reflexão. Nela Freud fala do Outro pré-histórico que mantém o espaço psíquico sob o império de seu desejo — o desejo do homem é o desejo do Outro. Em 1956, por ocasião do centenário de Freud, Lacan faz uma conferência em Viena, exatamente com o título "A Coisa freudiana". Finalmente, falando da sarça ardente, ele a definirá como a Coisa de Moisés.

Quando Freud evoca essa Coisa, é ilegítimo pensar que se trata da Coisa judaica, essa ruína construída sobre o desmoronamento, nele próprio, do judaísmo de que, como todo judeu, ele carrega o luto melancólico? Efetivamente, ali onde Lacan descobre em Freud uma *evitação* na confrontação com o Deus de seus pais, talvez seja mais justo perceber um *desmoronamento* que o pai da psicanálise esperava tampar com sua invenção. Tragédia de Freud emblemática da tragédia da modernidade judaica? Não se toca nesse ponto nevrálgico sem desencadear violentas reações.

---

[8] Cf. minha interpretação deste sonho em *L'Enfant illégitime*, retomada em *Freud en Italie* op. cit.
[9] Cf. J. Lacan. *Écrits, op. cit.*, p. 402.

7. De uma teoria da loucura à loucura da teoria

Um pensamento em constante pesquisa, como era o de Lacan, é tecido com múltiplos fios, certamente o fio de Freud, o de Ferdinand de Saussure e sua linguística estrutural, o fio de Hegel. Ainda muitos outros, já identificados ou a serem descobertos. Bordados são superpostos ao tecido, como o *Fou d'Elsa* de Aragon em que se inspiram, sem dúvida, o "A mulher não existe" ou "A Mulher como outro Nome de Deus". Tentei seguir aqui, sem parti-lo, um fio visível que ele deixou-me entrever na dialética da transferência.

Quis que esse livro fosse um quebra-cabeça construído com múltiplas citações de Lacan, cada uma delas referenciada. Escolha metodológica forçada para permitir ao leitor, mas também a eventuais pesquisadores, verificar minhas afirmações, retomar os textos e levar adiante sua análise.

Ao longo dos meus anos de convívio quase diário com essas palavras, essas frases, adquiri progressivamente uma dupla convicção.

Por um lado, a evidência de uma obscura paixão que Lacan, através da psicanálise, sentia pelo judaísmo. A ponto de pensar que é judeu todo pensamento que conecte sentido, gozo e fracasso do sexo. Desse modo, no final de sua vida, no prefácio que ele redigiu para a tradução francesa do drama de Wedekind, *O despertar da primavera*, encontramos esses curiosos comentários:

"Isso prova, ao mesmo tempo, que até um hanoveriano (*pois é preciso admiti-lo, de início, eu havia inferido que Wedekind era judeu*), até um hanoveriano, eu digo, e já não é dizer muito?, é capaz de perceber isso. Perceber que há uma relação do sentido com o gozo. [...] *Fato é que nossos judeus (freudianos) interessaram-se por isso**[...]."[1]

Essa paixão traduz-se na investigação de importantes temas judaicos, no estudo e comentário original de numerosas páginas bíblicas. Tal estudo o levou a uma determinada visão da "religião dos judeus".

Por outro lado, a resposta *negativa* a essa questão: esta visão é correta , suficientemente fiel ao modelo? Por esse motivo, já se trata de uma visão parcial, porque incompleta. Tendo a doutrina de Lacan, em uma grande parte, constituido-se a partir de uma confrontação com o judaísmo — tese do presente livro —, esse viés acarretou uma deformação do conjunto da obra, de alguns de seus conceitos, da conduta e da saída proposta ao final da análise. Essa deformação também acarretou a impossibilidade de uma instituição psicanalítica lacaniana racional, isto é, não sectária.

Retomemos, uma última vez, as coisas no seu ponto de partida.

Lacan encontra na linguística saussuriana o reforço para estabelecer concretamente os grandes conceitos complicados deixados por Freud como tantos outros enigmas: o de inconsciente, o de Pai. O inconsciente freudiano, o que é isso? O arcaico e o obscuro que jaz no homem? Uma zona do cérebro? Não, responde Lacan. O inconsciente é uma estrutura que tem com a linguagem e seus tropos as maiores afinidades. Desse fato resulta que o *habitat*

---

[1] "Préface à *L'Éveil du printemps*", in: *Autres Écrits*. Paris: Seuil, 2001, p. 561

natural do homem é a linguagem constituída de significantes e que imprime sua marca indelével no ponto mais profundo do ser humano, esse *medaber*[2] do Talmude que tão bem traduz o *fala-ser* de Lacan. O assujeitamento do homem à linguagem está longe de ser uma benesse, ele é antes perigoso e até patogênico.

Que o significante seja ambíguo, isso foi detectado desde a aurora da filosofia e constitui a premissa com a qual Maimônides abre seu *Guia* e sua prodigiosa desconstrução do texto bíblico. A relação entre a palavra e a coisa não é nem estável, nem simples. A onda do significante não cessa de deslizar sobre a do significado e seria a total cacofonia das significações, quer dizer, a loucura, se essa deriva não se detivesse num certo ponto. Esse ponto Lacan o denomina com um termo tomado emprestado à linguagem dos estofadores, *point de capiton*, antes de denominá-lo Nome-do-Pai. Trata-se do ponto de interseção entre significante e significado, isto é, de um ponto onde o significante torna-se idêntico a seu significado. Uma curiosidade dessas não anda, assim, por aí. Entretanto Lacan não tarda em encontrá-la e é o judaísmo que a oferece de bandeja através desse diálogo, que Lacan tanto comentou, entre Moisés e a voz que se eleva da sarça ardente. A voz profere: "Eu sou o que Eu sou", ou seja, "Eu sou = Eu sou". Esse seria o primeiro significante, S1, de toda a cadeia que constitui a linguagem.

Para Lacan esse primeiro significante é, propriamente falando, uma proteção, um escudo contra a psicose que incessantemente ameaça o fala-ser. A foraclusão, isto é, a rejeição irreversível desse Nome-do-Pai, conduz à psicose. Ela é a maldição que rompe, frequentemente pelo afrouxamento de um elo, a cadeia das gera-

---

[2] Ser falante. (*N. T.*)

ções. Foi assim que os alunos de Lacan, unânimes, compreenderam a mensagem. Nos meus cadernos escolares, Nome-do-Pai, eu escrevo teu nome.

Entretanto, uma escuta mais apurada permitiria descobrir, a partir de um certo momento da obra, uma mudança de discurso. Eis que é preciso colocar em questão, no seio da psicanálise, esse judaísmo, com o qual ninguém até então se preocupava e, consequentemente, sua pedra angular, esse "Eu sou o que Eu sou" fundador. Os Nomes-do-Pai tornam-se os "burrinhos-do-Pai". Eis que se denuncia esse cruel Javé, senhor da história cujos fios manipula, que reina sobre nossos supereus, logo, sobre nossos destinos — e, evidentemente, não para nosso bem.

É esta evolução o fruto da amargura que Lacan sentiu a respeito da "Sinagoga" freudiana que o havia excomungado, depois de ter-lhe causado, durante anos, mil problemas, a ele que tinha consagrado sua vida à psicanálise e formado seus melhores praticantes? Essa hipótese parece confirmada pela data na qual esta mudança de discurso aparece com clareza, por volta do ano de 1964.

Mas, empenhar-se assim, com fortes golpes de machado, contra o tronco do Nome-do-Pai, não é encurralar seus alunos em uma insolúvel contradição psicotizante cujos efeitos não demorariam a ser constatados? Aliás, o próprio Lacan não demora a se autodiagnosticar "histérico assintomático, isto é, psicótico".

Que saída oferecer ao término de uma análise conduzida até o final segundo os critérios de Lacan? Isto é, em que discurso o novo analista, resultante desse processo, é convocado a se inscrever, em que sistema de valores? Responder, recorrendo à liberdade de escolha deixada a cada um, é uma escapatória que não satisfaz

Lacan percebe claramente o problema e a contradição diante da qual coloca seus alunos. Muitas vezes volta-se para Spinoza, o judeu, excomungado como ele, filósofo que teria reduzido o "campo de Deus à universalidade do significante" e afirmado que "o desejo é a essência do homem", Spinoza que soube resistir à fascinação do sacrifício para enaltecer o *amor intellectualis*. No entanto, Lacan se apressa a acrescentar: "Para nós, esta posição não é sustentável. A experiência mostra-nos que Kant é mais verdadeiro [...]."[3]

Uma tal contradição exige ser ultrapassada. Este alinhamento a discursos anteriores ao aparecimento da psicanálise não poderia satisfazer. O objetivo e a finalidade da psicanálise só poderiam ser a própria psicanálise, ela mesma promovida a novo discurso, nada menos que um dos quatro discursos fundamentais, entre os quais, segundo Lacan, ordenam-se todos os discursos do mundo: o do mestre/senhor, do histérico que contesta o mestre/senhor, do universitário (que se identifica com o do burocrata) e esse recém-chegado, o discurso do psicanalista.

Para formar o novo ser desse discurso, Lacan promove a instituição do *passe*, que organiza sua Escola, e realiza o Seminário *O avesso da psicanálise*, que funda o discurso psicanalítico como subversão dos três outros discursos.

Com que se parece esse novo ser? Nada menos do que com um santo. Lacan ousou levar as coisas até esse limite insustentável.[4] Conseguiu ele, com seu ensino, suscitar essa nova linhagem de santos que ele chamava de seus votos? Seria muito cruel explicitar

---

[3] J. Lacan, Séminaire XI, *Les Quatre Concepts...*, op. cit., p. 247.
[4] Idem, *Télévision*. Paris: Seuil, 1973, p. 28.

a resposta que a observação impõe. O próprio Lacan daí tirou a lição, dissolvendo sua Escola.

Ora, todo esse projeto, cada vez mais febril com o passar dos anos, repousa na vontade de ultrapassar Freud, recolocar a psicanálise de pé, corrigir o *pecado original da psicanálise*. A correção consiste em colocar em questão o judaísmo no seio da psicanálise — precisamos repetir?

Lançamos, então, a seguinte hipótese: se o projeto de Lacan, a que não faltam nem grandeza nem tragicidade, perdeu-se nos desertos de areia, a causa poderia estar justamente no fato de que a dita "colocação em questão" não se efetuou como devia. Efetivamente, Lacan apoiou seu questionamento sobre a Cabala que seus interlocutores, Emmanuel Reiss, Olga Katunal e outros, devem ter-lhe apresentado como a quintessência, o santo dos santos, do judaísmo. Ora, essa concepção é fa.sa. A Cabala — e o pensamento que ela inspira — é, sem dúvida, apenas uma das correntes do judaísmo e, infelizmente, a de melhor aceitação nos meios intelectuais contemporâneos. Nossa época aprecia o obscuro e o falso mistério.

A esta corrente opõe-se radicalmente a teologia de Maimônides para quem o pensamento cabalístico não passa de uma regressão idolátrica. Anteriormente, mostramos que o grande teólogo judeu havia recusado, muito tempo atrás, toda ideia de corporeidade de Deus, cara aos cabalistas e que, bem antes de Spinoza, ele promovia esse *amor intellectualis dei* que deixa Lacan maravilhado.

Quanto à afirmação de que a religião adquire seu poder na medida em que é produtora de sentido, a coisa é, ao mesmo tempo, verdadeira e falsa. Verdadeira no nível do "vulgar" e da

Cabala, falsa aos olhos de uma outra corrente do judaísmo que ensina ao homem o *nonsense* e o absurdo de sua existência e cujo texto de referência é o *Livro de Jó*. Segundo Lacan, o Deus dos judeus, contrariamente ao de Platão ou de Aristóteles, é um Deus cuja intervenção na história humana é decisiva, um Deus que fala e ordena e cuja voz o som do *chofar* nos lembra. Muitas vezes, ele afirma sua vontade de desembaraçar o discurso de toda essa "espuma religiosa". No entanto, tais concepções irritam ao extremo um judeu maimonidiano para quem Deus, a partir da Criação, não intervém mais na marcha do mundo e ainda menos na da história. Se não, para que ter dado leis imutáveis ao universo, para que ter dado aos homens um intelecto e um livre arbítrio? O mundo, uma vez criado e regido por leis estáveis, que a ciência pouco a pouco descobre, funciona em uma perfeita harmonia. *Ha-olam ké-minago noèg*, o mundo funciona segundo suas leis, é um *leitmotiv* talmúdico retomado por Maimônides.

Yeshayahou Leibowitz, certo dia, resumiu esta concepção, retomando a opinião de Gibbons sobre a história humana. Esta não é, de modo algum, o resultado da ação divina, mas a série de crimes, de delitos e de loucuras dos homens, e é também, ele imediatamente acrescenta, o resultado da luta dos homens contra essas loucuras, esses delitos e esses crimes. Não se poderia ser mais claro quanto à não intervenção de Deus na história e no destino dos homens. Ele chega a acrescentar que cada "intervenção divina" relatada pela Bíblia só estava lá para ensinar-nos sobre o fracasso dessas intervenções.[5]

---

[5] Y. Leibowitz, *Les Fêtes juives et leur signification*, op. cit.

Fazer da Bíblia um livro de História inscreve-se nesse erro global. Para Maimônides e seus discípulos, ela é apenas uma vasta alegoria que ensina ao homem os caminhos da fé. Esta alegorização chega a transformar o sacrifício efetuado por Abraão de uma ação real do patriarca em um *sonho profético*. Como, na realidade, conceber que Deus teria a crueldade de pedir a um pai, mesmo a título de teste, para sacrificar a ele seu filho único?

A própria ideia de um Deus que pune e recompensa é uma ficção necessária, da mesma maneira que o medo do policial, para o bom funcionamento das sociedades. Mas para aquele animado de uma fé autêntica, desinteressada, a recompensa e a punição são internas à ação. Aquele que age mal perde seu bem mais precioso ao obscurecer seu intelecto. Em que se transforma, a partir de então, esse Deus cruel cuja cólera que suscita estaria na raiz de um supereu obsceno? Muitos dos conceitos de Lacan encontram-se assim distorcidos. Páginas inteiras de sua obra encontram-se, à luz maimonidiana, marcadas pela decrepitude.

Censurar Lacan por não ter lido Maimônides é, evidentemente, absurdo. No entanto é estranho que, por duas vezes, recomende a seus alunos a leitura do *Guia dos perplexos* que chega a comparar à *Traumdeutung*[6] fundadora da psicanálise. Também muito estranho o fato de que ele mesmo, evidentemente, não tenha posto em prática esse conselho.

Minha censura recai, entretanto, sobre a metodologia empregada para a sua famosa "colocação em questão do judaísmo". Um tal questionamento perde o sentido a partir do instante em que um dos pilares do judaísmo é ignorado. O mais desconcertante no

---

[6] *A Interpretação de Sonhos* (Die Traumdeutung), a primeira obra psicanalítica propriamente dita de Freud, publicada em 1899, e por ele considerada como seu principal trabalho. (*N. T.*)

assunto, é que Lacan teria encontrado no pensamento do mestre de Córdoba perturbadoras semelhanças com sua própria reflexão. Será preciso enumerá-las novamente? Um discurso que se organiza segundo três eixos — simbólico, imaginário e real impossível de ser dito e imaginado —, o imaginário como projeção no mundo da imagem especular do corpo, o equívoco do significante e de suas homonímias, a falta — causa de desejo —, o sonho como charada. E, sobretudo, o esforço jamais igualado, para reduzir, no sentido, a "espuma religiosa" que a Cabala hipertrofia. Evidentemente, se a psicanálise traz a marca do judaísmo, é principalmente no lado de Maimônides — com suas referências ao Talmude, ao *Targum*[7] e ao Midrash — que se deve encontrá-la.

Quais consequências tirar dessa "injeção (maimonidiana) feita em Lacan", sucedendo àquela que certo dia fiz em Freud, reinterpretando seu sonho de Irma? A resposta será coletiva ou não existirá. Talvez ela vá contribuir para uma releitura, sob uma nova luz, do desejo e da dinâmica que o anima. Talvez ela vá permitir a reconstrução de certos recortes teóricos, a produção de novos conceitos mais eficazes, tarefa para a qual eu próprio contribuí com a minha teoria do Livro como significante paterno incorporado. Talvez esse esforço de retomada das coisas no ponto em que Lacan as deixou, vá contribuir para interromper o mergulho vertiginoso no abismo de uma psicose sem volta que seu ensino, levado ao extremo, parece abrir e para a qual ele esperava encontrar o antídoto nos seus trabalhos sobre os nós borromeanos.

Minha obra anterior, pano de fundo da presente, termina com a confissão de uma certa confusão mental na qual a morte de

---

[7] Nome dado às traduções em aramaico da Bíblia hebraica. (*N. T.*)

Lacan me deixou. A continuação da minha análise com ele tê-la-ia dissipado? Tenho dúvidas quanto a isso. A paz me veio mais do lado de Maimônides e de Leibowitz, seu comentarista contemporâneo. Entretanto, o acesso a esse pensamento não me foi permitido senão graças ao ensino de Lacan.

Que as coisas fiquem claras. Não se poderia interpretar essa colocação em questão como a rejeição do ensino recebido. Se a psicanálise deve sobreviver, não pode ser senão como *meta-ciência*, onde a crítica de certas aquisições teóricas imperfeitas garante o desenvolvimento do conjunto. Lacan chamava esta crítica de seus votos. Quantas vezes ele pediu que se o "des-supusesse saber",[8] que se dessacralizasse seu ensino a fim de que esse reencontre a via do debate e da contestação! Sem dúvida ele teria tido prazer nesse diálogo argumentado *post mortem*, forma paradoxal do desfecho de uma transferência.

---

[8] No original: "dé-suppose savoir". (*N. T.*)

ANEXO Cartas do Dr. Jacques Biézin
(JULHO DE 2002)

Primeira carta (sem data)

Meu caro colega,
Conforme combinado, eu vos envio por escrito o que sei sobre Jacques Lacan. Eu o vi, pela primeira vez, provavelmente em 1942. Na época, eu vivia na ilegalidade, como judeu procurado pelos alemães. Por necessidade de atividade intelectual, eu frequentava a unidade de serviço do professor Delay, no Hospital Sainte-Anne, em Paris. Minha curiosidade era pela psiquiatria e aquele hospital ficava próximo à minha residência. Naquela época, esses detalhes tinham importância. Além disso, J. Delay gozava de notoriedade como conferencista e devido às suas aulas à cabeceira dos doentes.

Vários jovens assistentes, inclusive Lacan, rodeavam Delay. Pude participar das consultas dadas por cada um deles. Lacan me havia destinado uma acolhida particularmente amistosa. Durante um de nossos primeiros encontros, ele me disse para lembrar-me dele caso me encontrasse diante de um grande problema. Suas palavras pareceram-me querer dizer claramente o seguinte: "Sei que o senhor é judeu. Se uma grande dificuldade lhe acontecer, eu o ajudarei." Na época, no Sainte-Anne, na minha presença, outros médicos manifestaram solidariedade em relação aos judeus. Daumezon fazia parte deles.

Não me lembro mais como acabei fazendo psicanálise com Lacan. Durou de três a quatro anos, sem nenhum honorário. Depois de 1946, eu via Lacan muito raramente, por ocasião de encontros intelectuais. A cada vez, Lacan demonstrava por mim uma forte amizade que me parecia refletir sua reação face ao judeu perseguido. Eu o encontrei pela última vez em 1970.

Segunda carta

Meu caro colega,

Segundo sua carta de 10/7/2002, o senhor teria apreciado ver, de modo um pouco mais desenvolvido, minhas relações com Lacan. Desde aquela época já decorreu mais de meio século. O tempo apaga a memória, ainda mais de uma pessoa cuja idade ultrapassa os 91 anos.

É possível que perguntas que o senhor me fez tragam de volta à minha memória fatos esquecidos, como é o caso de uma circunstância imprevista.

Neste julho de 2002, o acaso me colocou nas mãos o livro *Memórias*, de Léon Poliakov. Nele, o autor conta, entre outras, sua atividade no seio da Resistência judaica durante a guerra de 1940-45. Várias páginas contam suas relações com os protestantes. Seu relato me fez pensar no que Daumezon me dizia no Sainte-Anne. Na minha presença, esse psiquiatra havia falado da solidariedade dos protestantes em relação aos judeus perseguidos pelos nazistas. Na mesma época, várias vezes, Lacan e eu falamos, entre nós, de rumores sobre o extermínio dos judeus, organizado pelos alemães. Minha família e todo o meu grupo de infância viviam lá onde se desenrolava a tragédia. Essas notícias me arrasaram. Lacan também parecia afetado por esses rumores. De uma maneira geral, Lacan sempre manifestou uma simpatia em relação a mim, em relação ao judeu perseguido que eu era.

Afetuosamente,

Jacques Biézin
Paris, 14/7/2002.

O texto deste livro foi composto em Sabon,
desenho tipográfico de Jan Tschichold de 1964
baseado nos estudos de Claude Garamond e
Jacques Sabon no século XVI, em corpo 10,5/15
Para títulos e destaques, foi utilizada a tipografia
Frutiger, desenhada por Adrian Frutiguer em 1975.

A impressão se deu sobre papel off-white 80 g/m^2,
pelo Sistema Cameron da Divisão Gráfica
da Distribuidora Record.